건축직설

대한민국 건축을 바로 세우다

건축직설
대한민국 건축을 바로 세우다

—

인쇄 2018년 1월 15일 1판 1쇄 **발행** 2018년 1월 20일 1판 1쇄

지은이 김강섭 **펴낸이** 강찬석 **펴낸곳** 도서출판 미세움
주소 (150-838) 서울시 영등포구 도신로51길 4
전화 02-703-7507 **팩스** 02-703-7508 **등록** 제313-2007-000133호
홈페이지 www.misewoom.com

정가 15,000원

—

이 도서의 국립중앙도서관 출판예정도서목록(CIP)은 서지정보유통지원시스템 홈페이지(http://seoji.nl.go.kr)와
국가자료공동목록시스템(http://www.nl.go.kr/kolisnet)에서 이용하실 수 있습니다.
CIP제어번호: CIP2017034212

ISBN 979-11-88602-03-2 03610

대한민국 건축을
바로 세우다

건축직설

김강섭 지음

美세움

시작하는 글

"좋은 건축이 건축가가 가야 할 바른 길이다."

건축은 우리 삶의 일부이다. 사람의 하루는 집에서 시작되어 집에서 끝난다. 모든 건축은 수면, 휴식, 꿈, 위로, 슬픔, 기쁨, 정열, 사랑, 탄생 그리고 죽음을 위한 집이다. 사람은 호흡하며 생활하는 대부분의 시간을 건축물 속 공간에서 보낸다. 건축은 사람살이를 담아야 하는 옷이나 음식과 같이, 그 존재가 언제나 편안하고 쾌적하고 아름다워야 한다.

건축의 목적은 인간의 행복 추구를 위한 것이다. 누구나 행복한 삶을 원하며 이러한 삶에 기여하는 것이 건축이다. 사람들은 좋은 건축을 소망한다. 우리 사회에는 좋은 건축만이 필요하지만 현실은 그렇지 못하다. 건축으로 인해 행복하고 좋다고 말할 수 없다. 부실 건축, 나쁜 건축 때문이다.

건축은 사회의 중심을 담아내는 하드웨어이다. 사회 문화를 형성하는 세상의 구조물이 건축이다. 도시는 온갖 건축물로 구성되며 그 자체가 하나의 건축이기도 하다. 인간은 도시라는 공간 속에 건축물을 이용하여 살아간다. 좋은 사회는 좋은 건축을 필요로 한다. 그러므로 건축가는 좋은 건축을 해야 할 의무가 있다.

그렇다면 건축은 무엇이며, 좋은 건축은 무엇일까? 건축가, 건축주, 사용자에게 좋은 건축이란 무엇인가? 왜 좋은 건축을 해야 하는가? 이와 같은 물음에 대한 대답은 간단하지 않다. 건축에 대한 약속이 지켜지지 않으므로 인해 좋은 건축의 미덕은 사라지고 나쁜 건축이 만들어진다. 나쁜 건축으로 인해 자원이 낭비되고 사회적 비용도 증가되는 것은 물론, 도시나 국가 전체를 부실하게 만드는 사회적 병폐로 자리 잡을 수 있다.

좋은 건축의 필요성은 커지고 있지만, 반대로 나쁜 건축으로 인한 사회적 손실이 지속적으로 발생되고 있는 현실은 안타깝다. 이로 인해 건축에 대한 불신, 건축가에 대한 부정적 시각이 존재하고, 이것은 건축가의 정체성에 대한 의구심을 갖게 한다. 이 모두는 건축가의 책임이 아닐 수 없으며 누구도 부인할 수 없는 사실이다.

이와 같은 우리의 현실에서 건축이 사회정의를 이루고 인간의 삶을 구원할 수 있을까? 좋은 건축을 할 수 없는 사회구조와 문제점은 무엇인가? 좋은 건축을 하기 위해 건축에 관계된 사람들은 무엇을 해야 하는가? 좋은 건축을 하는 방법과 건축가의 요건은 무엇인가? 이것이 궁금하지 않을 수 없다.

인생에 빛과 그림자가 있는 것처럼, 건축에도 빛과 그림자라는 두 가지 측면이 있다. 건축의 영역에서 빛이 되는 것은 좋은 건축이며, 그림자가 되는 것은 나쁜 건축이다. 건축가가 자기 삶에서 '빛'을 구하고자 한다면, 먼저 눈앞에 있는 힘겨운 현실이라는 '그림자'를 제대로 직시해야 한다. 그것을 뛰어 넘기 위해 용기 있게 전진해야 한다. 건축가는 삶의 빛이 되는 좋은 건축을 지향해야 한다. 무엇이 인생의 행복인지는 사람마다 다르다. 행복이 반드시 빛 속에만 실현되는 것은 아니지만, 건축가는 그 빛을 멀리 가늠하고, 그것을 향해 열심히 달려가는 몰입 속에서 참된 삶의 행복을 느낄 수 있다.

이 책은 좋은 건축이 건축의 본질이라는 외침이며, 부실 건축, 나쁜 건축에 대한 저항이다. 이와 같은 나의 노력이 돌아오지 않는 메아리가 될지도 모르겠다. 하지만 누군가는 해야 할 일이다. 우리 건축의 현실을 직시해 볼 필요가 있다. 광범위한 건축 산업의 실상과 그에 대한 문제점을 밝혀보자. 문제 제기를 넘어 우리 건축이 나아가야 할 방향에 대해 나름의 해결책을 찾기 위한 토론의 장을 열어보자. 이러한 시도가 건축의 역할과 건축가의 자세를 성찰할 수 있고, 자기 건축에 대해 생각할 수 있는 좋은 기회가 되었으면 한다.

　이 책은 건축, 사람, 신뢰, 품질, 감동이라는 다섯 가지 단어를 주제로 건축의 본질과 좋은 건축의 개념, 건축가와 건축주, 사용자의 역할, 부실시공, 건축업의 속성, 건축의 안전성 등에 대해 풀이하였다. 이 책을 읽으면서 각자 건축의 정의와 좋은 건축에 대해 생각해 보는 기회가 되기를 바라며, 특히 좋은 건축에 대한 정의를 스스로 내렸으면 한다. 내가 만들어낸 건축이 다른 사람들에게 행복을 선사하고 기쁨을 발견하는 순간은 시간의 흐름 속에서 언제나 빛을 발한다. 좋은 건축에 대한 논의는 건축에 대한 소통의 시작이다.

2017년 10월
김강섭

차 례

사람 ···85

건축

ARCHITECTURE

"건축은 인간의 삶을 변화시킨다."

◀ 성가족 성당 | 안토니오 가우디, 역사적으로 빛나는 위대한 건축

"건축이란 무엇인가?"

건축의 의미

건축은 인간의 존재 방식이다. 독일의 철학자 마르틴 하이데거(Martin Heidegger)는 건축을 '우리의 존재 방식'이라 했다. 우리의 삶에 있어 무시할 수 없는 존재가 건축이다. 이러한 건축을 아키텍처(architecture)라 한다. 여기서 'arch'는 '으뜸'이나 '크다'는 뜻이며, 'tect'는 '학문'이나 '기술'이란 뜻이다. 그리스어에 어원을 둔 아키텍처는 '으뜸 학문, 큰 기술'을 의미한다.

　건축의 사전적 의미를 살펴보자. 위키피디아(wikipedia)에서는 건축을 '건물과 그 밖의 물리적 구조물을 설계하고 세우는 예술과 과학'이라고 정의하고 있으며, '인간이 사용하고 점유하는 건물, 또는 건물의 집단, 건물에 둘러싸인 대지, 공간의 설계와 건설에 관련된 전문적 서비스를 제공하는 것'이라 정의한다. 건축은 의료나 법률과 같이 지식과 경험을 갖추어 소비자에게 제공되는 전문 서비스이다.

　국어사전에서 건축은 '집이나 성, 다리 따위의 구조물을 그 목적에 따라 설계하여 흙이나 나무, 돌, 벽돌, 쇠 따위를 써서 세우거나 쌓아 만드는 일'이라고 정의한다. 또 다른 사전에서는 '여러 가지 재료를 이용하여 건물이나 구조물 따위를 세우거나 쌓아 만듦 또는 물질적인 재료를 이용하여 인간 생활에 필요한 공간을 만들어내는 예술'이라 한다. 그러므로 건축이란 인간이 재료를 이용하여 필요한 구조물을 만드는 의지이자 정신이다.

　건축은 단순히 집을 세우는 것이 아니다. 우리는 일상에서 건축이란 단어를 자주 사용한다. 건축이란 용어와 유사한 단어는 조가(造家)나 영조(營造), 영건(營建)이 있다. 일본에서는 서양의 아키텍처를 받아들일 때 '조가'라는 단어를 사용하였다. 조가는 빌딩(building)을 번역한 것이다. 일본은 1862년부터 서양의 아키텍처를 건축(建築)이란 용어로 번역하여 사용했다. 건축은 세울 건(建), 쌓을 축(築)의 조합이다. 우리 선조들은 집 짓는 일을 일컬을 때 영조나 영건이라는 단어를 사용하였다. 건축이란 말 대신 영조라는 말을 썼다. 영건이나 영조, 조가는 모두 집을 짓는다는 기술적 행위의 의미가 강하다. 영조는 우리말로 지어서(營) 만든다(造)는 뜻이다. 건축과 영조는 조금 다른 뜻이지만 어쨌든 의식적인 행동에 의해 의도된 결과를 만드는 일이다. 집은 단순히 세우는 것이 아니라 짓는 것이다. 건축은 밥을 짓고 농사를 짓고 이름을 짓고 시를 짓듯이 지어서 만드는 것이다. 시, 음악, 건축은 구조체(structure)로서 모두 '짓는 것'이다. 짓는 것 중에서 인간의 필요성과 밀접성이라는 측면에서는 건축이 으뜸이라 할 수 있다.

문학박사 권상호는 우리말 '짓다'는 삶의 전반에 닿아 있고 '무한 창조의 동사'로 볼 수 있다고 한다. 영어의 'build'나 한자어의 '建'에 비교된다. 그러므로 '짓는다'는 어떤 재료를 가지고 생각과 뜻, 마음을 다해 의도하는 결과로 만드는 것이다. 여러 가지 재료와 부재가 다양한 방식으로 조합되는 과정을 거친다는 뜻이다. 짓기 위해서는 충실한 계획을 짜놓아야 한다. 짓는 것은 행동의 결과와 형태에 대한 확신이 섰을 때 시작된다. 확신을 실천하는 움직임이다. 그러므로 짓는 것은 단순한 행위의 결과를 만드는 것이 아니라, 사상과 노력, 논리를 다해 창조하는 것임이 분명하다. 짓는 것이 건축이다. 특히 집을 짓는 일은 대단히 창조적인 이행이다. 인간은 다른 생물체와는 달리 지으면서 생각한다. 그렇기 때문에 무언가를 짓는다는 것은 의식적 행위이며, 생각을 반영하는 실천인 동시에 수없는 선택과 결정이 포함된 자세이다. 그러므로 건축은 사유와 행동의 결과물이며, 인간의 의식적·창조적인 행위이다.

집과 건물

우리는 건축이란 말을 광범위하게 쓴다. 건축이란 단어는 의미가 다양하고 그 범위가 넓다. 먼저 건축은 직업적인 개념, 즉 토목이나 기계, 전기와 같은 하나의 직종(職種), 일(job)로서의 건축이다. 더 엄밀하게 말하면 건축업이라 할 수 있다. 건축가는 일반적으로 설계를 하든 시공을 하든 '건축(을) 한다.'고 말한다. 이것은 집(住)을 짓는 등 집에 관련된 일을 한다는 뜻으로, 집을 짓고, 건축 일을 업으로 한다는 의미이다. 집을 짓는 일은 인간의 거주를 위해 가장 중요하고도 기본적인 작업이며, 직업으로서 중요한 위치를 차지한다.

건축은 특정한 장소를 점유하고 고유의 기능적 목적을 가지며 인간이 그곳에 어떤 의미를 부여하는 곳이다. 제한되지 않은 공간 중 일부분을 인간의 일상생활이 이루어지는 실내, 내부 공간으로 구분지어 주는 구조물을 건물 또는 건축물이라 한다. 건축은 사람들이 외부라고 생각하는 바깥, 외부공간과 엄격하게 구분된다.

또 건축물을 건축이라고도 부르는데, 이것은 건축을 하나의 대상, 사물로 보는 것이다. 건축은 단순한 물질일 수 있다. 건축물은 형태와 같은 이미지, 형태에 의해 감싸진 공간으로 조직된다. 형태는 구조, 재료와 밀접한 관계를 맺는다. 간단하게는 집(house)이나 건물(building)을 건축이라고 한다. 건축법에서 규정하는 것만이 건축이 아니다. 더 넓은 의미로는 부동산도 건축이다.

이처럼 건축이라는 용어는 많은 의미를 내포하고 있으며 그 개념이 무척

폭넓다. 또한 건축가에 따라 정의도 다양하다. 건축이란 무엇인가? 건축가라면 누구나 궁금해 하는 질문이다. 하지만 한마디로 설명하고 규정하기 어렵다. 시대적으로도 그 의미가 변화되어 한마디로 건축을 뜻매김하기는 쉽지 않다. 누가 어떤 관점에서 무엇을 강조하는가에 따라 건축의 정의는 달라진다. 건축이라는 용어 속에 건축의 특성 중 어디까지를 포함시키고, 어떤 것을 배제하느냐에 따라서도 그 의미는 달라진다.

건축의 의미는 다양하지만 본질적인 힘을 갖는다. 건축에 대한 보다 쉽고도 명확한 정의로, 영국의 위대한 수상 윈스턴 처칠(Winston Churchill)의 말보다 직설적인 것은 없다. 그는 "우리가 건축을 만들지만, 다시 그 건축이 우리를 만든다(We shape our buildings, thereafter they shape us)."고 하였다. 이 말은 1943년 10월, 폭격으로 폐허가 된 영국 의회의사당을 다시 지을 것을 약속하며 했던 연설의 일부분이다.

처칠의 말은 건축과 우리 삶의 관계를 명확하게 표현하는 것이다. 인간 활동의 공간적 배경인 건축이 거꾸로 인간의 품성과 정서를 지배한다는 뜻이다. 때문에 건축은 인간의 삶에 지대한 영향을 끼친다. 건축의 힘이다. 그의 말은 건축이란 존재가 우리의 삶을 영위하는 데 필수적인 요소라는 것을 의미한다.

인간은 본능적으로 세 가지 욕망을 갖는다. 의식주(衣食住)가 그것이다. 프랑스의 철학자 앙리 베르그송(Henri Bergson)은 여타 생명과 인간의 차이를 도구를 통해 설명한다. 다른 생명은 몸을 도구로 다듬어 쓰지만 사람은 도구를 만들어 쓴다. 사람의 도구 중 특별한 것이 옷과 집이다. '의'는 어떻게 해야 더 아름답고 몸에 잘 맞는 옷을 입을까에 관한 것이고, '주'는 어떻게 하면 좋은 집에서 편안하고 안전하게 살까를 말한다. 인간은 자신과 자연 사이에 집을 만든다. 건축은 인간의 삶에 있어 필수불가결한 요소임에 틀림없을 뿐 아니라, 그 무엇보다 인간의 삶과 아주 가깝게 맞닿아 있다.

건축의 기원과 성격

보금자리

인간은 적절한 환경을 갖추며 살아간다. 자연은 연약한 인간을 에워싸고 감싸주는 껍데기인 동시에 극복해야 할 대상이다. 자연 속에 놓인 인간은 장소를 선택하고 새로운 장소를 만든다. 자신에게 주어진 자연환경 속에서 불리한 조건을 극복하고, 자연의 위협에서 자신을 보호해야 하고, 더 나은 생활 여건을 구축해야 한다. 이를 위해 은신처(shelter)를 만들기 시작하여 점차 안정성과 상징성을 띄는 구조물을 만들었다. 이 구조물이 건축이다. 건축이 해야 할 일은 자연 속에서 인간을 보호하는 것은 물론, 인간이라는 존재의 질서와 증거를 표현하는 것이다. 이것이 동물의 둥지와 다른 점이다. 그 질서와 증거를 어떤 식으로 표현할 것인지 생각하는 과정에서 기하학을 이용한 미적 질서의 표현도 탄생했다.

인간은 견디기 어려운 자연환경으로부터 스스로를 보호하기 위해 동굴을 선택했다. 이렇게 인간이 동굴에 살면서부터 건축이 시작되었다. 원래 집은 동물의 둥지와 마찬가지로 자연 소재를 이용한 주거 공간에 지나지 않았다. 그것이 단순한 동굴이나 둥지가 아닌 '건축'으로 발전하게 된 것은 인류가 자연과 구분되는, 자연과 다른 특별한 장소를 만들었기 때문이다. 그 특별한 장소에 질서와 기능, 의미를 부여한 것이 건축이다. 건축은 동굴이나 둥지보다 향상된 구조체이며, 원이나 사각형의 평면으로 둘러싸 주변으로부터 독립시킨 구조물이다.

인간이 동굴에서 나오고 재료를 이용해 구조물을 짓기 시작한 것이 건축이다. 또한 그에 관한 이론을 하나의 인문 지식으로 체계화한 것이 건축이다. 다시 말하면 건축은 집을 짓는 일에 관한 기술적·실용적 지식과 상징적·인문적 이론을 하나의 학문으로 정리한 것이다. 건축은 곧 '집'이다. 여기서 집은 인간이 거주하는 물리적인 구조체, 건축을 말한다. 철학자이자 소설가, 수필가인 알랭 드 보통(Alain de botton)은 "어떤 공간과 어떤 희망이 일치했을 때 그곳을 '집'이라 부른다."고 하였다. 여기서 집은 희망을 담는 좋은 건축을 뜻하며 사용자의 바람과 철학의 실체를 말한다.

종합예술과 과학의 교집합

건축은 시대와 장소, 재료와 기술, 정치와 경제, 개인의 천재성과 많은 사람의 노동에 의존하는 종합예술이다. 이탈리아 건축가 렌조 피아노(Renzo piano)는 "건축은 예술, 그것도 아주 특별한 예술이다. 사회, 심리학, 인간, 커뮤니티, 과학, 기술에 시적 요소까지 여러 가지가 흥미롭게 응축된 종합예술이다."라 하였다. 이 말은 건축이 가진 복합적 성격과 특성을 잘 설명해 줌과 동시에 종합적 예술임을 강조하고 있다.

낙수장(falling water)으로 유명한 미국의 건축가 프랭크 로이드 라이트(Frank Lloyd Wright)는 "모든 건축가는 반드시 훌륭한 시인이어야 한다. 그래서 자신이 살고 있는 시대에 대해 독창적인 해석을 할 수 있어야 한다."고 했다. 프랭크 게리(Frank O. Gehry)는 직설적으로 "건축은 예술이다. 그리고 건축예술을 실천하는 사람이 바로 건축가다."라고 하였다. 이것을 종합해 볼 때 건축은 예술이며 종합적인 학문이다.

근대 이후 건축은 예술과 과학, 예술과 기술 사이의 끊임없는 논란의 과정 속에서 존재해 왔다. 건축의 학문적 정체성에 관한 이러한 논쟁은 역설적으로 건축의 융합적 성격을 말해준다. 건축은 예술과 기술, 과학의 속성을 모두 포함하지만, 이 속성들 중 어느 것을 우위에 둘 것인가가 늘 논쟁거리였다. 그러나 건축이 예술이냐, 과학이냐, 기술(공학)이냐를 따지는 것은

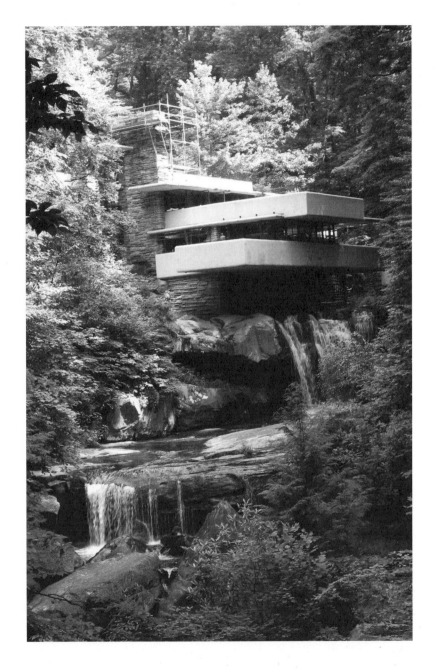

프랭크 로이드 라이트, 낙수장(1950년), 자연적 지형을 활용한 친환경 주택

무의미하다. 건축은 이들 모두를 포함한다. 예술과 기술, 과학 중 어느 것을 우위에 두든지 간에 모두가 건축에 필요한 부분이기 때문이다. 건축은 예술성을 띠며 기술과 과학이 바탕이 되어야 한다. 건축이 성립될 수 있는 조건은 기술과 과학, 예술이다.

건축은 설계(design)와 건설(construction)에 관한 학문이며 실제 업무이다. 그러므로 설계와 시공으로 구분된다. 건축은 현장 실무로 시작되었지만 이론화 과정을 거치면서 학문으로 정착되었다. 건국대 이상헌 교수는 '건축물의 설계와 그 실현(건설)에 관한 전문 지식의 체계이며 사회적으로 제도화된 전문직 영역'을 건축이라 한다. 그래서 건축은 실무와 학문이 결합된 독특한 성격을 갖는다. 건축물의 설계와 시공의 과정을 총괄하는 전문 분야이다.

건축은 예술과 기술의 복합적 결정체이기에 그 시대의 문화와 과학의 대표적인 산물이다. 시나 음악과 같은 예술이며 모든 예술의 종합이라거나 동결된 음악이라고도 한다. 우리가 살아가는 데 필요한 모든 인공적인 구조물로서 인간이 거주하는 물체가 건축이다. 오스트리아 건축가 한스 홀라인(Hans Hollein)은 "모든 것이 건축이다."라고 하였다. 자연과 기술을 이용하여 만든 인간의 거주에 도움을 주는 모든 것이 건축이라는 뜻이다.

건축이란 무엇인가라는 질문에 대한 확실한 답은 없다. 아니 그 답을 찾기 어렵다. 일생을 건축에 마음과 힘을 다한 능숙하고 재능 있는 건축가조차도 건축이 정확하게 무엇을 뜻하는지를 말로 표현하거나 일반 사람들에게 이해시키기란 힘들다. 앞에서 살펴본 것과 같이 건축은 건조 환경을 창조하는 종합적인 직무 영역이며, 건축물의 설계와 실현은 건축의 본질적인, 실제적인 영역임에 분명하다. 건축에 대한 정의는 건축가라면 끊임없이 묻고, 대답하고, 알아가야 할 명제이다.

"건축의 본질적 속성은?"

건축의 목적

건축의 목적은 사람이 거주(居住)하기 위한 것이다. 진정한 거주란 사람이 건축물 안에서 자신의 정위(定位), 즉 몸의 위치나 자세를 능동적으로 정하고 정체성을 확인하고 주변 환경을 의미 있게 경험하는 것이다. 아울러 거주란 일정한 공간에 지속적인 삶을 살아감을 의미한다. 한정된 공간이란 영역성을 가지며 이동하지 않고 시간적으로 오랜 생활을 영위하는 것이다. 건축은 일정한 장소에서 장기적인 머묾을 가능하게 하며 사람의 존재를 분명히 하고 뚜렷한 삶의 방향을 제시한다.

인간 위에 절대적인 건축이란 존재하지 않는다. 건축은 인간의 의도와 욕구 충족을 위한 것이다. 이렇게 만들어진 건축은 인간적 관계 형성에 기여하며 인간적인 관계(relationship)를 만들어 서로의 삶에 관여한다. 인간과의 관계를 통해 또 다른 새로운 관계를 만드는 것, 그것이 건축이다. 건축은 관계에서 형성되며 거주를 위한 물리적 도구이다.

우리는 건물을 '짓는 것'을 별 뜻 없이 기술상의 노력으로 여긴다. 하지만 건물을 '짓는 것'은 마르틴 하이데거가 지적했듯이 거주하고 사고하는 것의 출발이며 근본이다. 하이데거의 '짓기, 거주하기, 사고하기'는 사람이 짓지 않으면 거주할 수 없고 사고할 수 없음을 뜻한다. 짓는 행위는 건축적 목적 달성을 위한 것이며, 의사(意思)적인 활동이며, 사고(思考)에 의한 것이다. 건축적 필요에 의해 짓는 행위가 생겨난다.

집짓기는 삶과 사유를 포함하는 인간의 중요한 행위 중 하나이다. 건축가 정기용은 '거주한다는 것'은 기본적으로 생존을 충족시키는 것만이 아니라, 세계 내의 존재로서 우주의 질서까지 동시에 구축하는 것이라 하였다. 건축가는 인간의 '거주'에 대해 이해하고 해석할 수 있어야 한다. 그리고 거주할 줄 알아야 건축할 수 있으며 건축 공간을 통해 인간은 비로소 거주를 완성할 수 있다. 건축의 목적은 멋진 건물을 만드는 것이 아니다.

건축은 그 시대의 정치, 문화, 사회, 경제 등의 인문사회적인 요소에서부터 지형, 기후, 기온 등의 풍토적 요소, 그리고 재료, 구조, 시공 기술 등의 공학적 요소가 한데 어우러진 결과물이다. 건축가는 이러한 조건들을 적절히 충족시키고 해결해 나가면서 건축 행위의 고유한 가치를 찾는다.

건축은 기획, 설계, 시공, 유지관리, 철거라는 일련의 라이프 사이클(life cycle)을 갖는다. 건축물이 만들어지기까지 많은 사람, 물건, 정보를 필요로 하고 이들 각 요소는 상호 복잡한 관계를 가지고 전체로서 하나의 목적을 달성하게 된다. 공동의 목적을 성취하기 위해서는 건축의 가치를 공유해야 한다.

구조 전문가 피에르 루이지 네르비(Pier Luigi Nervi)에게 건축의 목적은 '유효성'에 있으며, 인간이 자신의 환경을 창조하는 활동은 대단히 중요한 것이었다. 한편 칼 프리드리히 싱켈(Karl Friedrich Schinkel)은 "유용하고, 실용적이고, 기능적인 것을 뭔가 아름다운 것으로 바꾸는 것, 그것이 건축의 의무다."라고 주장했다. 인간은 누구나 안락한 거주를 위한 집을 소망한다. 건축의 목적은 기능상의 요구조건을 충족시키면서 심미적으로 즐거움을 주는 구조물을 만들어내는 것이다.

건축의 가치

건축은 인간을 위한 창조적 실체이며 짓는 일이다. 세상을 만들고 삶을 만
드는 과정이다. 그렇지 않으면 건축은 단지 감각과 육체를 소모하는 노동에
지나지 않는다. 자기만족이나 속물적인 돈벌이 수단에 그친다. 그러면 건축
의 가치를 찾아 볼 수 없다. 건축은 한 차원 높은 세계에 도달하려는 인간
의 의지와 노력을 통해 만들어진 역사이다. 수많은 건축물에서 역사의 흔
적을 찾을 수 있지 않는가? 유네스코(UNESCO)에 등재된 대부분의 세계적
인 유산이 건축물이다. 건축은 시간을 통해 누적된 역사이기에 오랜 인류
의 가치와 판단이 녹아든 존재이다.

건축가는 그저 물질들의 조합으로 형성되는 건축'물(物)'이 궁극적인 목
표여서는 안 된다. 그 이후에 만들어져야 하는 아름다운 인간의 삶을 궁극
적으로 바라보는 '건축(建築)'을 목표로 삼아야 한다. 건축 자체를 지향점으
로 설정해야 한다. 건축가의 야망은 인류의 문화와 행복, 그리고 모든 인간
의 존엄성에 기여할 수 있다.

건축은 예술적 표현일 뿐 아니라 창조적으로 인간 기능에 편의를 도모해
야 한다. 또 많은 구성 요소들과 재료들을 이용하여 자연의 힘을 견딜 수
있는 터를 제공하여 삶을 지원할 수 있어야 한다. 그러므로 건축의 가치는
기능과 미학적 목적을 동시에 만족시키는 것이며, 이것이 건축의 가장 본질
적이며 창조적인 도전이다.

건축은 삶의 표상이다. 《차이들》의 저자 이냐시 데 솔라 모랄레스
는 "건축은 아름다운 결과를 생산할 수 있는 하나의 절묘한 물질적 노동
이다. 건축은 숙련된 손으로 그릇을 빚는 도공의 아름다운 작업을 닮았는
데, 그래서 물질적인 것의 조건과 내재적인 지혜의 완벽한 일치의 증거자
이다."라고 하였다. 건축은 짓기 위한 건축가의 수고와 물질, 철학과 과학

의 결합체다.

건축이란 생활 전체에서 소중한 것을 지켜주는 것이며, 예술로서 문명과 명예 그리고 인간의 도덕적·지적 독자성을 보여주는 것이다. 건축은 복합적 삶을 담아낼 뿐 아니라, 경우에 따라서는 인간 행동을 건축을 통해서 조절하기도 한다. 건축의 목적은 인간의 생활에 봉사하고 편안한 삶을 구현하는 것이다. 인간의 삶에 기여할 때 건축적 가치를 갖는다.

한편, 건축은 삶의 수단이며 건축가의 땀과 노력의 결과물이다. 인간의 안정적이고 안락한 삶을 위해 존재한다. 더 나은 삶을 위한 것이며 행복에 기여해야 하는 것이다. 어떤 건축이라도 가장 중요한 것은 인간의 육체적·감정적 그리고 지성적 필요에 대응해야 한다. 건축은 인간의 가치를 높이고 그들의 삶과 목적에 기여하는 실체이다. 한 단계 더 높은 건축의 가치는 사회적 유용성, 즉 더 나은 사회를 만들어내는 힘에 따라 결정된다. 건축가는 건축적 가치를 실현해야 한다.

"좋은 건축이란?"

'좋다'의 뜻

건축은 도시를 만드는 재료이자 구성물이다. 인간이 활동하고 교류하고 체류하는 장소이자 대상이다. 그럼 좋은 건축이란 무엇일까? 건축이라는 대상의 성질과 내용이 기본적인 기능을 충족함과 동시에, 복합적인 만족감을 줄 때 좋은 건축이라 일컬을 수 있다. 가볍게 말할 수 있는 좋은 건축의 뜻이다. 하지만 좋은 건축의 정의를 쉽게 단정하기 어렵다. 그런 의미에서 '좋다', '좋은'이란 단어에 대해 생각해 볼 필요가 있다.

국어사전에서 '좋다'라는 단어의 어미는 "대상의 성질이나 내용 따위가 보통 이상의 수준이어서 만족할 만하다.", "말씨나 태도 따위가 상대의 기분을 언짢게 하지 아니할 만큼 부드럽다."라고 되어 있다. 대상의 수준이 높고 심정적으로 편안한 마음이 들게 하는 상태나 조건을 '좋다'라고 한다. 다시 말하면 성질, 내용의 수준이 높아 만족감을 주거나 상대의 기분이 상하지 않는 경우를 '좋다'라고 표현한다. '건전하다. 착하다, 우수하다'와 유사한 의미이다.

'좋다'라는 것은 개인적 선호의 문제로 제한될 수 있다. 사실 '좋다'라는 것은 주관적이고 개인적인 감정이다. '좋은 것'은 전적으로 사적인 영역에 속한다. 선호 혹은 취향으로서 '좋다'는 개념이 점점 사회적 보편성을 잃고 있다면, '건축'은 반대로 공공성을 지나치게 강조함으로써 공학, 사회학, 인문학, 그리고 예술 등과 밀접하다. 그래서 그 개념을 규정하는 것조차 쉽지 않다.

'좋은'은 형용사로서 영어의 'good, nice, fine'에 해당된다. 'good'은 질적
(質的)으로나 내용, 수량, 정도가 좋은, 충분한, 만족할 만한, 훌륭한의 의
미이다. 'bad'의 반대말이다. 그럼 좋은 건축의 반대말은 나쁜 건축이나 못
된 건축, 좋지 못한 건축이 된다. 좋은 건축은 '좋은'이라는 단어의 의미를
내포한다. 건축가 우경국은 좋고 나쁨이라는 것은 기호의 차이, 생각의 차
이라 하였다.

> 좋은 건축, 건강한 건축을 하기 위해서는 항상 몇 가지 언어적 해석을
> 거쳐야 한다. 좋은 건축은 나쁜 건축이 아니기 때문에 좋은 것이고 나쁜
> 건축은 좋은 건축이 아니기 때문에 나쁜 것이다. 좋은 건축은 처음부터 좋
> 은 것이 아니라 나쁜 건축이 있기 때문에 좋은 것으로 형태나 공간이 갖고
> 있는 기호의 차이에 의해 나쁜 것 보다 다른 '차이값'을 가질 뿐이다. 이 차
> 이값은 자신이 갖고 있는 구조화된 '인식체계의 틀' 범위를 벗어날 수 없게
> 된다. 여기서 간과할 수 없는 것은 그 값은 끊임없이 변화하게 되며, 좋다
> 라는 생각을 갖게 하는 배경으로서 나쁜 것과 관련된 관계항들의 확정될
> 수 없는 의미들 때문에 불확정적 상태에 머무르게 된다는 사실이다. 따라
> 서 좋고 나쁨은 개인적 경험의 가치기준 내에 있을 뿐 절대성을 지니지 못
> 하게 되면서 변하게 되나, 그렇다고 그것을 완전히 배제할 수 없는 것은 그
> 속에 이미 나쁜 것을 지양하고자 하는 의식이 존재해 있기 때문에 나쁜 것
> 보다 낫다는 논리를 지니게 된다.
>
> – 우경국, 《관계 흐름 건축》

좋다, 나쁘다, 훌륭하다, 아름답다, 추하다 등의 평가는 지극히 추상적이
다. 감각적인 객관성을 결여한 자기중심적인 생각이다. 한정된 사고의 구조
체계 내에서 상대적 개념으로 평가된 것이지, 절대적 가치를 가지고 있는
것은 아니다. 그럼에도 불구하고 이러한 의문을 갖는 것은 구축된 모든 건

축은 문화적 존재이기 때문이다. 그러므로 그것에 대한 '가치의 의문'으로부터 건축의 객관적 가치를 도출할 수밖에 없다. 좋은 건축(good architecture)은 인간에게 만족감을 주는 구조물이다.

좋은 건축과 나쁜 건축

좋은 건축과 나쁜 건축은 무엇일까? 국민대 이경훈 교수는 《못된 건축》이라는 책에서 '못된 건축(civically incorrect building)'을 '도시의 혜택은 당당히 누리면서도 공동의 이익보다는 제 이익만을 좇는 염치없는 건축물'이라 했다. 주변의 맥락과 도시 공간, 도시적인 공공 공간을 배려하고 살피지 않는 것을 못된 건축이라 하였다. 즉, 장소에 부적합한 건축, 장소성이 결여된 건축이 못된 건축이라는 것이다.

건축을 '못되다', '못된' 것이라 표현하면 형태나 서 있음이 나쁜 것을 지적한다. 이기적인 건축이란 말과 동의어로 해석된다. 잘된, 못되지 않는 건축은 이기적이지 않은 건축을 말하는 것이다. 건축이 이기적이지 않으려면 주변의 맥락에 따라야 하고 형태와 공간이 주변과 조화를 이루어야 한다. 이기적이지 않은 건축은 장소에 적합하며 타인을 배려하는 건축이다. 또 다른 좋은 건축에 해당된다. 하지만 못된 건축으로 좋은 도시를 만들 수 없으며 못된 건축은 좋은 건축이라 할 수 없다.

건축을 표현하고 규정하는 용어도 많다. 일본의 건축가 구마 겐고(隈研吾)는 '약한(負) 건축', '강한 건축'이란 용어를 사용하였다. 그는 안도 다다오(安藤忠雄), 아라타 이소자키(新磯崎) 등 일본의 강력한 경제력을 바탕으로 활동했던 이전 세대의 건축을 '강한 건축'이라 규정 짓는다. 약해진 일본을 배경으로 만든 본인의 건축은 '약한 건축'이라 한다. 또한 약한 건축은 나무와 돌과 같은 자연적인 재료를 사용한 것이라 정의하고, 강한 건축은 철, 유리, 콘크리트와 같은 재료를 사용한 것이라 정의하였다. 구마는 나무나 돌을 이용하여 일본적인 건축을 표현하였다. 그가 말하는 약한 건축과 강한 건축은 재료로 드러나는 느낌이나 성질로 구분 지어진다. 안도의 포트 워스 현대미술관과 아라타의 군마 근대미술관은 재료적인 측면을 떠나 수 공간과 건축이 조화되는 자연친화적인 건축물이다.

이 외에도 좋은 건축과 유사한 용어는 올바른 건축, 바람직한 건축, 진실한 건축, 정직한 건축, 행복한 건축, 건강한 건축, 훌륭한 건축이다. 건축가 김중업은 '참다운', '참 건축'이란 단어를 사용하였다. 이들 단어가 갖는 의미는 완전히 같지 않다. 사용자에 따라 차이가 나지만 모두 좋은 건축의 의미를 포함하고 있다고 볼 수 있다. 그렇기 때문에 '좋은 건축'이라는 용어가 대표성을 띠며 건축의 진정성(authenticity)과 본질, 목적, 가치를 함의한다. 좋은 건축은 건축적 가치를 높이는 것이다.

그럼, 나쁜 건축이란 무엇일까? 당연히 좋은 건축이 아닌 것을 뜻한다. 이기적인 못된 건축은 좋은 건축이 아니다. 기능적으로 건축주의 요구를 만족시키지 못하고 구조적으로 불안전한 것도 나쁜 건축이다. 건축은 사람과 소통하는 물리적인 장치이기 때문에 사람들의 감정과 소통하지 못하는 것은 좋은 건축이 아니다. 주변의 건축과 조화되지 못하고 도시 경관과 지역의 역사성을 위협하는 건축도 나쁜 건축이다. 장소성을 담아내지 못한 것은 당연히 좋은 건축이라 할 수 없다.

건축 공법이나 재료가 건축가의 철학을 표현하더라도 미래를 내다보지 못한 근시안적인 공간 계획은 나쁜 건축에 속한다. 좋은 건축의 요건 중 어느 것 하나만 빠져도 좋은 건축이라 부르기 어렵다. 건축의 기본 요소가 충족되지 못한 것이다. 시대성이 결여되고 건축가의 철학이 부재하고 용도만 있는 건물은 나쁜 건축이다. 물리적 표현의 적정 범위를 이탈한 건축 역시

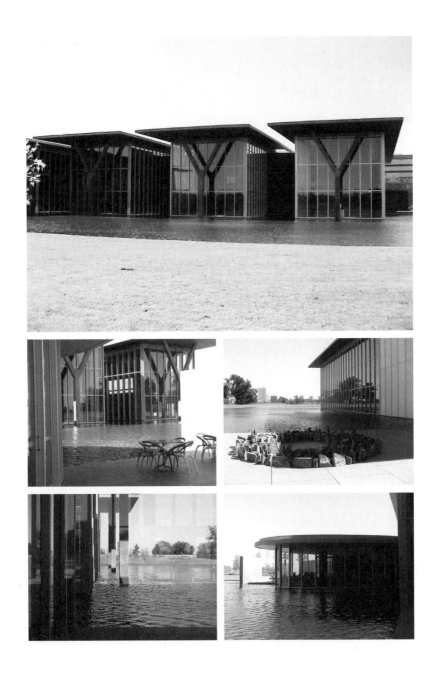

안도 다다오, 포트워스 현대미술관(2000년), 물과 건축이 친밀하게 조화되는 미술관

아라타 이소자키, 군마 근대미술관(1994년), 조형적 요소와 물, 자연이 결합된 건축물

나쁜 건축이다. 그렇지만 이 모든 것을 만족시키는 것도 사실상 어렵다.

그러나 사실 이 모든 요건들보다 사용자 만족이 먼저이다. 시대성과 장소성을 표현하고 공법, 철학이 적절해도 건축주가 만족하지 못하고, 사용자가 만족하지 못하면 좋은 건축이 아니다. 건축은 소비자 만족에 가치가 있다. 그러므로 초점을 소비자에게 맞추어야 한다. 부실 설계도 나쁜 건축을 유발시킨다. 하자가 발생되어 유지관리에 어려움이 있으면 더욱 나쁜 건축이다. 부실 건축은 좋은 건축이 아니다. 건축의 기본적 기능과 가치를 다하지 못한 것이기 때문이다.

신경건축학과 흔들림

건축은 우리의 삶에 영향을 미친다. 좋은 건축을 하기 위해서는 건축을 어떻게 이해해야 할지, 좋은 건축이란 무엇인가에 대해 논의해야 한다. 건축이 사회에 필요한 이유, 즉 건축의 사회적 필요성을 인식해야 하며 건축의 목적에 대한 이해도 높아야 한다. 그래야 수요자가 좋은 건축을 요구할 수 있다.

인간의 기억, 감정, 판단을 좌우하는 많은 신경회로망들은 환경의 영향을 받는다. 사람이 환경의 물리적 상태로부터 영향을 받는다는 것은 너무나 당연하다. 그러므로 물리적인 공간이자 시설물인 건축과 건축 환경이 사람에게 영향을 미친다는 것 역시 당연한 사실이다. 이렇게 공간이 인간 뇌의 인지 작용에 미치는 영향을 연구하는 학문을 '신경건축학'이라 한다. 건축과 공간이 인간의 사고와 행동에 미치는 영향을 측정하고, 이를 바탕으로 더 나은 건축을 모색하는 새로운 학문이다. 간단히 말하면 건축이나 공간이 인간의 뇌와 신경계에 영향을 미친다는 것이다.

신경건축학

공간이 사람에게 인간 뇌의 인지작용에 미치는 영향을 연구하는 학문을 신경건축학(neuroarchitecture)이라고 한다. 신경과학(neuroscience)과 건축학(architecture)의 합성어로, 국내는 물론 해외에서도 본격적으로 연구하는 학자를 찾기 힘들 정도로 새로운 학문 분야다. 신경건축학의 목적은 공간의 어떤 요소가 구체적으로 인간 뇌의 어느 부분에 영향을 미치는지 과학적으로 분석하는 것. 이를테면 인간이 어떤 공간이나 건축물을 경험할 때 행복을 느끼는 순간 분비되는 세로토닌, 반대의 순간 고통을 경감하기 위해 분비되는 엔도르핀이라는 호르몬의 혈중 농도를 측정한다. 이렇게 '혈중행복농도'와 '혈중고통농도'를 측정해 인간 뇌·신경계가 행복하다고 반응하는 공간과 건축을 알아낸다.

- 동아일보, 2011. 3. 23

건축과 공간은 사람의 의식과 무의식, 행동에 직간접적 영향을 주고 이를 규정한다. 공간이 당신에게 무언가 압력을 가하고 있다. 오랜 시간을 답답하고 어두운 교실에서 공부를 한다든지, 설계가 잘못된 사무실에서 일을 하게 되면 신경이 날카로워지기 쉽다. 낯설거나 불쾌한 공간은 사람을 심리적으로 불안하게 만든다. 또 사람들은 긴장을 일으키게 하는 물리적 환경 때문에 신경질적이 되기도 한다.

거주자들은 조형적으로 디자인된 환경에서 육체적·정신적으로 더 쾌적하게 느낄 수 있고, 더 효율적으로 일할 수 있어 생산성을 높일 수 있다. 잘 설계된 비례(크기와 높이), 안정된 색상, 적당한 통풍, 쾌적한 온도는 육체와 정신에 긍정적인 영향을 준다. 분명히 건축 공간은 사람에게 영향을 미친다. 건축가 루이스 바라간(Luis Barragan)은 '침묵과 정적'이 건축의 본질이라 하였다. 철학적인 말로 건축을 논하지 않아도 건축의 본질은 침묵과 정적을 느끼는 인간을 위한 것이다. 인간의 심상에 조금이라도 좋은 영향을 미치는 건축이 좋다.

집을 짓는다는 것 또한 집 속에서 일어날 사건들을 상상하고, 그것을 꿰맞추어 하나의 이야기를 만드는 일이다. 설계자가 선택하고 디자인한 공간을 특별한 의도에 따라 질서 있게 배열하여 전체를 하나의 이야기와도 같은 조직으로 이루어놓은 것이 건축이다. 이런 뜻에서 건축가 또한 이야기꾼이다. 단지 소재가 공간일 따름이다.

작가 김탁환은 '이야기꾼'을 이야기를 통해 독자의 영혼을 흔드는 자라고 정의한다. 작가는 독자가 이야기를 읽고 가볍게 흔들리기를 바란다. 그 흔들림 때문에 잠시 각자에게 주어진 삶을 들여다본다면 기쁜 일이다. 건축도 그런 것이다. 공간이나 형태를 인지했을 때 가볍게 흔들린다면 그것은 건축가에게나 건축주, 모두에게 좋은 느낌 때문일 것이다. 흔들림은 신체적인 인지인 동시에 감정의 변화다. 새로운 체험이나 인식이 심상에 좋은 변화를 느끼게 한다면 그것은 성공한 건축, 좋은 건축이다. 좋은 건축은 사람들에게 좋은 흔들림을 선물한다.

건축가가 말하는 좋은 건축

삶의 방식은 다양하다. 삶의 방식이 다양한 만큼 건축의 방식도 여러 가지이다. 건축에 대한 정의가 다양한 것처럼 좋은 건축의 정의도 제각각이다. 사람마다 건축에 대한 생각이나 가치관, 의식이 다르기 때문이다. 우리나라를 대표하는 건축가, 전문가들의 생각은 어떨까? 그들의 생각을 들여다보자.

수졸당, 웰콤시티, 대전대학교 혜화문화관, 한국문화연구원의 설계자로 잘 알려진 건축가 승효상은 좋은 건축의 조건을 세 가지로 제시하였다. 첫째, 합목적성, 둘째, 시대, 셋째, 건축과 장소와의 관계를 들었다. 그가 말하는 좋은 건축의 특성은 웰콤시티와 혜화문화관에서 확인할 수 있다. '합목적성'은 기능성, 즉 건축의 목적과 기능을 잘 표현하는 것이며, '시대'는 건축이 시대상을 간직하는 기억장치임을 의미하는 것이다. 건축이 '시대의 거울'이기 때문에 건축을 통해 우리는 그 사회의 풍속과 문화를 알 수 있다. 건축이 그 시대의 문화와 사회를 반영하는 것이기 때문이다. '장소'는 땅과의 관계, 장소성을 말한다. 땅의 성질과 역사, 주변 상황 등이 장소를 결정한다. 건축은 땅 위에 서는 존재이기 때문에 땅의 고유한 성격을 반영한다면 좋은 건축이 분명하다. 그는 또 좋은 건축가는 땅이 하는 이야기를 들을 수 있으며, 좋은 건축이란 그 터가 가진 무늬에 새로운 무늬를 덧대어 지난 시절의 무늬와 함께 그 결이 더욱 깊어 가는 것이라 하였다.

승효상은 "좋은 건축과 건강한 도시는 우리 삶의 선함과 진실됨과 아름다움이 끊임없이 일깨워지고 확인될 수 있는 곳이며, 그것은 비움과 고독을 통해 얻어지는 것이다."라고 하였다. 선함, 진실, 아름다움을 중요한 요소로 들고 있다. 그는 미숙한 시대에 사는 우리의 모습을 반추하게 하는 그런 건축을 '진실의 건축'이라고 하였다. 좋은 건축의 개념을 넘어 진실의 건축은 한 차원 더 높은 건축가의 고뇌를 바탕으로 탄생할 수 있을 것이다.

그에 따르면, 좋은 건축의 목표는 '인간의 삶의 가치에 대한 확인'이라 하였다. 선함과 진실됨과 아름다움을 날마다 새롭게 발견하게 하는 건축, 그런 것이 좋은 건축이라는 뜻이다. 그럼 건축 실천의 목적은 무엇인가. 그것은 한마디로 진정성 있는 합목적성과 주변 환경을 고려한 디자인의 적합성이다.

2011년 3월에 세상을 떠난 건축가 정기용은 기적의 도서관, 무주 안성면 주민센터, 무주 프로젝트를 성공적으로 이끈 공공건축가, 고 노무현 대통령의 사저 설계자로 알려져 있다. 그는 좋은 건축을 '진정성이 느껴지는 것'이

승효상, 웰콤시티(2000년), 철과 노출콘크리트가 조화되는 분절화 된 매스의 건축

승효상, 대전대학교 혜화문화관(2003년), 지형에 적절히 자리 잡은 건축

라 하였다. 진정성이 느껴질 때 우리의 온몸은 전율하고 감동을 느낀다. 감동의 근원은 건축의 외형이나 스타일, 취향의 문제를 넘어선 것이라 하였으며, 건축이 전달하는 흔들림 없는 항성(恒性), 순간의 빛, 파동 치는 존재의 충만함이 좋은 건축이 선사하는 건축의 위대함이라 하였다.

정기용은 전북 무주에서 12년 동안 진행한 공공건축 프로젝트와 전국 6개 도시(순천, 진해, 서귀포, 정읍, 김해, 부평)에 지은 도서관 프로젝트를 통해 건축의 사회적 양심과 공공성을 강조하였다. 무주 안성면 주민센터 설계를 맡은 건축가는 도면 앞에서 씨름하는 대신 마을의 어르신들부터 찾았다. 농사일로 지친 어르신들에게 가장 필요한 것이 목욕탕이란 걸 알아낸 그는 면사무소 1층에 공중목욕탕을 들여놓았다. 이후 면사무소가 주민들에게 가장 사랑받는 공간이 되었다. 건축은 근사한 형태를 만드는 작업이 아니

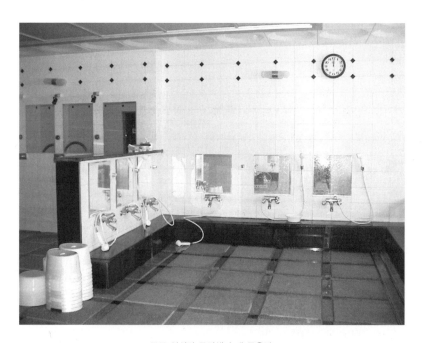

무주 안성면 주민센터 내 목욕탕

정기용, 무주 안성면 주민센터(1998년), 주민에게 친밀하게 다가서는 공공건축물(상)
정기용, 김해 기적의 도서관(2011년), 지역주민의 삶에 기여하는 공공적인 건축(하)

라 사람들의 삶을 섬세하게 조직하는 일이라는 그의 말이 실천된 것이다.

박인석, 박철수는 《아파트와 바꾼 집》이란 책에서 좋은 집의 정의를 실용적인 집이라 하였다. 실용적이라는 것은 매일의 삶을 힘들고 고달프게 하지 않는다는 의미이다. 겨울에 춥지 않고 여름에 덥지 않은 집, 물이 새지 않고 결로 없고 곰팡이 피지 않는 집, 엄청난 전기료와 가스비로 매달 가슴 쓸어내리는 일 없는 집은 삶을 편안하게 해준다. 유지관리적인 측면에서 편리한 집에 무게를 두고 있다.

그들에 따르면, 좋은 건축은 '실용성'인 셈이다. 계절적 속성에 맞는 집, 유지관리에 비용이 적게 드는 집, 즉 집의 기본 기능에 충실한 집이 좋다는 것이다. 집은 르 꼬르뷔지에(Le Corbusier)가 말한 '삶을 담는 기계(machine a habiter)'일지도 모른다. 주택이 갖춰야 할 최소한의 필수 조건은 쾌적성이다. 주택은 가격이 저렴해야 하며, 단순하고, 통풍이 잘 되고, 견고하고, 채광이 충분해야 하며, 내구성 있는 재료로 구성되어야 한다. 충분한 설비도 갖추어야 한다. 집으로서 갖추어야 할 기본적 기능과 속성을 제대로 갖춘 것이 좋은 집이다.

사회학자 홍성태는 좋은 건축이란 여러 행위들의 좋은 기반을 만들고 좋은 거주를 이루는 것이라 했다. 그는 여섯 가지 요건을 좋은 건물의 기준으로 들었다. 안전성, 생태성, 편리성, 조화성, 역사성, 심미성이 그것이다. 여기에 덧붙여 건축의 결정과 시행 과정은 모두 투명하게 이루어져야 한다는 것을 전제한다. 정직하고 투명한 시공을 말하는 듯하다.

건축가 김인철은 건축의 목적을 '공간'이라 하였다. 그는 공간 속에서 살아가는 사람들의 삶을 잘 담아내는 건축을 만드는 것이 좋은 설계라 하였다. 그도 역시 장소성을 강조한다. 장소성이 강한 건축이 좋은 건축이라는 것이다. 땅은 건축이 개입함으로써 장소성이라는 의미를 갖게 된다. 자연으로서 땅은 이미 장소이지만 인간의 의지인 건축으로 인해 새로운 장소적 의

44

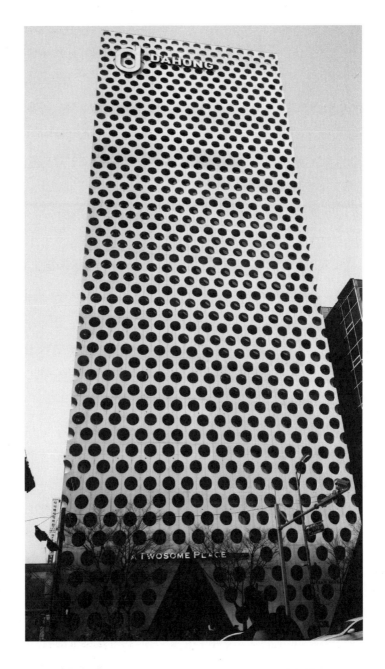

김인철, 어반 하이브(2008년), 가로를 활성화시키는 필연적인 건축

미가 부여된다. 여기서 말하는 건축은 건물이라는 구체적인 형태가 아니라 그 땅에 대한 건축적 해답이다. 건축한다는 것은 땅을 장소화하는 것이다. 다시 말하면 '어떤 장소(a place)'를 '그 장소(the place)'로 만드는 의지적 행위이다. 2008년 그가 설계한 어반 하이브(Urban Hive)는 강남대로라는 장소에 필연적으로 조화되는 건축물이다.

건축가는 건물이 들어설 특정 부지나 장소에 집중하여 그곳의 깊이, 형태, 역사, 감각적 특성들을 이해하려고 노력한다. 장소성이 강한 건축을 추구한다. 건축은 일상을 의미 있도록 하고 땅의 가치를 '그 장소'로 번역하며, 공간으로 시간의 영속성을 담아내어 이 시대와 이 땅에 흔적을 남기는 것이다. 그러므로 장소적 가치를 높이고 그 장소에 적합한 것이 좋은 건축이다.

건축가 유걸은 좋은 건축물이란 '사람을 행복하게 만드는 것'이라 하였다. 그는 궁극적으로 창의적인 생활을 끌어낼 수 있는 건축을 염두에 두어야 함을 강조한다. 이를 위해 건축가는 설계부터 시공까지 오롯이 그 속에서 생활할 사람을 생각해야 한다. 그는 사는 사람의 생활을 창의적으로 유도하는 것이 좋은 건축이라 한다.

미국 건축가 베르나르 츄미(Bernard Tschumi)는 라빌레트 공원을 폴리(folly)라는 붉은색 점의 요소를 이용하여 탈기능적인 공원으로 바꾸었다. 츄미도 이와 유사하게 '사람 살기 편해야 좋은 건축'이라 하였다. 멕시코 건축가 리카르도 레고레타(Ricardo Legorreta)도 "좋은 건축은 왕이나 거지를 막론하고, 모든 사람에게 집 같은 편안함을 주는 것이다."라고 하였다. 좋은 건축은 사람의 생활을 편안하게 해주는 것이다.

알랭 드 보통의 책 《행복의 건축》은 심리적인 측면에서 건축의 의미를 생각하게 한다. "우리는 우리 환경이 우리가 존중하는 분위기와 관념을 구현하고, 우리에게 그것을 일깨워주기를 은근히 기대한다. 건물이 일종의 심

유걸, 배재대학교 국제언어생활관(2007년), 지형에 적합하고 기능적인 건축

베르나르 츄미, 폴리(1998년), 점적인 요소가 공간을 풍부하게 만드는 건축

리적 틀처럼 우리를 지탱하여, 우리에게 도움이 되는 우리 자신의 모습을 유지해 주기를 기대한다."고 하였다. 처칠 수상의 말처럼 우리의 환경은 건축으로 구성되어 삶을 지탱하고 영위하는 데 많은 영향을 미친다는 의미와 상통하는 글이다.

건축가에 따라 좋은 건축과 집에 대한 정의는 다르다. 그 속에서 공통된 개념을 찾아보면, 좋은 건축이란 사람(인간), 행복, 편안함, 장소성, 진정성, 쾌적성 등을 핵심 요소로 포함하고 있다. 건축에 대한 편안함이나 만족감의 정도가 높거나 좋은 느낌의 공감이 있다면 좋은 건축이 확실하다. 장소와 주변 맥락에 부합하는 장소성이 강한 건축도 좋은 건축이다. 재료적인 측면에서 합리적인 것도 좋은 건축이 될 수 있다.

좋은 건축의 개념은 광범위하다. 또한 좋은 건축이란 무엇인가에 대한 정의와 의견도 다양하다. 누구나 자신이 추구하는 건축을 자유롭게 말할 수 있으며 건축에 대해 마음껏 비평할 수 있다. 하지만 건축가는 자신의 개인적 취향과 의견보다는 공동의 보편적 가치를 우선적으로 존중해야 한다.

좋은 건축의 뜻매김

좋은 건축은 감동을 주는 것이다. 앞에서 좋은 건축의 담론에 대해 살펴보았듯이 건축가마다 의견이나 생각이 상이하다. 토즈(TODS), 미키모토(MI-KIMOTO)에서 입면 구조의 직교성을 해체시킨 건축가 이토 도요(伊東豊雄)는 좋은 건축이란 말을 들으려면 "시대를 초월해 사회가 공유할 수 있는 원리를 갖추어야 한다."고 한다. 그가 말하는 좋은 건축은 시대를 관통할 수 있는 원리가 있는 건축, 사회적 가치를 실현하는 건축을 의미한다.

좋은 건축은 인간성, 장소성, 진정성, 실용성을 담아내는 것이다. 그럼 좋은 건축의 구체적인 조건은 무엇일까? 건축가들의 의견과 생각을 통해 좋은 건축의 개념에 대해 알아보았지만, 그 정의를 한마디로 내리기는 쉽지 않다. 건축의 가치는 시대의 변화에 따라 판단하는 기준이 다르다. 그러므로 건축을 명확하게 정의하기 어렵고 좋은 건축의 뜻매김도 단정적으로 규정하기 어렵다. 좋은 건축도 인간의 삶과 지역, 문화가 다르기 때문에 광의적인 의미를 띤다.

건축은 인간의 정신을 담는 용기이며 표현이다. 우리의 가치관과 사고 구조를 사는 방식을 통해 보여준다. 건축의 가치는 멋있다고 표현될 수 있는 것 너머에 있다. 컬럼비아대학교 유진 라스킨(Eugene Raskin) 교수는 "건축은 감동이다."라고 말한다. 그는 감동이 부드럽다면 건축도 부드럽고, 감동이 위대하면 건축도 위대하며, 감동이 없다면 건축도 없으며 오직 건물만 있

이토 도요, 미키모토(2005년), 토즈(2005년), 가로에 새로운 풍경을 만들어내는 건축

민현식, 전통문화대학교(2006년), 사용자의 의도에 따라 적절히 대응하는 건축

을 뿐이라고 한다. 건축가 민현식은 좋은 건축이란 건축물 안에 자신이 원하는 목적의 공간이 생기는 과정 속에서 감동이 있다면, 그것이 바로 좋은 건축이라 하였다. 건축적인 감동도 중요한 요소이다.

한양대 김혜정 교수는 《건축을 읽는 7가지 키워드》라는 책에서 좋은 건축과 나쁜 건축의 평가 기준을 말한다. 좋은 건축은 기본적으로 각 건축에 부여된 기능을 만족시켜야 하며, 구조적으로 안전해야 하며, 경제성도 고려해야 한다. 이러한 조건에 부합하고 시각적인 조형미와 공간미가 훌륭한 것을 좋은 건축이라 한다. 역시 기능과 구조, 미적인 측면이 좋은 건축의 기준이다. 경제성과 공간적인 아름다움도 좋은 건축의 조건이다.

이화여대 임석재 교수는 좋은 건축을 '의식주가 건강성을 유지하면서 함께 골고루 발전해서 균형 잡힌 협력과 조화를 이루는 것'이라 한다. 좋은 건축은 기본에 충실한 것이다. 즉, 주어진 상황에서 요구 조건을 극대화하고,

최적의 기술과 재료를 구사해 부분에서 전체까지 정성을 쏟아붓는 작업이다. 이렇게 구축된 건축은 시간이 지나도 품질과 품격을 잃지 않는다.

건축주(소비자), 설계자(디자이너), 시공자, 사용자 입장에서 좋은 건축이란 무엇일까? 먼저 건축은 건축주의 사유재산이다. 개인적인 차원에서 건축은 재산적 가치를 갖는다. 그러므로 비용, 경제적 측면과 유지 관리적 측면, 사용성 측면에서 건축주에게 유리한 것이 좋은 건축이다. 건축주에게는 경제성, 실용성, 사용성이 중요하다. 사용자에게는 편리하고 쾌적한 것이 좋은 건축의 중요한 조건이다.

설계자에게는 자신의 건축 언어와 개념(concept)이 잘 적용된 것이 좋은 건축이다. 설계자는 좋은 설계를 통해 자기의 표현 언어와 가치관, 의식을 담아낸다. 시공자 입장에선 경제적인 측면에서 적절한 비용으로 지어진 하자 없는 건축이 좋은 건축이다. 또한 시공자가 생각하는 경제적 이득도 함께 얻을 수 있어야 한다.

좋은 건축은 좋은 노래와 같다. 사람들이 좋아하는 것이 좋은 것이다. 좋은 노래가 많은 사람에게 감동과 위로를 주듯 좋은 노래와 같은 건축은 사용자가 그 건축을 접했을 때 편안함과 감동, 아름다움을 느끼게 한다. 철학자 괴테(Goethe)는 "건축은 음악이다(Architecture is the Frozen Music)."라고 하였다. 언제든지 부를 수 있고 위안이 될 수 있는 노래와 같은 건축이라면 설명이 필요 없을 만큼의 좋은 건축이다. 좋은 건축은 설계자의 가치관과 철학이 표현됨과 동시에 소비자이며 수요자인 건축주와 사용자, 그것을 짓는 시공자가 만족하는 것이다.

"좋은 건축의 필요조건은?"

좋은 건축의 3요소

좋은 건축은 개인의 삶을 풍부하게 만든다. 생활을 편리하게 만들고 사회적 비용도 경감시킨다. 또한 우리 생활의 실용성을 담아내며 미적으로 아름다움을 실현하다. 좋은 건축(집)은 품질과 서비스가 필수적이며 고객만족이 이루어져야 한다. 성공하는 기업이 갖추어야 하는 기본적인 원칙은 제품의 우수한 품질과 서비스, 고객만족이다. 이것은 건축에서도 동일하다.

품질과 서비스, 고객만족이 좋은 건축의 세 가지 조건이다. 품질(quality)은 물건이 갖는 성질로서 제품이 고객의 기대를 어느 정도 충족시켜 주는가를 나타내는 복합적 특성이다. 서비스(service)는 판매를 위해 제공되거나 제품 판매를 수반하여 제공되는 행위나 편익을 나타낸다. 그리고 고객만족(customer satisfaction)은 일반적으로 고객 요구에 대응하는 일련의 기업 활동에 대한 결과로서, 상품 및 서비스의 재구매가 이루어지고, 고객의 신뢰가 연속되는 상태를 말한다.

품질

품질의 정의는 시대에 따라 그 의미가 조금씩 변화되었으며, 오늘날에는 다양한 의미를 담고 있다. 품질은 고객만족의 정도를 나타내는 제품이나 서비스의 총체적인 특성을 의미한다.

- 아르망 발랭 파이겐바움(A. V. Feigenbaum) : 사용되는 제품이 고객의

기대를 어느 정도 충족시켜 주는가를 나타내는 제품의 복합적 특성
- 조지프 주란(J. M. Juran) : 사용상의 적합성
- 에드워드 데밍(W. E. Deming) : 현재와 미래의 고객 요구조건의 충족도

서비스

서비스는 판매를 위해 제공되거나 제품 판매를 수반하여 제공되는 행위나 편익을 말한다. 또한 질적으로 무형성을 지니고 어느 한쪽으로 제공하지만 어느 쪽의 소유로도 귀결되지 않는 행위, 소비자의 욕구를 충족시키는 무형의 활동이다. 현대에 오면서 상대를 위한 봉사를 의미하기도 한다.

고객만족

고객만족이란 고객의 요구(Needs)를 기대 이상으로 충족시키는 최대의 경영 활동을 말한다. 일반적으로 고객 요구에 대응하는 일련의 기업 활동에 대한 결과로서 상품 및 서비스의 재구매가 이루어지고, 고객의 신뢰가 연속되는 상태이다. 즉, 고객이 상품 및 서비스의 구매 전 상황에서 또는 구매 후 상황에서 제공되는 상품 및 서비스의 성과에 대해 느끼는 포괄적인 감정(기쁨, 행복한 마음, 좋은 느낌)을 의미한다.

여기서 품질은 건축의 내적 요소로서 건축 그 자체나 대상을 의미한다. 서비스와 고객만족은 건축의 외적 요소로서 건축을 더욱 빛나게 만드는 부가적인 요인이다. 우선 품질이 좋아야 하고 고객의 요구에 부응하는 서비스가 이루어져 고객이 만족해야 한다. 품질이 필요조건이라면 서비스와 만족은 충분조건이다. 건축물의 품질과 건축 관련 서비스, 고객만족이 모두 충족되어야 한다. 그 중에서 품질의 우수성이 건축의 본질에 더 가깝다고 할 수 있다. 품질이 가장 먼저이다.

　그러므로 품질은 건축이 갖는 당위성이다. 디자인적인 측면에서 형태나 모양도 중요하지만, 시공적인 측면에서 좋은 건축은 하자 없는 건축으로 고객에게 만족감을 주는 것이다. 공사비는 비싸지 않아야 한다. 좋은 건축은 지역적 재료를 적용하고 적은 예산을 들여 실용성, 사용성이 담보되는 것이다. 더불어 에너지 효율과 친환경성까지 생각하는 건축이면 더할 나위 없다. 건축의 중요한 조건은 경제성과 실용성, 사용성이다.

건축의 3요소

건축의 기본적 충족 요건은 구조(構造, structure), 기능(機能, function), 미(美, beauty)이다. 건축의 3요소는 그대로 좋은 건축의 조건이 된다. 2000년 전, 고대 로마의 건축가 비트루비우스(Marcus vitruvius pollio)는 《건축 10서》에서 건축의 세 가지 기본적인 원칙을 구조적인 안정성(firmitas)과 공간의 유용성(utilitas), 아름다운 외관(venustas)이라 하였다. 튼튼함, 쓸모 있음, 아름다움이 중요하다는 뜻이다.

　영국의 정치가이자 작가인 왓튼(Watten)은 실용성(commodity), 견고성(firm-ness), 즐거움(delight)을 들었다. 구조적으로 안정되고 실용적이며 동시에 아름다움을 표상해야 한다는 것이다. 이와 같이 건축은 튼튼함과 편리함 그리고 아름다움을 충족시켜야 한다.

　건축이란 구조에 아이디어를 표현하는 것이다. 적절한 구조와 독창적인 해결책으로 건축이 완성된다. 구조는 건축의 뼈대이며 안정성과 관계된다. 여러 가지 재료를 이용(조합)하여 형성하는 일이다. 건축이란 존재가 구축될 수 있도록 하는 것이며 형태의 기초이다. 건축은 구조에 의해 공간을 갖기에 입체적인 형태를 이룬다. 건물을 만드는 데 필요한 구조 원칙은 효율적인 구조에서 시작된다.

기능은 용도, 공간, 동선과 관계된다. 2차원적인 평면에 나타나는 것으로서 구성과 프로그램으로 짜인다. 구조물은 그 자체적으로 기능성을 갖는다. 기능성은 사람, 인간에 대한 이해가 바탕이 된다. 건축가는 건축의 기능성을 목적이라 생각하기보다는 하나의 절대적인 사실로 보아야 한다. 기능성은 기계공학에 있어서의 목적이다. 그래서 기능성도 아름다움에 해당된다. 집과 방, 건물의 기능은 사람의 움직임을 이끌어 가는 데 중요한 요인이다.

건축은 아름다워야 기능을 다하는 것이다. 추한 것도 당연히 좋은 건축이 아니다. 시각적 표상이 탁월한 건축도 좋은 것이다. 그러나 만일 기능만을 가진 건축이 전혀 아름답지 않다면 그 기능은 완전하다고 볼 수도 없다. 미(美), 즉 아름다움은 보이는 시각적인 것, 형태적인 것이다. 아름다운 것은 매우 시각적으로 사람을 매혹시킨다. 아름다움은 느껴지는 감정이며 '미'는 바라보이는 기능이다. 아름다움이란 보는 사람의 눈에 존재한다.

건축이라는 대상을 아름다운 형상으로만 이해하는 경우가 허다하다. 아름답고 미학적으로 잘 구성된 예술작품을 창조하는 것이 많은 건축가들의 주요 목표이다. 그렇지만 건축은 형태만이 전부가 아니다. 건축가가 건축물을 통해 어떤 필요성을 기술적(시공적)·경제적·예술적으로 만족시켰다면 성공적인 건축을 했다고 할 수 있다.

건축가는 세 가지 요소가 충족되어 하자 없는 건축, 유지 관리에 용이한 건축을 실현해야 한다. 좋은 건축은 나쁜 건축, 못된 건축, 부실 건축이 아니다. 장소성, 유지 관리성, 아름다움을 갖춘 것이 좋은 건축이다. 건축은 형태보다는 질(quality)로 평가되어야 한다. 건실함이, 편안함이, 아름다움이 건축을 평가하는 공통의 수단이기 때문이다. 구조, 기능, 미 측면에서 충족되어야 좋은 건축이다.

연속성과 선순환

건축은 수요와 공급의 대상이다. 건축에 대한 준비와 실행 과정을 통해 본래의 목적을 달성하고 기쁨과 행복을 나눈다. 건축의 수요는 의뢰인으로부터 시작된다. 건축가는 의뢰인의 필요와 행복을 마음에 새겨 건축의 모든 과정에 반영해야 한다. 좋은 건축은 선(善)순환 과정을 거친다. 건축의 목표와 결과는 당연히 '좋은 건축'을 지향한다. 건축가의 순수한 의지와 자세를 바탕으로 하자가 없고 편의성이 담보되어 고객이 만족하는 건축, 이것이 좋은 건축이다. 건축가의 성과와 건축의 가치는 고객의 만족에 있다. 좋은 건축은 또 다른 수주로 연결되고 새로운 일거리가 만들어진다.

모든 건축의 목표는 좋은 건축이다. 좋은 건축에는 약속과 신뢰가 바탕이 된다. 건축가의 땀과 노력, 정성이 만들어낸 결과는 좋은 건축이어야 한다. 좋은 건축은 지속가능한 건축의 미래를 약속한다. 일(수주)이 지속되어야 건축업이 유지되며 사업을 지속할 수 있다. 그러면 건축가는 일에 대한 보상을 반드시 받는다. 좋은 건축을 하는 건축가는 수주 걱정이 없다. 실제로 수주 걱정이 없는 사람은 하나같이 좋은 설계자, 시공자임에 틀림없

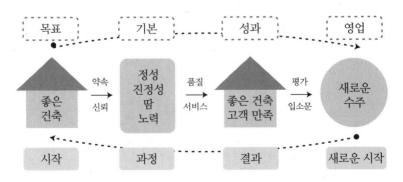

좋은 건축의 순환 과정(process)

다. 좋은 건축은 순환되고 좋은 의도의 시작이 좋은 결과로 나타나는 필연적인 과정이다.

건축가에게 수주 걱정이 없으면 얼마나 좋겠는가. 또 공급자 입장에서 수요에 대한 걱정이 없다면 더 바랄게 없다. 좋은 건축을 하면 일감이 넘치므로 건축가라면 좋은 건축을 최종 목표로 삼아야 한다. 건축가는 건축을 통해 자기의 삶과 남의 삶에 관여하기 때문이다. 좋은 동기가 좋은 결과를 낳는다. 좋은 건축을 하면 건축가는 자신의 삶과 타인의 삶을 만족감과 행복감으로 채워줄 수 있다.

"어떤 것이 좋은 건축인가?"

인간을 위한 건축

우리의 현대건축 1세대 건축가 김중업은 "건축은 인간에의 찬가이다."라고 하였으며, 건축을 '질서의 샘'이라고도 했다. 건축의 본질을 적확하게 표현한 말이다. 고대에서 현대까지 건축가의 역할과 동기는 달라도 분명한 것은 건축가만을 위한 건축이 존재하지 않는다. 또한 건축가는 건축을 위해 존재하는 것이 아니라 인간을 위해 존재한다. 인간 위에 절대적인 건축이란 있을 수 없다. 인간과의 관계를 통해 또 다른 새로운 관계를 만드는 것 그것이 바로 건축이다. 건축은 사람으로부터 시작된다.

김중업, 진주문화예술회관(2005년), 전통성과 현대성이 잘 조화된 건축

　건축의 본질은 무엇일까? 장소나 공간, 형태(이미지)가 건축의 본질이라는 사람도 있다. 하지만 건축에서 어떠한 개념보다 중요한 것은 사람, 인간이다. 건축의 명확한 목적은 사람이다. 건축은 인간의 삶을 좌우하는 매개체이며 강력한 영향을 미치는 존재이다. 그러므로 결국, 좋은 건축은 인간을 위한 건축, 인간적인 건축이다. 사람에게 이로운 것이 좋은 건축이다. 그럼 인간을 위한, 인간적인 건축은 무엇일까? 한마디로 인간에 대한 이해를 바탕으로 그들의 삶을 만족시켜 주는 것이다.

　핀란드 건축가 알바 알토(Alvar Aalto)는 "건축에 있어서 중요한 것은 근대적이라든가 전통적이라든가 하는 것도 아니고 기계시대의 상징이라든가 풍토의 표현도 아니다. 무엇보다도 우선 인간적이어야 하는 것이고 인간을 위한 건축이지 않으면 안 된다."고 하였다. 건축의 본질이 인간이며 인간이 건축의 핵심 위치에 있다. 건축의 개념에는 인간에 대한 배려가 담겨야 한다.

　건축의 아름다움은 잡지에 싣기 위해 찍은 사진 속에 있는 것이 아니라, 그 건물을 사용하는 사람과 건축물 사이의 교감에 있다. 결국 인간을 위한 건축이어야 한다. 건축가 김석철은 좋은 건축은 '바로 진실한 삶과 같은 것'이라 하였다. 건축의 주제가 사람이며 인간의 삶이다. 그러므로 인간에 대한 생각이 어떠한 가치보다 우선한다.

　일본의 유명한 작가 나츠메 소세키(夏目漱石)도 건축가를 꿈꾸었다. 건축가를 '타인에게 감동을 주는 일을 사명으로 하는 사람'이라 하였다. 그는 건축이라면 의식주 가운데 하나로 살아가는 데 꼭 필요한 것일 뿐 아니라, 동시에 훌륭한 미술이며, 미의식과 필요성을 동시에 만족시키는 일이라 생각하여 그 자신이 건축가가 되기로 생각한 적이 있었다. 그가 건축가를 꿈꿨던 것은 자신의 공적이 비교적 영구히 남기 때문이라 하였다. 건축의 생명은 시간적으로 오래 지속되며 그 기간만큼은 인간의 행복에 기여할 수 있다.

건축은 일상적이면서도 동시에 사람들의 일상을 고무시키는 역할을 한다. "아, 살고 싶다. 산다는 것은 좋은 일이다."라고 느낄 수 있도록 하는 것이다. 이러한 건축은 인간에게 기계적인 성능은 물론 건강과 편안함을 주어야 한다. 자신의 작품으로 내세우고 주장할 건 아니다. 건축의 최종 목표는 건축가의 작품을 넘어 인간에 대한 깊은 애정과 그들의 생활에 다가서는 것이다. 사람들의 삶의 질이 더 풍부해지도록 만들어야 한다. 인간을 위해 건축하는 것이 건축가의 존재 이유이며, 건축의 존재 이유도 인간의 행복에 있다. 건축의 목적은 인간의 행복과 삶에 기여하는 것이다.

지속성을 위한 건축

21세기는 에너지와의 전쟁이며 에너지 확보는 국가의 생존이 걸린 문제이다. 에너지는 국가 경제에서 매우 중요한 요소로 작용하며, 에너지 위기는 지금까지의 삶에 대한 총체적 변화를 요구할지 모른다. 토머스 프리드먼(Thomas Friedman)은 《코드 그린 : 뜨겁고 평평하고 붐비는 세계(Hot, Flat and Crowded)》라는 책에서 우리가 들어서고 있는 시대를 에너지기후시대(energy-climate era)라 하였다. 그는 점점 부족해지는 에너지 공급 및 천연자원에 대한 수요 증가, 에너지 빈곤, 파괴적인 기후 변화, 생물다양성 감소와 같은 문제들을 해결하기 위해 새로운 도구와 새로운 인프라, 새로운 사고방식의 필요성을 강조하였다.

우리의 생존과 지구환경 문제는 대책을 마련해야 할 시급한 사안이다. 인간의 기본 생활이 영위되는 피난처를 제공한다는 건축의 근원적 목적에서 볼 때, 건축은 지구환경과 밀접한 관계를 맺고 있다. 오늘날 지구환경의 보존 문제는 현대사회가 안고 있는 다른 어떤 문제보다 중요하다. 이러한 필요성에 의해 친환경 건축(environmental architecture)이 대두되었다.

산업혁명 이후 과속화된 도시화와 공업화로 인류의 편익은 극대화되었다. 그러나 그 이면에는 각종 천연자원의 고갈, 대기오염, 오존층 파괴 등 지구환경과 생태계의 평형을 위협하는 현상이 도처에서 일어났다. 지구 온난화로 인해 건축의 패러다임은 친환경 건축으로 전환되었다.

한편, 이명박 정부에서 저탄소 녹색성장의 비전을 제시하면서 에너지 문제가 사회 전반의 핵심적 화두로 떠올랐다. 이에 발맞추어 에너지관리공단은 과천국립과학관 내에 그린 홈(green home) 시범주택을 건립하였다. 2009년 당시 그린 홈 시범주택은 친환경 주거 모델이었으며, 정부는 2020년까지 국내 총 주택의 약 10% 수준에 해당되는 100만호를 보급할 계획이었다.

건축의 패러다임 중 하나는 지속가능성이다. 건축가는 건축적인 지속가능성을 담보해 주어야 한다. 지속가능한 공간과 건축이 미래의 모습이다. 친환경 건축물의 조건은 에너지가 절약되는 것이다. 영국에는 브리엄(BREEAM)이라는 제도가 있다. 브리엄의 9가지 조건은 경영, 건강과 웰빙, 에너지, 교통, 물, 재료, 쓰레기, 토지 이용 및 에콜로지, 환경오염이다. 이것이 충족되었을 때 명실상부한 친환경 건축물에 부합된다.

건축에서 에너지는 중요하다. 에너지야말로 새로운 형태의 창조를 좌우한다. 지나치게 많은 연료를 소비하지 않고서는 제 기능을 다하지 못하는 건물은 좋은 건축이라 할 수 없다. 건물의 유지에 필요한 에너지는 적절한 설계와 시공으로 줄일 수 있다. 중요한 것은 경제의 원칙으로 되돌아가는 일이다. 에너지 절약이야말로 건축 디자인의 결정적 요소이며, 건축의 형태를 창조해 온 건축가들보다 건축 디자인에 더 큰 영향을 미친다.

에너지 효율이 좋은 건축에 대한 사람들의 요구가 증가하고 있다. 에너지 절약형 건축의 가치를 인정하는 시대의 막이 올랐다. 건축가는 자연 에너지를 이용하기 위해서라도 좀 더 자연환경에 열려 있는 건축을 고민해야

그린 홈 시범주택(2009년), 에너지 소비를 줄이는 친환경 건축의 모델

한다. 에너지를 절약하고 유지비를 절감할 수 있는 건물을 설계해야 한다. 21세기의 건축가는 자연계를 지배하는 질서를 따르는 건축물을 만드는 것이 사명이다. 이는 곧 에너지를 고려한 친환경 건축을 말하며 친환경 건축을 추구해야 한다는 뜻이다. 미래의 지속가능성, 에너지 절약, 환경오염 감소와 같은 개념을 실현하는 친환경 건축물은 좋은 건축에 해당된다.

공공성을 위한 건축

위르겐 하버마스(Jürgen Habermas)는 "다수를 위한 것이 바로 객관적이다."라고 하였다. 건축도 예외가 될 수 없다. 건축의 가치 중 가장 중요한 것 하나는 공공성이다. 공공성은 강조해도 지나치지 않다. 건축은 사회적으로 공유하고 있는 대지와 자원을 바탕으로 세워진다. 그렇기 때문에 사회의 요구로부터 자유로울 수 없다. 또한 다른 예술에 비해 생명성이 길고 대중에게 공개되는 공공성을 띤다. 건축의 공공성은 건축이 '공공(公共, public)'을 얼마나 배려하고 담아내고 있는가를 이야기한다.

공공성이란 사람이 모여 '공적인 일, 공동체의 일을 함께 결정해 나가는 과정'을 뜻한다. 말하자면 열려 있는 것, 폐쇄된 영역을 갖지 않는 것, 즉 공개성이 공공성이 갖추어야 할 중요한 특성이다. 그러므로 공공성은 결국, 공적인 일을 함께 결정해 나가는 '과정'임과 동시에 그 과정은 열림, 곧 '공개성'을 뜻한다.

건축의 공공성 문제는 건축 행위의 결과물인 건축(物) 자체만이 아니다. 건축은 사회의 일상 문화와 긴밀히 통하고 사람과 교류하는 문화인 것은 분명하다. 건축가는 사회에 혹은 사회문제에 참여하고 개입하는 행위의 문제까지 관심을 가져야 한다. 왜냐하면 건축은 지극히 개인적인 집이라 해도 그 집으로 인해, 주변의 경관과 삶의 행태에 필연적으로 영향을 주고받을 수밖에 없는 사회적 산물이기 때문이다. 사회적이란 개념은 이웃하는 여러 사람들과 더불어 함께하는 관계를 동반한다는 뜻이다.

건축의 공공성은 개개의 건축이 내 것이면서 또한 우리 모두의 것이라는 의미이다. 공공건축뿐 아니라 사적 건축도 특정인의 것만이라 할 수 없다. 건축의 사회성을 말한다. 공공성의 가치는 오랜 시간 서로 이웃하고 살아가면서 공유하는 가운데 생겨나는 공동체적 삶의 지혜를 일깨운다. 건축주 한 사람이 만족하는 건축보다는 공간을 사용하는 많은 사용자가 만족하는 건축이 더 가치 있다. 건축주는 자신의 이익을 추구하기보다는 건축의 공공적 가치에 양보해야 한다.

건축은 개인과 사회의 재산이며 공공의 자산이 되어 사회 전체가 비용을 치러야 하는 비싼 사회재이기도 하다. 잘못 지어진 공공건축은 막대한 예산 낭비이기 이전에 우리가 더불어 살아야 할 환경을 어지럽히는 공해이다. 더 나아가 도시가 잘못 설계되거나 도시에 해로운 건축, 나쁜 건축이 만들어질 경우, 그 파급력은 도시의 문제를 넘어 국가적인 위기로까지 연결될 수 있다. 공공건축의 공공성 문제는 그래서 더 중요하다.

건축가는 사회에 대한 사명감과 건축이 완성되기까지의 모든 관리 작업을 철저히 수행해야 한다. 그만큼 건축에 대한 책임감이 크다. 모든 건축은 사회적인 자산으로 공공성을 가지며 공공에 영향을 미치기 때문에 더욱 그렇다. 건축가의 책무는 권력이나 자본의 힘으로부터 이러한 공공의 이익을 지켜주는 것이다. 건축가에게는 공공성의 공간적 구현자라는 사명감이 따른다. 건축은 공공재이다. 공공성이 잘 실현된 것이 좋은 건축이다. 건축가에게는 건축의 공공적 가치를 높여야 할 책임이 있다.

최고와 최악의 건축물

어떤 것이 좋은 건축일까? 사람마다 건축가마다 좋은 건축이 다르듯이 좋은 건축물도 다양하다. 2013년 2월 동아일보와 건축 전문 월간지 〈SPACE〉는 건축 전문가 100명을 대상으로, 광복 이후 지어진 현대건축물 가운데 '최고와 최악의 건축물'을 조사하여 발표하였다. 건축가의 성과를 인기투표 하듯이 좋고 나쁨을 평가하는 것에 대해 사람마다 생각은 다르겠지만, 전문가들의 의견은 그 건축물을 보는 기준이나 평가 자료가 될 수 있다.

　최고의 현대건축으로는 공간사옥(1위), 프랑스대사관(2위), 선유도공원(3위), 경동교회(4위)가 뽑혔다. 그 중에서 개별 건축물이 아닌 장소적 특성을 띤 것은 선유도공원이 유일하다. 한국 최고의 현대건축으로 뽑힌 공간사옥

김수근, 공간사옥(1977년), 한국적인 공간감과 비례를 보여주는 작품

김수근, 경동교회(1981년), 소박하고 절제된 형태의 종교건축

김수근, 양덕성당(1978년), 재료적 특성이 강렬하고 수직성이 돋보이는 성당건축

은 건축가 김수근의 대표작이다. 공간사옥은 한국 전통의 공간감과 재질감을 현대적인 어휘로 재해석해 냈다는 평가를 듣는다. 건축의 내·외부 공간에서 벌어지는 공간적 연출이 다채로우며, 내부의 공간적 다양성은 공간의 중첩, 전이의 효과를 느끼게 한다. 공간의 기본적인 척도를 인간화한 것도 주목할 만한 특징이다. 옆 건물은 공간(空間)의 2대 소장이었던 고(故) 장세양이 설계했으며, 외벽 전체가 유리로 마감되어 벽돌 건물인 본관과 극단적인 대조를 이룬다. 공간 그룹의 사무실로 사용되던 것이 현재에는 아라리오 뮤지엄 인 스페이스로 사용되고 있다.

최고의 건축물 10위 안에 김수근의 작품이 두 개나 선정되었다. 그 중 경동교회는 마산의 '양덕성당'에서의 형태적 동기와 붉은 벽돌의 재료조형이 연속된 건축물이다. 건축의 형태는 상승하면서 줄어드는 수직적 억양이 종교적 상징성을 나타낸다. 교회 내부로의 진입은 가로로부터 계단을 올라 건물의 뒤쪽으로 돌아 들어간다. 이것은 예배자가 도시의 일상성에서 신성으로 전이하는 과정으로 본 것이다. 일상적인 공간에서 종교적인 공간으로의 진입 동선이 매우 긴 특이한 접근 방식이다.

벽돌을 주재료로 사용한 것은 공간사옥과 동일하며 재료적 질감이 강렬하다. 창 없는 벽과 여러 개의 수직 벽이 모여 형태를 이루는데, 그 모양이 마치 오라고 손짓하는 손이나 성(城)을 닮았다. 무엇보다도 호화롭고 뾰족한 대규모 교회 건축에 비해, 굳이 웅장하거나 돋보이려는 모습 없이 조금은 웅크린 형태로 도로에서 한 발짝 물러서 있는 모습은 현대 교회 건축의 방향을 제시한다.

프랑스대사관은 1959년 현상설계공모에서 7명의 한국 건축가와 경쟁해 김중업의 설계안이 당선되어 건립된 것이다. 이 건축물은 3개의 동으로 나누어져 있으며 높이를 다르게 배치하여 그 위계가 다르다. 건물은 기둥에 의해 곡면으로 이루어진 지붕이 띄워져 얹혔다. 각각의 건축물은 하나의 선으로 연결되어 동선의 끝에서 대사관저에 다다르게 설계되었다.

유연한 곡선 지붕 조형미가 돋보이는 건축가 김중업의 대표작이다. 지붕은 우아한 곡선을 뽐내며 필로티가 건물을 받치고 있다. 이 건물은 콘크리트를 활용한 르 꼬르뷔지에의 조형성과 한국 건축의 전통성을 효과적으로 융합한 기념비적인 작품이란 평가를 들으며, 전통 건축이 갖는 현대적 가능성을 잘 살렸다고 평가된다. 김중업의 표현주의적 건축 경향과 한국의 전통 건축을 성공적으로 결합해놓은 작품으로서, 2016년 12월 철거 대신 보존하여 증축하기로 결정되었다는 반가운 소식도 들린다.

선유도공원은 23년간 과거 수돗물을 공급하던 정수장이었다. 건축가 조성룡과 조경 전문가 정영선이 협업하여 친근한 생태공원으로 탈바꿈시켰다. 정다영 국립현대미술관 학예연구사는 "오랜 산업시설을 재활용하고

김중업, 프랑스대사관(1959년), 우아한 곡선과 처마가 독특한 건축

그 흔적을 가감 없이 드러냄으로써 현대적인 문화유산으로 만들어냈다."
고 평가한다.

　이 공원에서 오래된 콘크리트 구조물은 단지 물을 정수하기 위한 기능
적인 역할만 담당했지만 철거되는 대신, 적극적으로 공원의 영역을 규정하
거나 분할하는 역할을 한다. 옛 취수장에 담긴 물풀들과 낡은 벽을 타고
오르는 덩굴가지들, 리모델링이 덜 된 것 같은 거친 내부 마감, 오래된 펌
프 등은 과거의 흔적과 새로운 생태, 그리고 현재의 인간이 어떻게 공존해
야 하는지 잘 설명해준다.

선유도공원은 쓸모를 다한 산업유산을 보전하고 활용했다는 역사성과 파괴된 도심 생태계를 복원했다는 자연 친화성, 그리고 한강 중간에 떠 있다는 드라마틱한 장소성까지 이루었다는 평가를 받는다. 6개의 테마 정원을 좁은 수로를 이용해 연결시키고, 버려진 콘크리트 건물을 다시 사용하는 방식으로 정수장 위에 조성되어 있다.

이 공원은 프랑스 건축가 루디 리치오티(Rudy Ricciotti)가 설계한 아치형 나무다리를 통해 진입하는데, 이것은 마치 공원의 이름처럼 새로운 세계로 들어가는 느낌마저 준다. 선유도공원은 현대적이고 새로운 것만이 좋은 것이 아님을 일깨워 주는 장소이다. 또한 오래된 것을 파괴하고 철거하는 것이 능사가 아님을 보여준다. 건축가의 솔직한 표현과 활용, 보존(존치), 변경

정영선·조성룡, 선유도공원(2002년), 과거의 유산을 공원이란 장소에 녹여낸 작품

의 아이디어가 돋보이는 공간(타)이다.

반대로 최악의 현대건축으로는 서울시 신청사(1위), 예술의 전당 오페라 하우스(2위), 종로타워(3위), 세빛섬(4위)이 뽑혔다. 유감스럽게도 종로타워를 제외하면 세 건축물 모두 정부에서 추진한 공공건축물이다. 우리 공공건축의 모습을 말해주는 것 같아 씁쓸하지 않을 수 없다. 서울시 신청사는 아이아크 건축가들의 유걸 공동대표가 원설계를 맡았는데, 최악의 현대건축물이라는 불명예를 안았다. 이 건물은 "주변과 조화되지 않고 외계의 건물

유걸, 서울시 신청사(2012년), 과도한 조형성과 개방적인 아트리움이 공존하는 건축

같다.", "일제마저도 특별한 공을 들인 서울의 심장부에 우리 스스로 큰 실수를 범했다."라는 혹평을 듣는다.

　신청사 내부는 녹색 식물로 뒤덮인 수직 정원이 있다. 로비에 들어서면 녹색 식물로 뒤덮인 수직 정원이 방문자를 맞으며, 높게 뚫린 아트리움은 시민에게 열려 있다는 인상을 준다. 건축 전문가들은 "프로젝트의 시작부터 완공에 이르기까지 전 과정에서 한국 건축계의 부실함을 드러냈다."며 최악의 건축물 1위로 평가했다. 설계와 시공의 품질, 사업 과정, 그리고 시설 사용의 효율성 등에 대해 사용자의 문제 지적이 있다. 하지만 시민 친화적인 내부 설계 덕분인지 많은 사람이 찾는다.

　설계자 유걸은 악평에 시달려도 관심 받는 건물이 좋은 건축이며, 본인의 작품이 신문의 부동산면이 아닌 문화면에서 논의되는 것이 다행이라 하였다. 서울시 신청사는 '공공건물을 어떻게 지어야 하는가?'라는 논의의 출발점이 되고, 공공건축의 방향을 다시 생각하는 계기가 된다.

　건축가 김석철이 설계한 예술의 전당 오페라하우스는 복합 문화 공간이다. 이 건물의 지붕은 갓 모양에서 따온 것이며 처마는 목조 건축에서 찾아볼 수 있는 서까래 형태를 가져왔다. 예술의 전당은 전통을 잘못 해석한 대표적 사례로 꼽힌다. 평가에 참여한 일부 건축 전문가들은 '누려볼수록 여유 있고 행복한 공간'이라고 호평했지만, 반대표가 더 많아 최악의 현대건축 2위에 올랐다. "한국 전통의 갓을 상징한다는 지붕은 전기밥솥 뚜껑처럼 보인다.", "외부와 단절돼 소통이 불가능하고 권위주의적인 이미지가 강하다."라는 혹평을 들었다.

　예술의 전당에서 보듯이 갓과 부채 혹은 방패연, 팔각소반, 종 등 건축과 전혀 무관한 과거의 사물들이 은유가 아닌, 직유로서 건축의 형태 요소를 과격하게 장악하고 있는 풍경은 때론 우스꽝스럽고 겸연쩍기까지 한 것으로 평가된다. 예술의 전당과 같은 작품은 건축가들의 전통에 대한 강박

증을 보여주는 사례이다.

　라파엘 비뇰리(Rafael vinoly), 자하 하디드(Zaha hadid)는 세계적으로 명성 높은 건축가들이다. 하지만 서울에 지어진 소위 스타 건축가의 작품은 줄줄이 '최악의 건축물'로 꼽혔다. 미국 건축가 라파엘 비뇰리가 설계한 종로타워는 최악의 현대건축 3위에 뽑혔으며, 건물 상부에는 커다랗게 빈 공간

김석철, 예술의 전당 오페라하우스(2002년), 갓 모양을 차용한 건축(상)
라파엘 비뇰리, 종로타워(1999년), 장소성과 도시와 무관한 건축물(하)

이 생겼고 모든 구조는 노출되어 자신의 존재를 적나라하게 드러낸다.

종로의 랜드마크인 이 건물은 곡선 기단부, 상자 형태의 중간부, 23층부터 30층 사이를 크게 뚫어 놓고 꼭대기에 커다란 반지 모양의 레스토랑을 둔 상부, 이렇게 세 부분으로 나뉜다. 하지만 도시적 맥락을 고려하지 않고 혼자 군림하는 건축이라고 평가되었다. 옛 화신백화점 자리에 지어진 종로타워는 화신백화점의 역사와 종로의 도시적 맥락, 즉 장소성을 무시했다는 비판도 듣는다.

세빛섬은 세 개의 빛나는 섬이라는 뜻을 가지고 있으며 가빛섬(비스타), 채빛섬(비바), 솔빛섬(테라)이라는 건축물로 구성되어 있다. 한국 최초의 인공섬이라 할 수 있는 세 섬은 다리로 연결되며 각각의 주제와 목적을 갖는다. 축구장 면적 1.4배 크기의 세빛섬은 물 위에 뜨는 부체 위에 지어진 플로팅

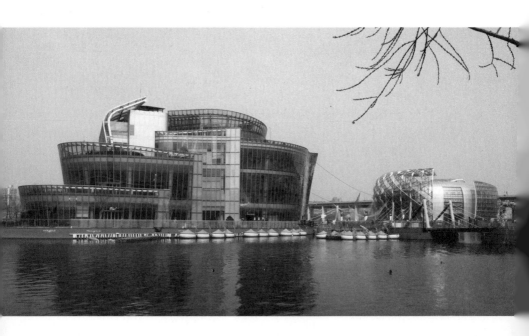

김태만, 세빛섬(2012년), 대표적인 전시성 건축물로 꼽히는 꽃 모양의 건축

형태의 건축물이다.

3개의 섬 중 가장 큰 섬인 가빛섬은 활짝 핀 꽃 모양이며 유리 꽃잎을 여러 겹으로 겹쳐서 섬 외관을 마감했다. 꽃봉오리를 닮은 채빛섬은 메탈 프레임의 꽃잎들이 둘러싸고 있는 알루미늄 메탈 패널로 외피를 덮었다. 가장 작은 섬인 솔빛섬은 씨앗 모양이다.

2009년 3월에 착공하여 2013년 10월에 전면 개장한 이 인공섬은 당초 세 개의 빛이 한강에 둥둥 떠 있다는 의미로 '세빛둥둥섬'이라 불렸다. 하지만 '둥둥'이란 명칭에서 표류한다는 부정적인 의미가 느껴진다는 이유로 '세빛섬'으로 이름을 바꿨다. 건축가들은 전시성 건축물의 전형이란 평가를 내린다.

영국 건축가 자하 하디드가 설계한 동대문디자인플라자는 최악의 건축

자하 하디드, 동대문디자인플라자(2015년), 장소성을 강조하는 건축

물 5위라는 평가를 받았다. 이 건물은 당초 예산의 2배인 4,840억 원이 소요되었다. "장소의 성격과 일치하지 않고 건축의 존재감만을 부각시켰다."는 비판을 받고, '외형적 화려함만을 추구한 건축'이란 평가를 듣는다. 하지만 곡면 알루미늄을 활용해 만든 구불구불한 곡선과 매끄러운 외관 디자인은 호불호가 엇갈린다. 우리가 늘 접하는 성냥갑 같은 건물이 아니라 유기적 형태의 전위적인 건물이란 긍정적인 평가도 받는다.

"주인공이 만족하는 건축은?"

건축주를 위한 건축

건축은 인간을 위한 것이라고 했다. 그렇다면 좋은 건축의 제일 중요한 조건은 건축주의 만족이다. 건축주 만족이 좋은 건축의 결정적인 조건임에 틀림없다. 건축주는 고객이자 수요자이기 때문이다. 그럼, 반대로 건축주가 만족하지 못하는 것은 나쁜 건축인가. 그건 그렇게 단순히 말할 수 있는 것이 아니다. 건축은 건축주만을 위한 것이 아니라 사회적인 대상이고 공공재이기 때문에 더욱 그렇다. 하지만 건축주가 만족해야 하는 것은 당연한 논리이다. 건축주가 만족하지 않으면 좋은 건축이라 할 수 없다. 수요자로서 당연한 권리이자 소망이다.

　일생에서 자기 집을 갖는 것은 쉽지 않다. 어쩌면 건축은 전 재산을 들여 일생 단 한 번 '짓는 것'일지도 모른다. 건축주로서는 모험이 아닐 수 없으며 건축주는 건축 동기에 대한 근본적인 충족을 원한다. 그러므로 건축가는 건축주(고객)의 요구로부터 자유로울 수 없다. 건축주의 요구, 필요를 담아내야 한다.

　서울중앙우체국과 달성군청사, 광명돔경기장, 부산아시아드주경기장 등을 설계한 건축가 이상림도 건축에서 가장 중요한 것은 건축주, 건축주가 원하는 바를 실현시켜 주는 것이라 하였다. 두 번째가 사용자, 사회가 원하는 요구를 실현하는 것이며, 세 번째가 장소, 땅이 원하는 요구를 실현하는 것이라 하였다. 마지막으로 건축가의 의지를 고려 대상이라 하였다. 이는 건축을 실현함에 있어 건축주, 건축주의 요구 충족을 가장 중요시함을 의미한다. 즉, 건축주의 요구가 가장 먼저이며 그 다음이 사회성, 장소성, 건축가 의지 순으로 건축에서의 중요성을 차지한다.

　건축주의 의견을 우선시하는 것은 당연하다. 건축가는 집을 지을 때 건물이 미학적으로 형태나 양식에 있어서, 또는 취향 면에서 찬미받기를 기대하지 말아야 한다. 이러한 가치들은 일시적인 것이다. 건물은 디자이너(설계자) 한 사람의 개인적 표현이라 하기에는 너무 많은 것을 의미한다. 그보다는 그 집의 건축주로부터, "당신이 우리를 위해 지어 준 집에서 우리는 행복하게 삽니다. 우리에게 매우 소중한 집이며 우리는 즐겁게 생활하고 있습니다."라는 찬사를 들어야 한다. 이것이 건축하는 보람이고 최고의 칭찬이다. 이러한 찬사를 받으려면 건축가는 자신의 미학보다는 집주인, 고객에게

이상림, 달성군청사(2005년), 지역의 랜드마크라 할 수 있는 공공건축물

더 많은 신경을 써야 한다. 건축의 가치는 인간적인 것에서 나온다. 건축가는 건축주 혹은 집주인을 배려하고 그들의 요구에 집중해야 한다. 그러한 과정에서 자연스럽게 영원한 가치의 미학이나 취향에 이르게 된다. 건축은 원래 '인간적인', '인간을 위한 것'이기 때문이다.

흔히 건축주에게 가장 큰 문제는 경제성이다. 경제적 부담을 느끼지 않는 사람은 없으며 또한 이러한 경제성을 무시할 수 없다. 일반적으로 건축주는 경제적인 부담을 안고 집을 짓거나 부담 가능한 비용으로 만족하는 집짓기를 원한다. 또한 이렇듯 현실적으로 건축은 경제적 토대 위에 성립된다. 건축가가 비용을 절감해 주면 건축주에게 큰 도움이 된다. 경제적으로 힘들게 집을 지으면 건축주의 만족도는 낮다. 건축주는 경제적 부담, 돈에 대한 부담이 적어야 하며 비용에 대한 다툼, 논란, 불협화음도 없어야 한다. 건축의 어떠한 가치보다 중요한 것은 건축주의 만족, 즉 고객의 만족이다.

건축은 설계자나 소수 엘리트의 관념적 유희 이전에 소박한 의뢰인의 사용 목적에 먼저 봉사해야 한다. 건축의 기본 기능과 목적, 건축주의 요구에 부합해야 한다는 뜻이다. 건축적 가치는 의뢰인의 필요에서 태동한다. 건축주가 만족하지 않는 건축은 존재 가치를 의심 받을 수 있다.

사용자를 위한 건축

건축은 사회적인 것이며 사용자를 위한 것이다. 다시 말하지만 건축이 단순히 건축주 한 사람만을 위한 것은 아니다. 하지만 건축주는 건축물의 주인이다. 이와 같은 경우 건축물은 하나의 대상물이고 많은 사람이 사용하는 대중의 것이다. 이것이 건축의 사회적 성질이다. 건축가는 건축에 대한 '궁극적 책임'을 지는 사람이다. 건축은 건축주의 수요에 의해 생겨나지만 건축가는 건축의 사회성, 사회적 측면을 고려하지 않을 수 없다. 건축의 사회성은 사용자 만족에서 시작된다. 건축은 사회라는 범위 안에서 작용하고 사회를 구성하는 사람들에 의해 지속되며, 사회적인 시스템으로 작동되는 요소이다.

좋은 건축은 의뢰인, 건축주를 만족시키는 것임에 틀림없다. 의뢰인의 요구사항을 만족시키는 것은 기본이다. 그것을 부인할 수 없다. 하지만 건축주를 위한 건축만이 좋은 건축의 전부는 아니며 그것만으로 좋은 건축이 될 수 없음도 물론이다. 건축주가 한 사람, 아니 단체라 해도 개인적 의견이나 만족이 좋은 건축의 절대적인 조건은 될 수 없다. 건축은 건축주 개인, 단체만의 것이 아닌 까닭이다. 사회성을 띤다. 건축은 사회적인 존재이므로 사용자가 만족하는 것이 중요하다. 그래야만 사회성이 담보될 수 있으며 건축적 가치도 더 높아진다.

건축은 누가 설계하고 지었다는 사실, 즉 건축가란 존재보다 누가 그 건물을 어떻게 사용하는지가 더 소중하다. 보다 많은 사람이 좋아하는 건축, 건축의 수요자, 대중이 만족하는 건축이 좋은 것이다. 사용자, 대중에게 호감을 받아야 한다. 건축의 국적은 건축가가 아니라 사용자와 장소에 의해 결정된다. 사용자의 위치와 건축이 있는 장소가 건축을 결정한다. 건축은 장소성을 가지며 움직일 수 없는 것이기 때문에 사용자, 대중을 배려하는 건축이 좋다.

건축은 건축가의 지적 유희의 대상이 아니다. 사용자의 실질적인 현실이다. 좋은 건축을 위한 꿈은 좋은 사회를 위한 꿈과 밀접한 관련을 맺는다. 또 그렇게 어우러져 있다. 좋은 건축은 좋은 사회를 통해 구체적인 사실로 표출될 수 있으며 반대로 좋은 사회는 좋은 건축을 통해 구현될 수 있다. 좋은 사회에는 좋은 건축이 요구된다. 건축가는 좋은 건축을 꿈꾸고 반드시 좋은 사회를 만들기 위한 사회적 실천을 다해야 한다. 그것은 건축이 사회를 구성하는 사용자의 삶을 위한 것이기 때문이며 사회적인 요소와 속성을 갖기에 더욱 그러하다. 건축의 진정한 주인은 사용자이다.

건축가는 사용자의 시각에서 공간을 이해하고 사용자의 요구를 파악하여 건축을 완성한다. 사용자 중심으로 건축해야 한다는 의미이다. 또한 한시적 주인보다 영원한 주인인 일반 사용자에 대한 포괄적 의무를 잊지 말아야 한다. 사용자에 대한 배려와 그들의 사용성, 편의성을 고려함이 중요하다.

건축가는 자기 철학이나 이상, 개념 실천에 대한 욕심보다는 사용자의 빛나는 개념을 실현해야 한다. 자기의 이상보다 공익적 가치 실천을 중시해야 하며 사회성을 높여 건축적 가치를 달성해야 한다. 건축가의 콘셉트보다는 사용자를 더 중요시하는 접근이 요구된다. 사용자의 요구에 부합되어야 하며 그들의 삶에 긍정적인 효과를 주어야 한다. 또 건축가는 자신의 개인적 가치보다는 사회적 가치 실현에 초점을 두어야 하는데, 그것은 건축의 공공성이 중요하기 때문이다.

건축가를 위한 건축

건축이란 주체의 의지에 의해 구축된다. 여기서 주체는 건축가를 말한다. 구축이라는 것은 주체와 하나가 된다는 뜻이며, 구축에는 특정의 주어가 있다. 건축은 주체가 구축하는 것이고 주체의 의지에 의해 구축된다. 주체가 없으면 구축은 없다. 건축에 대한 의지를 가진 존재가 필요한데 그들이 건축가이다. 건축가는 건축을 성립시키는 강력한 주체임이 분명하다.

건축의 대표적인 주체는 설계자, 시공자이다. 그들은 전문가로서 직능(職能)을 수행한다. 설계자는 건축주로부터 건축적 요구에 대한 의뢰를 받는다. 설계자는 자신의 사상과 설계 언어로 건축을 표현한다. 건축관(觀)으로 정의된다. 설계 내용에 건축주의 요구 조건과 건축가의 모든 것을 담아낸다. 건축은 건축주의 요구와 대지의 특성에 맞아야 하며, 설계자는 사용자와 대지의 여건에 부합되게 설계해야 한다. 설계의 성과는 그러한 결과물이다. 설계의 개념과 내용이 무엇보다 중요하다.

건축가로 대표되는 설계자는 수많은 조건과 제한 사항을 고려하여 설계를 완성한다. 그러므로 건축관의 실현이 중요하다. 설계자가 추구하는 것은 자기의 의도와 개념의 적용이다. 개인적 철학과 사상, 가치관의 적용을 원하며 이것은 어떠한 설계자도 예외가 아니다. 설계자는 건축의 최종 결과물을 통해 그것이 실천될 수 있도록 노력한다. 자기 개념과 사상의 성취가 건축가에게 중요하지 않을 수 없다.

시공자는 현장에서 품질을 높이기 위해 땀을 흘린다. 시공자도 설계자 이상으로 현장에서 노력한다. 현장의 조건에 맞도록 시간을 고려하고 비용을 감안해서 건축을 구체화시킨다. 시공자는 건축주 혹은 사용자의 만족을 위해 전력을 다하며, 그들이 만든 결과물로 인해 뿌듯한 성취감을 느낀다. 시공자에게는 경제적 이익도 중요하지만 하자 없는 품질이 더 중요하다.

시공자는 자기 자본, 재료, 노동, 시간을 투입하여 건축물을 완성한다. 사업의 속성은 이익을 남기는 것이기 때문에 경제적 이윤을 추구하지 않는 사람은 없다. 자기 이익을 추구하면서 양호한 품질을 만든다. 시공자 입장에서 좋은 건축이란 기능, 형태, 경제성, 그리고 시간의 균형에 성공한 것이다. 즉, 약속된 기간 내에 건축에 대한 약속을 모두 지키는 것이다.

건축가(설계자, 시공자)는 누구나 자기만족을 추구한다. 더불어 일에 대한 보상, 보수를 원하고 이로 인한 경제적 이익은 당연한 대가이다. 사업가인 건축가는 경제적 보상을 꾀한다. 순수한 성취감도 중요하지만 자기 만족감을 무시할 수 없다. 건축은 단순한 오브제가 아니라 많은 의미와 이야기를 내포하고 있다. 건축이 근본적인 실용을 위한 것이라 해도 결국은 인간 심리의 강력하고 특별한 발현이다.

좋은 건축은 좋은 생각과 의지를 가진 건축주, 건축가, 사용자의 만남에서 시작된다. 여기에 좋은 제도가 부가되면 더 좋다. 건축가만의 만족은 작은 만족이며 세 주인공의 만족이 큰 만족이다. 건축가의 만족은 건축주, 사용자의 만족에서 연유된다. 건축주, 사용자의 만족은 더 큰 의미를 갖는다. 건축가가 만족하기 위해서도 좋은 건축을 해야 한다. 건축에서는 사람이 처음이자 끝이다. 건축에 관계된 사람이 중요하다.

사람

PEOPLE

"건축가는 위대한 창조자이다."

◀ **롱샹 교회** | 르 꼬르뷔지에, 아름다운 빛의 향연과 조각물 같은 건축

"건축가는 누구인가?"

집을 짓는 창조자

건축의 세 주인공은 건축가, 건축주, 사용자이다. 건축은 필요한 사람, 설계하는 사람, 그것을 현실의 사물로 구체화하는 사람에 의해 시작된다. 또 그 건물을 사용하고 생활하는 사람이 있다. 건축에 직접 관계된 사람은 건축주, 건축가, 하도급 업자, 근로자(노무자) 등이다. 이 중에서 건축가는 건축이란 직능에 주도적으로 참여하는 사람이며 이들은 설계자와 시공자이다. 전문 분야에 종사하는 설계자와 시공자가 대표적인 건축가이다. 건축에 종사하는 사람이면 누구나 건축가라 할 수 있다. 건축가 최춘웅은 "누구나 건축가라는 명칭을 사용할 수 있으며 모든 것이 건축이 될 수 있다."고 하였다. 누구나 건축가가 될 수 있다는 말에 공감한다. 설계자만이 건축가가 아니다.

건축가를 뜻하는 아키텍트(architect)의 어원은 그리스어 아키텍톤(architekton)이다. 여기서 아키(archi)는 '으뜸·최고'란 뜻이고, 텍톤(tekton)은 '건물을 짓는 사람(목수, carpenter)'이란 뜻이다. 아키텍트 어원의 의미대로 그 뜻을 살펴보면 '건물을 짓는 사람 중 으뜸'이 된다. 아키텍트라는 단어에는 장인들의 우두머리 역할을 하는 건축가의 특성이 담겨 있다. 건축가는 건물의 중요한 방향을 결정하는 사람이다. 시대의 이상과 현실을 반영하여 시대가 품고 있는 진보적이고 유용한 기술을 실현하는 사람이다. 기독교에서 하나님을 뜻하는 단어는 정관사(the)를 붙인 '디 아키텍트(The architect)'이다.

아키텍트는 건축물의 '창조주'이다.

건축가의 고유한 직무(職務)는 집을 짓는 일이다. 건축은 단순한 기술이 아니라 설계에 관한 이론과 지식체계를 바탕으로 한다. 설계자는 디자이너 (designer)이다. 디자이너는 대지의 조건과 건축주의 요구사항, 관련 법규를 검토하여 장소에 적합한 설계안을 만들어낸다. 건축은 기술과 지식을 필요로 한다. 건축가는 집 짓는 일에 관한 기술적·인문적 지식과 정보를 학습하여 그것을 실천하는 전문가이다.

건축가란 근본적으로 기술자이며 시공에 관련된 기술 지식을 가진 사람이다. 그러므로 시공자(builder)도 건축가이다. 시공자도 건축에서 있어 일익을 담당하므로 좋은 집을 짓기 위해서는 장인적인 시공자가 반드시 필요하다. 하지만 21세기는 디자인 중심 사회이다. 전 산업에 걸쳐 디자인의 가치가 중요시되고 있다. 건축 디자인을 책임진 사람은 중요한 건축가이다.

건축가의 다양한 유형은 최근에 등장한 것이 아니다. 교양인 건축가와 예술가적 건축가, 장인적 건축가, 지식인적인 건축가, 건축사가적인 건축가 등 여러 유형으로 나뉜다. 여기서 예술적인 건축가와 지식인적인 건축가는 디자이너(설계자)에 가깝고, 장인적인 건축가는 시공자라 할 수 있다. 오늘날에도 이처럼 다양한 유형의 전문성을 가진 건축가가 활동하고 있다. 비록 전문 영역에서 차이가 있을지라도 이들은 모두 궁극적으로 건축가이다.

건축의 융합적 성격 때문에 건축가에게는 늘 통합적 능력이 강조되어 왔다. 비트루비우스가 제시한 건축가 교육은 다양한 분야의 전문 지식을 습득한 통합적 지식인이어야 함을 중요시하였다. '르네상스인'이라는 말은 '만능인'이란 뜻이다. 실제로 르네상스 시대 건축가는 예술, 과학, 인문학에 정통한 지식인이었다. 그러므로 건축가는 건축을 비롯한 종합적인 직능의 사람이다.

사회적 코디네이터

건축가는 건물을 설계하고 구현하는 사람이다. 하지만 건축가가 없어도 건축물을 세울 수 있다. 건축가 없는 건축이 가능하다. 실제로 설계자나 건축가를 알 수 없지만 훌륭한 건축물도 존재한다. 이 말은 상당히 역설적이지만 사실에 가까우며, 이것은 보통 자연발생적 건축이거나 삼류 건축의 동의어로 취급된다. 만약 건축가가 없다면 삼류 건축이 양산될 수 있으며 저급한 건축물이 될 가능성이 높다. 오늘날 건축가의 역할과 과제는 무엇일까? 현대 사회에서 건축가에게 요구되는 과제는 다양하다.

건축은 단순히 형태와 장식을 다루는 일이 아니다. 르네상스 시대 건축가와 달리 건축가 한 사람이 모든 분야의 전문 지식을 두루 갖추기는 어렵다. 따라서 여러 분야의 전문가들이 건축 과정에서 서로 협력할 수밖에 없다. 건축 과정에 관련된 다양한 전문가와 협력하고 각각의 업무를 조율하는 일로 건축가의 역할 범위가 확대되었다.

건축 과정의 분화와 전문화에도 불구하고 전체를 조율하는 전문가로서 건축가의 지위는 유지되고 있다. 즉, 현대사회에서 건축가는 단순한 형태 디자이너에서 복합적 과정을 통합하는 조정자로 그 역할이 바뀌었다. 건축가가 갖추어야 할 덕목은 단순한 통합보다는 협력과 조율이고, 건축가에게 필요한 능력은 입체적이고 종합적인 사고이다. 전통적 의미의 건축가가 아니라 사회적 코디네이터(social coordinator)로서의 역할이 강조되고 있다. 건축가에겐 소통의 능력이 무엇보다 중요한 덕목이다.

네덜란드 건축가 알도 반 아이크(Aldo van Eyck)는 "주택은 하나의 작은 도시이고, 도시는 하나의 커다란 집이다."라고 하였다. 건축가에게는 사회적 환경 조성에 기여하고 2차적으로 도시를 아름답게 해야 하는 책임이 있다. 특히 좋은 건축은 직능에 대한 책임이다. 건축가는 사회적·직능적 책무를 다해야 한다. 건축가는 하나의 집, 하나의 도시를 만드는 일에 기여하기 때문이다.

건축가는 삶의 기준, 행태, 행복과 안전에 대한 감각 또는 태도를 향상시킴으로써 사람들의 삶에 진정으로 영향을 주는 환경을 창조한다. 그리고 건축물이 완성되어 사용하게 되면 건축주, 사용자, 대중들이 건축가의 노력을 인정하게 된다. 그 건물로부터 혜택을 받는다는 사실을 알게 되고 이런 일들은 건축가에게 만족감과 보람을 느끼게 한다.

건축가가 건축주와 사용자들로부터 그들 삶의 성공적인 중재에 대해 만족과 고마움의 표현을 듣는다면 큰 보람이 아닐 수 없다. 건축가는 사람들에게 정말로 필요한 기능의 집을 설계하고 짓는다. 건축주와 사용자 사이의 중개자로서 건축가에게 부여된 사회적 역할은 더 중요하다.

건축가 정기용은 건축가로서 할 일은 원래 거기 있었던 사람들의 요구를 공간으로 번역하는 것이며, 건축은 근사한 형태를 만드는 작업이 아니라 사람들의 삶을 섬세하게 조직하는 일이라 하였다. 건축은 단순한 문제의 해결이 아니라 총체적인 제안이며 합리적 귀결의 과정이다. 건축가의 기본적인 역할은 의뢰인에게 요청 받은 특수해를 제시하는 것이다. 아울러 의뢰인의 삶에 구체적으로 영향을 끼치는 특수해뿐만 아니라, 시대가 요구하는 삶의 방식을 읽어내는 일반해가 함께 담긴 건축을 만드는 사람이 건축가이다.

건축가의 임무는 좋은 건축을 만드는 것이다. 좋은 사람을 닮을 수 있는 좋은 건축을 만드는 것이 과제이며, 더 나아가 건축가가 추구하는 궁극적인 목표는 좋은 건축물로 아름다운 도시를 만드는 것이다. 건축가라는 사람이 도시계획과 개발을 주도할 필요가 있고 도시를 만드는 정책적 파트너로서의 책임도 요구되는데, 그것은 결국 도시의 질에 영향을 미치기 때문이다. 건축가의 정합적 역할은 건축에 대한 순수한 영혼과 열정으로 사람들을 감동시킬 수 있는 공간, 도시를 창조하는 것이다.

정기용, 동명중고등학교(1997년), 새로운 학교건축의 모델

건축에 대한 의지

건축의 중심에 서 있는 사람은 건축가이다. 건축가는 공간을 구성하고 조직하는 과정에 관한 논의에서 중심성(centrality)과 위치성(positionality)을 가진다. 역사적으로 유토피아적 이상의 생산과 추구에 깊게 관여되어 있다. 건축가는 인간적이고 심미적·상징적 의미와 더불어 사회적 효용을 부여할 공간을 만든다.

건축가는 장기적인 사회적 기념물을 형성하고 유지해 나가며 개인과 집단의 갈망과 바람을 물질적인 형태에 부여하려 노력한다. 또한 새로운 가능성을 위한 공간, 즉 미래 사회의 형태를 담아내는 공간을 펼치기 위하여 투쟁한다. 가라타니 고진(柄谷行人)이 지적한 바와 같이, 건축가에게는 '창조하고자 하는 의지(the will of create)'로 이해되는 '건축의 의지(will to architecture)'가 필요하다. 건축에 대한 의지, 건축적 의지가 바르고 곧아야 한다. 건축 행위는 건축적 의지에 의해 드러난다.

고트프리드 라이프니츠(Gottfried Wilhelm Liebniz)는 더 나아가 "건축가로서 신은 입법가로서 신을 충분히 만족시킨다."라고 말했다. 한편, 건축가 임기택은 "긍정적 의미에서 건축가라는 정체성은 안주하고자 하고 관습적인 것에 함몰되는 것을 단호히 거부하고 끊임없이 탈주하고 새로운 길을 찾아나서는 유목적 자세를 지닌 사람"이라 하였다. 건축가는 건축 프로젝트의 심장과 같은 존재다.

설계자에게는 풍부한 상상력이 필요하다. 상상력은 합리적인 건축을 위해 필요하다. 건축가는 공간, 순서, 재료, 미적 효과, 환경과의 관계를 그려내야 한다. 동시에 배관, 난방, 전기선, 조명 등 보다 일상적인 문제도 다룬다. 건축가는 이러한 점에서 완전한 자유행위자가 아니다. 구할 수 있는 재료의 양과 질, 장소의 성격에 의해 선택이 제약되고 교육적 지식과 학습된 행위들이 건축가의 사고에 작용한다.

'건축하는' 과정은 복합적인 요소를 수반한다. '건축하는 것, 건축하기'는 시간적·공간적·인간적 행위로서 동태적 노력의 결과이다. 그러므로 자유로운 상상의 유희(play), 창조하고자 하는 의지(will)가 개입되어야 한다. 어떤 생각으로 건축을 다루고 지을 것인가가 건축적 의지이다. 건축가는 건축에 대한 의지가 명확해야 한다.

건축가의 모험을 포함하여 모든 자본가의 모험은 투기적이다. 투기는 건축에 대한 의지, 건축적 지향을 의미한다. 여기서 투기는 나쁜 의미가 아니라 긍정적인 목적의식과 의도로 투자적인 의미에 가깝다. 화폐를 자본으로 순환시키고 이윤을 바라는 것도 당연하다. 모든 자본가의 모험은 그것이 시장에서 구체화되기에 앞서 상상하는 것, 즉 경제활동에서 인간의 기대라는 인식된 힘 속에 있게 마련이다. 경제적 보상과 자기만족을 뜻한다. 사람의 상상과 기대는 긍정적 재강화를 얻는 방법으로 그 자체를 실현시킨다.

훌륭한 건축가는 자신의 의지와 창조성이 제공하는 지적이고 감성적인 만족과 희열에 의해 강요받는다. 건축가에게 가장 필요한 것은 어떤 상황에서도 흔들리지 않는 강인한 정신력이다. 강한 정신력을 바탕으로 자신의 건축적 의지에 따라 좋은 건축을 해야 한다. 건축가에게는 자신의 의지와 감정에 충실한 행복한 건축하기가 필요하다. 그러한 건축가는 행복해야 한다.

건축가는 이러한 사람이어야 한다. 오늘의 일에 최선을 다하고 내일의 일이 기다려지는 마음으로 건축 일을 하는 사람이어야 한다. 내일의 건축이, 즉 건축적 내용과 결과가 궁금하고 보다 기대되어야 한다. 일이 진행되는 것에 대한 기대감, 고민과 노력을 통해 건축적 요소를 하나씩 만들어가는 정성이 좋은 건축의 원동력이다. 건축의 매력은 힘든 만큼, 노력한 만큼의 건축적 결과가 나타나는 것이다.

"설계자는 누구인가?"

설계자의 직능

건축설계는 우리의 일상을 표현한다. 설계는 집(건축)의 내용을 구상하여 그려내는 일이다. 설계자(designer)는 건축물, 집을 설계하는 사람이다. 건축이 이뤄지는 주변에는 수많은 힘이 얽혀 있어서 설계 과정은 고민과 망설임의 연속이며, 다양한 문제 해결의 과정을 수반한다. 건축설계에는 어려움이 따른다. 그 가운데에서도 특히 돈, 예산, 비용과 관련된 어려움에서 자유로울 수 없다. 설계는 의뢰자나 건축주의 요구 조건, 땅, 장소의 특성, 법규에 부합되어야 한다. 설계자는 자기 안의 창조성과 그 능력을 한계까지 시험하게 되는 동시에 적은 예산과 건축주의 과다한 요구와 싸워야 한다.

우리나라에서 건축은 설계보다는 비즈니스이고 건축사는 전문직이라기보다는 소위 '건축업자'로 인식되고 있다. 건축사도 업자로 취급되기 십상이다. 설계자의 역할과 직능을 무시하는 경향이 강하다. 설계자로서 건축가에 대한 사회적 인식이 정확하지 않으며 인정(認定)이 낮다. 무엇보다도 아키텍트(architect), 즉 건축가, 건축사(建築士)라는 명칭 자체가 사회적으로 인식되어 자리 잡혀 있지 못하다. 건축사는 건축사법에서 건축사 자격증을 취득한 자에 한정해서 쓴다. 건축사는 자격시험에 합격한 사람이며 설계사라 불리기도 한다. 하지만 단순히 설계만 하는 사람이 아니다.

노무현 대통령 묘역의 설계자 승효상은 "건축이 우리의 삶을 이루게 하는 직접적이고 적극적 수단이니, 건축설계는 우리의 삶을 조직하는 것"이라 하였다. 그리고 설계자는 인간의 삶을 직시하며 불의에 타협하지 않고 바른 길을 가야 한다고 했다. 이는 건축가에게 수도자, 성직자의 자세와 마음가짐이 필요한 것으로 풀이된다.

건축설계를 하는 건축가는 인간의 생명과 그 존엄에 대해 스스로 진실하고 엄정해야 하므로 심령이 가난해야 하고 애통해야 하며 의에 주려야 한다. 특히 다른 이들의 삶에 관한 일이니 온유해야 하고 긍휼해야 하며 청결해야 하고 화평케 해야 한다. 바른 건축을 하기 위해 권력이나 자본이 펴놓은 넓은 문이 아니라 고통스럽지만 좁은 문으로 들어가야 한다. 스스로를 깨끗하게 하여 거룩한 것을 개에게 주지 않아야 하며 진주를 돼지에게 던지는 일을 거부해야 한다. 모든 사물에 정통하고 박학하기 위해 뱀같이 지혜롭고 비둘기같이 순결해야 한다. 결단코 불의와 화평하지 않아야 하며, 때로는 그런 행동 때문에 집이나 고향에서도 비난 받을 각오가 되어야 한다. 사람 사는 일을 알기 위해 더불어 먹고 마셔야 하지만 결코 그 둘레에 갇혀서는 안 된다. 스스로를 수시로 밖으로 추방하여, 광야에 홀로 서서 세상을 직시하는 성찰적 삶을 지켜야 한다. 오로지 진리를 따르며 그 안에서 자유 하는 자, 그가 바른 건축가가 된다.

― 승효상, 《보이지 않는 건축 움직이는 도시》

건축의 중요성은 근래에 와서 더욱 커졌으며 사회적인 분위기도 그렇다. 건축물을 지으려면 먼저 설계를 하고 이를 근거로 시공을 한다. 설계는 기초 조사와 기본 계획을 거쳐 설계 아이디어를 구상한 후 이를 도면으로 만드는 과정이다. 이후 도면에 따라 시공이 이루어진다. 건축은 이처럼 건축물의 설계와 시공에 관한 'design', 'build'의 전 과정을 말한다.

건축의 전체 과정을 총괄하고 책임지는 전문가가 건축가이다. 물론 일이 분업화, 전문화되어 각 과정을 담당하는 전문 인력이 따로 있다. 설계자, 시공자가 모든 것을 직접 하지는 않는다. 시공은 현장감독과 작업자의 도움을 받고, 설계는 업무를 담당하는 직원과 세부 분야의 전문가 도움을 받는다. 설계자는 건축물을 설계하고 그것에 따라 시공이 이루어지도록 감리하는 일을 맡는다. 설계자가 건축을 함에 있어 주체적인 역할을 하는 것은 분명하다.

건축의 질과 정확성

건축설계는 무(無)에서 유(有)를 만드는 창조적인 행위이다. 의뢰자는 요구 조건과 생각을 보통 서사적이며 추상적인 말로 표현한다. 이후 설계자에 의해 구체화된다. 설계는 최종 결과물을 만들어내는 가장 중요한 기획이자 건축 공사의 질적 수준을 가늠하는 출발점이다. 이는 애매하고 추상적인 건축주의 요구 사항을 공간, 구조, 형태로 번역하고 약속된 기호로 풀어내는 과정이다. 설계는 최종적으로 만들어지는 건축의 예술성과 품질을 결정하는 기준이다.

설계는 아무리 첨단기술을 동원하더라도 노동집약적이고 시간집약적인 분야다. 많은 노력과 시간이 절대적으로 필요하다. 설계만큼 중요한 것은 없다. 건축의 처음과 끝이라고 해도 과언이 아닐 정도로 모든 것을 결정하는 창의적인 작업이 설계다. 건축의 질은 설계에 달려 있다. 설계의 질이 높아야 좋은 시공이 가능하며, 좋은 결과를 만들 수 있다.

설계란 2차원적인 도면을 사용하여 3차원의 공간과 형태를 만드는 것이다. 그리하여 설계의 최종적인 목적은 결국 그 안에서 이루어지는 여러 사람들의 생활을 편안하게 만드는 일이다. 건축가는 집을 지을 때 거주자의 요구를 해석해야 하는데, 양식적·형태적·미학적인 것은 조금 무시해도 된다. 시간이 흘러도 생활 속에 '그대로 지속되는' 어떤 의미와 가치를 추구

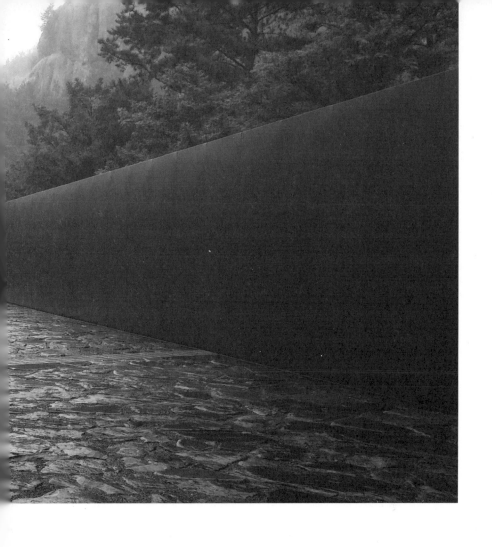

승효상, 노무현 대통령 묘역(2009년), 삶과 죽음을 상징하는 건축

해야 한다. 건축이란 생활을 해석하는 지적 활동이며 삶에 기여하는 도구이기 때문이다.

설계가 강력하고 단순한 해결을 얻기까지는 일반적으로 기능, 형태, 경제성, 시간과 관계된 도시적인 분석이 필요하다. 집을 짓는 데 있어 설계란 진실을 추구하는 작업이며 복잡성에서 단순성을 얻어내는 과정이다. 기능과 형태, 경제성과 시간을 조정하는 것이며 인간의 요구를 만족시키는 일에 관계된다. 설계는 창조성이 요구되는 문제를 푸는 일이며 해답을 찾는 과정이다.

건축은 그 어떤 분야보다도 창조적인 분야이다. 가나자와(金沢) 21세기 현대미술관을 설계한 일본의 건축가 니시자와 류에(西沢立衛)는 "건축이란 무엇인가라는 물음에 정답은 없다. 그 물음은 해답과 일대일의 세트가 아닌 물음이다. 누구나 독자적인 형태로 답할 수 있는 개방적인 물음인 것이다. 그 물음에 극히 창조적인 답이 나왔을 때, 건축이라는 영역이 확대되고 재정의될 수 있을지 모른다."고 하였다. 건축이 무엇인지 정확히 표현하기 어렵지만 창조적인 해답을 찾는 것임에 명확하다.

설계자는 자기 마음속에 있는 독창적인 생각이나 영향, 감동, 느낌 등을 건축을 통해 표현하기를 원한다. 단순한 가치를 넘어서 더 위대한 인간적인 의미를 지닌 무언가를 나타내고 싶어 한다. 설계자의 의도는 실제 완성된 건물이 성공이냐 실패냐의 문제를 떠나서 그 자체가 건축이다. 설계자에게 건축은 자기가 실현하려는 목적에 좌우되는 주관적인 문제다. 그러므로 우리가 건축에 대한 정의를 올바르게 내리기 위해서는 목적이라는 요소가 중요한 위치를 차지한다.

건축설계는 건물이 들어설 장소에서 뿜어낼 아우라를 최대한 정확하게 표현해야 한다. 그러나 정확히 묘사하려는 시도는 종종 실제 대상의 부재를 부각시킨다. 오히려 건물이 약속하는 실체에 대한 묘사와 관심이 얼마

사 람

니시자와 류에, 가나자와 21세기 현대미술관(2004년), 시민에게 개방된 공공적인 미술관

나 부적당한가를 인식하게 된다. 그 약속에 우리를 감동시킬 힘, 곧 건물의 실현을 향한 열망이 있는지가 중요하다.

건축적 묘사가 지극히 자연스럽고 세밀하게 완성되어 그 도면을 보는 사람의 상상력과 호기심이 파고들 여지가 없다면 설계자의 열망도 묘사에서 그치고 만다. 또한 설계에 표현되지 않은 사실이 거의 또는 아예 없기 때문에 설계의 실현에 대한 열망도 시들해진다. 결국 설계는 약속을 담아내지 못하고 하나의 그림으로 전락하고 만다. 설계는 조각품을 만드는 조각가의 스케치처럼 단순히 아이디어를 표현한 그림이 아니라, 시공된 건축물로 나타나는 창조 작업의 필수 절차이다.

건축설계의 결과물은 도서이다. 설계도서는 시공에 필요한 설계도와 시방서, 이에 따르는 구조계산서, 설비관계 계산서를 포함한다. 설계도면은 시공될 공사의 성격과 범위를 표시하고 설계자의 의사를 일정한 약속에 근거하여 도형으로 표현한 것이다. 공사(시공)의 내용을 구체적인 그림으로 표시해 놓은 도서를 뜻한다. 설계도서는 정확성이 생명이다. 정확하지 못한 설계는 건축의 질을 저하시키고 좋은 건축을 할 수 없게 만든다. 건축설계와 도서는 정확해야 한다.

설계자의 위상과 인정

우리 사회에선 설계자의 위상이 낮다. 설계자는 위탁 받은 건축을 기획하고 설계하는 팀의 주체다. 건축물의 창조자임에 틀림없다. 그렇지만 우리 사회에서 설계자에 대한 예우는 좋지 못하다. 건축물의 준공식에 시공사 대표는 초대받지만 설계자가 초대받지 못하는 경우가 많다. 대부분의 설계자는 자신을 불러주지 않는 것에 실망한다. 그것은 건축 문화의 탓도 있겠지만 설계자를 무시하는 처사이다. 이러한 비상식적인 행태의 책임은 설계자에게도 그 원인이 있다. 우리 사회의 전반적인 설계 수준이 그들을 그렇게 대우하는 요인은 아닐까 반문해 보아야 한다.

건축주가 있어야 건축가가 있을 수 있다. 건축의 수준은 건축주의 수준에 좌우된다는 말처럼 건축주는 건축에 영향을 미친다. 하지만 설계 과정에서도 설계자의 전문성과 지위가 제대로 인정받지 못하는 경우가 종종 있다. 자본을 소유한 건축주의 힘이 설계와 설계자를 좌우하기 때문이다. 자본을 가진 건축주의 전횡이 심각한 경우도 많다. 설계자가 합리적인 안을 제안해도 건축주는 자신이 더 훌륭한 안목과 취향, 식견을 가졌다고 생각하여 설계자 의견을 무시하는 경향이 강하다. 이는 설계자의 전문성에 대한 존중과 인정이 없음을 보여주는 것이다.

물론 건축주로서 설계안에 대한 자신의 의견을 제시하는 것은 당연한 권리이다. 설계자는 건축주의 의견을 수렴해야 하지만 설계의 내용과 질을 결정하여 최종안을 제시하는 것은 건축가이다. 이것이 건축가의 중요한 역할이며 설계에 대한 책임은 설계자의 몫이다. 의사의 처방과 진단에 환자(고객)가 관여할 수 없는 것은 누구나 아는 사실이다. 그러나 의사나 변호사, 대학교수와 같은 전문가처럼 설계자의 권위나 능력을 인정해주는 사람들이 적다. 설계 내용에 대해 건축주가 이의를 제기할 수도 있다는 점에서 설계자의 권한이 축소되어 있다. 설계자에 대한 인정이나 평가가 높지 않다. 안타까운 일이 아닐 수 없다.

초대받지 못하는 설계자

우리나라 건축가들이 건축의 현실을 자조할 때 흔히 거론하는 것이 준공식 문화다. 공공건물물의 준공식에 설계자인 건축가는 초대받지 못하고 기관장과 건설회사 대표가 준공 테이프를 끊는 경우가 다반사다. 설경 설계자가 초대받는다 해도 준공식의 주인공으로 대접받는 일은 거의 없다. 준공 건물에 시공사의 이름은 새겨 넣어도 건축가의 이름을 새기는 경우는 드물다. 신문에 공공건축물의 준공에 관한 기사가 나면 건설사 이름은 소개되지만 건축가 이름은 실리지 않는다. 건축이 문화로서 확고하게 자리 잡은 서양에서는 있을 수 없는 일이다. 영국의 건축가 노먼 포스터는 건축을 통한 사회적 공헌을 인정받아 귀족 작위를 받았을 정도다. 그는 자신이 설계한 독일의 국회의사당 준공식 때 건물의 열쇠를 직접 독일 수상에게 전달하는 예식을 거쳤다고 한다. 한국에서는 상상할 수 없는 일이다.

— 이상헌, 《대한민국에 건축은 없다》

설계자가 건축주를 만족시키는 일은 쉬운 일이 아니다. 요즘은 특히 더 그렇다. 과거에는 건축의 미적 취향에 대한 공유된 규범이 있었고, 설계자는 이를 근거로 건축의 정당성을 주장할 수 있었다. 건축 디자인을 판단하는 합의된 기준이 있었기 때문이다. 그러나 현대건축은 공통의 기준 없이 개인적 취향에 의존한다. 그러다 보니 설계자가 저마다 다양한 취향을 가진 건축주를 만족시키기는 더욱 어렵다.

건축주가 개인인 경우, 개인이 발주하는 일은 어려움이 더하다. 설계자와 건축주의 관계가 원만하지 못한 경우도 많다. 건축주는 설계자에게 아무런 대가 없이 설계안을 요구한다. 기본계획(안)에는 대가나 비용을 주지 않거나 계약서를 작성하거나 선금을 지불하지도 않으며, 설계를 의뢰해 놓고도 마음에 들지 않으면 보상하지 않는다. 마음대로 설계안을 바꾸기도 한다. 건축주는 건축주대로 불만이 있을 수 있고 건축가의 서비스에 실망할 수 있다. 이런 상황에 처하면 서로의 관계가 어려워진다. 설계자는 건축주의 신뢰를 받을 수 있도록 전문성과 실력을 갖추어야 한다.

한편 건축주도 설계자가 제공한 서비스에 대해 보상해야 한다. 설계안이 만들어져 논의되고 제안되었다면 비용이 지불되어야 한다. 그렇게 되지 않으면 설계자는 헛되이 귀한 시간을 낭비한 셈이 되므로 정상적인 상거래의 규칙이라고 볼 수 없다. 설계자는 건축주의 도구가 아니라 건축의 직접적인 주체이다. 설계자를 존중하는 사회가 되어야 한다. 설계자의 직능과 역할을 무시해서는 안 된다. 설계자를 존중하는 사회를 만들기 위해 먼저 설계자의 실제적인 변화와 가시적인 실천이 뒤따라야 하며, 설계자에 대한 이미지와 위상을 개선할 수 있는 건축가의 노력이 필요하다. 설계자가 직능의 책임을 다했다면 그 만큼의 정당한 대우를 투명하고 정확하게 받는 문화와 거래 질서가 정착되어야 한다.

설계자의 역할과 의무

설계자의 역할은 주어진 프로그램으로 건축물을 설계하는 일이다. 즉, 설계 작업은 사용자의 생활 조직을 공간의 조직으로 변용시키는 일련의 과정이다. 설계자는 눈에 보이지 않는 추상적이고 철학적인 생활 어휘를 눈에 보이는 구체적인 건축적 단어로 변환시키고 기술적으로 해결한다. 그 후 연속적인 경로를 거쳐 하나의 건축물이 탄생한다. 쉽지 않은 과정이다. 그러므로 설계자는 기술자로서 모든 지식과 정보에 정통해야 하며, 내면의 사고를 형태로 창출하는 상상력과 조형 의지를 가져야 한다. 이러한 의미에서 설계자는 기술자인 동시에 예술가이다.

우리는 건축이 사람의 일을 돕기도 하고 방해한다는 것과, 좋은 건축은 능률적인 동시에 즐거움도 가져다준다는 것을 알고 있다. 공간과 형태에서 즐거움을 얻는 것은 소비자의 권리이다. 즐거움은 건축과 그에 관련된 공간을 신중하게 설계하는 일과 건축에 대한 이용자의 편의를 높이는 일에 의해 보다 커질 수 있다.

　설계자의 임무에는 건물의 설계만이 아니라 10년 뒤, 20년 뒤에도 건축주와 서로 좋은 관계를 유지하는 것도 포함된다. 전향적인 공생관계를 구축할 수 있느냐 없느냐는 설계자의 능력 가운데 하나이기도 하다. 건축주와 좋은 관계, 선한 인연을 맺어야 하고 건축가는 건축주에게서 좋은 평가를 받아야 한다. 건축주와 설계자가 공생하기로 마음먹는다면 좋은 건축의 실현이 가능하다. 그런 다음에 시간을 견뎌내는 건축이 가능해지고 그것이 역사가 되어 그 장소의 가치를 만들어낼 수 있다. 건축가 김인철이 설계한 '춘천 호수로 가는 집'에서 좋은 설계자의 모습을 엿볼 수 있다.

춘천 호수로 가는 집

　건축주 김을식 씨는 집을 지어야 해서 남편과 건축 잡지를 쌓아놓고 봤지만 어렵고 답도 나오지 않아서 그냥 건축가를 믿고 모든 걸 맡겼단다. 김씨는 처음에는 당황스러웠지만 이젠 디자인의 참맛을 느끼며 매일 집 안에서 자연을 만끽하고 있다며 웃었다.

　건축주와 건축가의 눈에 보이지 않는 궁합 역시 중요하다. 집을 짓는 과정에서 둘 사이가 벌어져 완공 뒤 원수가 되는 경우도 종종 있다. 호수로 가는 집의 건축주와 건축가는 최상의 호흡을 보여준 사례. 건축가는 "건축가라도 자기가 건축한 집에 선뜻 가기가 쉽지 않다. 이방인이 들어가기란 더 힘든데 이분들은 항상 개방한다. '건축을 느끼게 하는' 건축주"라고 건축주를 치켜세웠고 건축주는 "그저 감사할 따름"이라고 건축가에게 찬사를 보냈다.

－ 김미리 외, 《삶을 닮은 집, 삶을 담은 집》

　건축가는 건축주의 변덕과 취향, 빠듯한 예산, 까다로운 법규를 제쳐두고 건축가 고유의 아이디어와 건축의 내적 논리만을 제시할 수 있다. 건축가의 궁극적인 목표는 자신의 비전을 실현하는 것이다. 설계하는 것은 새로운 아이디어를 얻고 이를 다시 현실에 적용할 좋은 기회이며 창조적인 행위이기 때문이다. 이처럼 건축가의 이상과 비전 그리고 건축주의 요구 조절은 설계자의 영원한 딜레마이다.

오늘날 건축가에게는 단순히 건물을 설계하는 것 외에 훨씬 많은 과제가 있다. 건축가는 단순히 새 건물을 짓는 일만 하는 사람이 아니다. 이미 지어진 건물의 유지와 관리도 건축가의 일이다. 그동안 건축가의 직무 내용은 너무나 다방면으로 확장되어, 이제는 한 사람이 그 다양한 요구들을 모두 만족시키는 것이 불가능할 정도가 되었다. 그래서 설계와 입찰, 현장 감독 등 각각의 전문가들이 존재하는 것이다.

설계자는 자신의 독창적인 아이디어에 건축주의 의견을 반영하여, 건축주의 요구를 물리적으로 실현할 수 있는 좋은 설계를 하는 것이 직능상의 의무이다. 설계자는 과거와 현재의 전통과 신기술에 대한 이해, 끊임없이 개발되는 신소재와 건축 자재에 대한 정보, 설계 및 시공 공법에 대한 부단한 탐구 등 결국, 쉼 없는 연구를 통한 실력 축적만이 수요자 중심인 딜레마의 실타래를 풀어낼 수 있다.

"시공자는 누구인가?"

설계의 완성자

시공자(builder)는 건축 생산 과정에서 주도적인 사람이다. 건축의 시공 과정을 총괄한다. 시공자는 건축가의 설계도서에 따라 시공을 실행한다. 설계자가 설계한 내용을 지면 위나 아래에 구체적으로 구현하는 건설공사를 이행한다. 설계도서를 기준으로 공사 계획을 수립하여 그에 따라 공사 기간 내에 질 높은 건축물을 완성시킨다. 시공은 건축의 실현 과정으로서 건축의 일부이고, 시공자는 시공을 책임지고 그 내용을 관리, 감독한다. 시공자는 기술적 내용을 적용시켜 설계 내용을 특정한 형태와 성질, 물질로 만드는 사람이다.

위대한 건축가는 대부분 설계자이다. 우리나라에서는 시공자를 건축가라 부르지도 않는다. 흔히 '건축업자, 시공업자'라 부른다. 설계하는 사람에 비해 중요한 사람으로 여기지 않으며 건축가로 대우해 주는 경우도 극히 드물다. 그 이유는 무엇인가? 시공자를 설계 내용이나 아이디어를 만드는 사람이 아니라고 보는 탓이다. 설계는 창조 행위이지만 시공은 단순 노동으로 폄하하는 시각이 일반적이다. 단순히 설계된 내용을 따라 만드는 행동이라 볼 뿐이다.

하지만 건축은 시공자, 작업자의 노력과 땀으로 만들어진다. 설계된 내용은 그냥 만들어지는 것이 아니다. 시공자는 설계 내용을 완성하기 위해 공정에 관한 모든 지식과 정보에 능통하고, 그것을 실현시킬 수 있는 기술과 능력이 있어야 한다. 또한 시공자에게는 설계도서에서 표현하기 어려운 설계자의 조형 의도를 읽을 수 있는 재능을 바탕으로, 설계도서를 구체적으로 형상화하는 과정, 즉 창작에 참여한다는 긍지와 열의, 성실함이 있어야 한다.

건축물은 시공의 결과물이다. 시공자가 한 개인이 아니라 시공을 대표하는 회사이거나 조직, 단체인 경우도 있다. 넓은 의미에서 건축 관련 일을 하는 사람은 건축가이다. 왜냐하면 시공은 하나의 전문분야이며 건축은 어느 한 사람, 설계자가 만들 수 있는 것이 아니다. 시공자를 굳이 건축가라 부르지 않아도 그들의 능력을 인정하고 존중하는 문화가 조성되어야 한다. 우리 사회는 시공자의 직능적 전문성, 땀과 긍지에 대한 인정이 필요하다. 하지만 부실시공, 나쁜 건축을 하는 사람은 건축가라 할 수 없다.

건축물은 설계자와 시공자의 노력으로 탄생한다. 건축 행위가 이루어지는 현장과 현실은 설계와 다르다. 현장의 상황은 설계 내용과 완벽히 일치할 수 없으며 불확실하다. 또한 설계로 표현하지 못하는 부분도 있다. 건축의 내용과 과정을 도면 위에 그림으로 완벽히 표현할 수 없으며, 설계의 현실성이 실제 시공의 현실과도 같지 않다. 현장은 수많은 변수와 변화의 가능성이 내재되어 있는 곳으로 설계 내용이 완벽히 실현되기 힘들다. 설계가 현실을 반영하지 못하는 부분이 있으며 어떠한 도면도 완벽하지 못하다. 현실적인 한계를 갖는다는 의미이다.

시공자는 이러한 설계에 기초하여 현장에서 건축물을 만드는 사람이다. 아이디어를 만들어내지 않지만 만들어진 아이디어를 발전시켜 현실화하는 사람이다. 건축 공정을 조정하고 설계 내용을 현장에 적용시켜 최종적인 결과로 완성한다. 기술적인 능력과 선험적 경험을 바탕으로 설계 내용의 질을 높이고 상세한 품질을 좌우하는 사람이다. 시공자도 건축가로서 대우받아야 하는 마땅한 이유이다.

건축의 최종 품질은 시공자의 몫이다. 비용과 시간을 들여 건축을 마무리 지을 사람이 시공자이므로 결코 '업자'로만 불려서는 안 된다. 시공자의 역할과 직능상의 존재 가치, 중요성을 무시할 수 없으며 무시해서도 안 된다. 전문가, 기술자(엔지니어), 관리자로서 존중해야 할 대상이다. 시공자도 본연의 책무와 사회적 역할을 다해야 한다. 그것이 좋은 건축을 하는 것이다. 시공자의 역할과 직능을 존중해야 좋은 건축을 할 가능성이 높아지며 건축 문화의 수준도 자연스럽게 높아질 것이다. 시공자는 최종적으로 건축을 완료하는 중요한 사람이다.

실용성 추구와 짓는 행위

시공자는 삶을 담는 건축을 만든다. 건축은 시공이라는 쉽지 않은 과정을 거쳐야 한다. 건설자의 영역에 속하는 '짓는 행위'가 시공이다. 시공은 험난한 과정을 거친다. 우리나라에선 급격한 건설 환경의 변화를 외면한 채 수십 년 전의 노동집약적인 건축시공으로 취급된다. 그러한 인식이 21세기가 된 지금에도 팽배하다. 아직도 시공을 철학이 없는 학문으로 여긴다. 설계는 머리를 쓰고 시공은 몸을 쓰는 분야로 오해하고, 시공은 설계에 예속되는 것으로 착각하는 사람도 많다. 시공에 대한 불공평한 인식이 조성되어 있으며, 시공자를 현장에서 거친 일을 하는 사람으로 무시하는 경향도 강하다. 모두 잘못된 선입관과 과거의 나쁜 습관에서 기인된 현상이다.

건축설계와 시공은 하나의 연속된 프로세스이다. 건축은 시공으로 완결된 최종적인 형태로 물질화된 공간에서 한 자리를 차지한다. 그 자리가 건축이 존재하는 장소이자 자기 목소리를 내는 공간이다. 시공은 설계의 내용을 기술적인 요소로 해결하며 그에 따른 결과와 형태로 완결된다. 직접적인 물적(物的) 요소와 간접적인 인적(人的) 요소, 즉 재료의 결합, 시공자의 노력과 열정, 정성이 요구되는 작업이다. 여기에 시간적인 요소가 가미되어 현실 속에 구현되는 것이 건축시공이다.

건축가라면 잘 아는 사실이지만, 건축은 공간을 디자인하고 만드는 건축가에 의해 구체적으로 형상화되어 세상에 태어난다. 건축은 설계자의 이상과 생각이 담긴 도면을 통해 시공자의 땀과 노력에 의해 형태와 공간으로 만드는 것 이상의 의미를 내포한다. 시공자에게는 높은 완성도를 향한 집념과 의지가 필요하다. 시공자는 설계자와 마찬가지로 오직 좋은 건축만을 지향해야 한다.

시공이란 여러 요소로 의미 있는 전체를 만드는 행위이다. 시공은 기술적·경제적·시간적 요인을 결합하는 총체적인 움직임이다. 건축은 미적 감흥을 주기 위한 오브제일 뿐 아니라, 기능과 구조를 통해 인간에게 실용성을 주는 도구이다. 시공은 그러한 도구로서의 면모를 읽어내기 위한 것이다. 건축은 다른 예술과 다르게 '실용적인 가치'를 생산해 내야 한다. 실용적인 가치가 있는 건축물은 실체가 있는 대상으로서 건설하는 인간의 능력을 보여주는 증거물임이 분명하다.

건축의 핵심은 시공 행위에 있다. 그렇게 믿거나 강조해도 지나치지 않다. 실체가 있는 재료들을 조립하고 세울 때 우리가 바라던 건축이 현실 세계의 일부가 되기 때문이다. 현장과 공간, 시간, 돈, 사람, 재료(물질) 등 제반 사항을 고려하여 현실에 적합하도록 '짓는 것'(행위)은 아무나 할 수 있는 일이 아니다. 짓는 것은 행동의 결과와 형태에 대한 확신, 책임감이 있어야 가능하다. 시공자의 능력과 기술, 건축관과 태도가 건축의 품질을 좌우한다.

시공자는 언제나 무수한 디테일, 다양한 기능과 형태, 소재, 치수에서 전체를 완성해야 하는 도전에 직면한다. 모서리와 이음부를 비롯하여 서로 다른 면이 교차하고, 서로 다른 소재가 만나는 지점에서 합리적인 시공과 형태를 찾아야 하는 의무가 있다. 시공자는 좋은 재료와 적절한 공법을 적용하여 최종 품질을 완성하는 사람이다. 설계 내용을 현장이란 공간에 구체화하는 시공자의 역할은 상상 이상으로 입체적이고 중대하다. 건축시공은 설계의 현실화 과정이며 시공자는 물리적 건축물의 완성자이다.

품질과 시공자의 몫

시공자는 현장의 조건과 어려움을 극복해야 한다. 특히, 건설 경기가 좋지 못해 건축 현장의 여건은 더욱 나쁘다. 현장에 근무하는 사람이면 누구나 느끼는 점이며 요즘의 건설 현장은 특히 조건이 좋지 못하다. 예산도 적고 장소도 오지에 가깝거나 작업을 추진하기도 힘들다. 건축가로서는 최악의 조건에 처할 수 있다. 이런 여건이라도 조건과 현실, 다른 사람을 탓할 수 없다. 실제적 상황은 언제나 만만치 않다.

　이것은 건축에만 한정되는 이야기가 아니다. 어떤 분야에서든 일하는 사람에게 의미 있는 말이다. 건축의 담론은 지극히 현실적으로 구축되는 프로젝트보다 어려운 현실의 악조건에서 그 가치가 발현되는 가능성들에 의해 흐름이 주도되어 왔다. 시공자는 상황 논리에 빠져서는 안 된다. 자신의 선택에 대한 책임과 노력, 성의를 다해야 한다.

　시공자는 방법의 한계성에 두려움을 느껴서는 안 된다. 방법에 제한을 받을수록 작업은 힘들지만 그것은 더 좋은 건축을 할 수 있는 기회이다. 현장의 어려움을 정신적 가치로 이겨내야 한다. 예술에 있어 어려움, 제한이란 필요한 것이다. 건축도 그러하다. 건축가에게는 보통 예술가와는 다른 본질적 책임 의식이 있어야 한다. 예술가는 자기의 것을 다하면 되지만 건축가는 역사와 사회에 구체적 의무를 가져야 한다. 건축이 사회적인 존재이기 때문에 더욱 그렇다.

시공자가 설계를 완성한다. 하지만 건축가 중에서 시공자는 "설계 내용을 만드는 사람에 지나지 않는다."라는 인식이 존재한다. 왜 이러한 시각이 지배적일까? 아이디어, 설계 내용은 시공자의 것이 아니기 때문일 것이다. 시공자도 설계 검토와 시공 과정에서 좋은 아이디어와 의견을 제안할 수 있으며 설계의 오류를 바로 잡는다. 설계의 잘못을 찾아내어 올바르게 할 수 있다. 설계의 한계는 현장에서 발생되는 모든 상황과 여건을 해결할 수 없다는 데 있다. 그러므로 시공자는 설계 내용에 관여하고 자기만의 기술력으로 설계를 마무리하며 건축을 완성한다.

시공자는 설계 내용을 실현하는 사람으로서 품질을 만든다. 설계된 내용을 입체적인 구조물로 만드는 것이 시공자의 몫이다. 시공자를 단순히 아이디어를 실현하는 사람만으로 볼 수 없다. 시공자는 기술적 생각으로 시간, 비용의 문제를 해결하여 건축의 품질을 완성하는 사람이다. 현장에서 연구와 고민, 시행착오를 통해 입체적인 구조물을 생산한다.

설계도면이 건축 공간과 형태로 변화되는 과정은 쉬운 일이 아니다. 건축의 성공은 설계의 질적인 측면도 중요하지만, 최종적으로는 시공자의 능력과 노고에 달려 있다. 건축에는 기술력과 절대적인 시간, 비용이 필요하다. 품질은 시공자의 실력에 따라 좌지우지된다. 시공자는 현장성을 반영하여 시공할 뿐 아니라 설계 오류를 수정하고 설계를 발전시켜 건축의 품질을 높인다. 설계에서 부족한 부분을 채우거나 보완하여 최종적인 품질을 완성한다. 이것을 볼 때 시공자의 역할과 책임은 결코 무시할 수 없다.

건축의 최종 품질은 시공자의 다각적인 노력의 결과물이다. 시공자는 설계 내용을 실현시킬 수 있는 방안과 현장, 시공에 적합한 해법을 찾는다. 그 와중에 비용과 시간을 고려하는 것은 필수불가결하다. 설계 내용을 완성하고 품질을 높이는 데 결정적으로 기여하는 사람이 시공자다. 이것이 시공자에 대한 적절한 보상이 필요한 이유다.

설계자와 시공자

건축은 인적 요소에 의해 이루어진다. 인적 요소의 중심에는 설계자와 시공자가 있다. 설계자와 시공자는 나름의 경험과 식견을 갖추어야 하며 적절한 인간관계를 유지하여 좋은 건축을 만들어야 한다. 아울러 타인을 배려할 수 있는 인격을 갖추어야 한다. 건축과 관련된 사람들이 '커다란 공생관계'를 만들 수 없으면 결코 좋은 건축은 있을 수 없다. 건축은 혼자 할 수 없는 분야이기 때문이다.

설계자는 시공보다 설계가 중요하다 여길 것이며, 시공자는 설계보다 시공이 중요하다 생각할 것이다. 설계와 시공 중 무엇이 더 중요한가? 무엇이 더 중요하다고 말할 수 없다. 각자의 입장에서 절대적인 공헌과 중요성이 공히 인정되기 때문에 둘 다 중요하다. 그러나 각각의 중요성을 따지기보다는 설계와 시공 사이에 유기적인 관계 형성이 더욱 중대하다. 하나의 건축물이 만들어지려면 설계자와 시공자의 긴밀한 연대(solidarity)가 필요하다.

설계와 시공 기술이 전문화, 복잡화, 고도화되어 설계자와 시공자의 연대가 더욱 중요해진 시대이다. 연대는 동일한 가치관과 목표를 가진 누군가와 손잡는 것이며, 기쁨과 슬픔, 환희와 고통을 공감하면서 서로 돕는 것이다. 설계자와 시공자가 적대적이 아닌, 서로에게 도움이 되는 우호적인 관계를 유지해야 상호의 이익이 된다. 설계자와 시공자는 연속된 프로세스에 의해 상호 기술의 미비점을 피드백(feed back)하여 목적하는 좋은 건축을 수요자에게 제공해야 한다.

설계자와 시공자가 협력해야 추구하는 좋은 건축물을 만들 수 있다. 건축가의 고립된 개인주의적 습성으로는 건축의 근본적인 속성과 목적을 달성할 수 없다. 상대의 입장을 존중하고 협력적인 관계, 유연한 관계를 유지해야 한다. 서로의 생각과 성격이 다를지라도 양보하고 문제가 있다면 함께 풀어가는 지혜가 요구된다. 설계자와 시공자는 서로를 존중하고 배려하는 마음을 가져야 한다. 수평적이고 신뢰 관계의 토대 위에서 튼튼한 연대가 맺어져야 좋은 건축이 가능하다.

건축을 수행할 때 여러 가지 문제가 발생한다. 예상치 못한 일도 일어난다. 설계와 시공 사이에 풀어야 할 난제가 생기는데 이러한 경우에는 서로가 피곤해진다. 하지만 설계자와 시공자는 협조해야 한다. 건축을 하는 바람직한 자세는 문제와 갈등이 있을 때 그것을 받아들이고 수용하는 긍정적인 마음이다. 좋은 건축이라는 같은 목표를 추구하는 의식이 함께 해야 한다.

건축가야말로 긍정의 힘을 믿어야 하는 직업이다. 긍정적인 생각과 이루고자 하는 간절한 믿음이 만나면 강력한 힘이 발휘된다. 긍정의 힘은 실제로 원하는 것을 이뤄지게 한다. 긍정적인 생각은 자기력과 같아서 낙관적이고 열정적인 마음을 가지면 밝은 기운이 찾아와 좋은 일만 일어난다. 크고 작은 어려움을 긍정적인 자세로 바라보고 순리대로 해결하는 것이 건축하는 이의 태도이다. 이것이 건축가의 기본적인 마음가짐이어야 한다. 좋은 건축을 하기 위해서는 설계자와 시공자의 협업이 중요하다.

"좋은 건축가란?"

좋은 건축가의 속성

좋은 건축가의 기준은 무엇일까? 좋은 건축가는 어떤 사람인가? 좋은 건축에 대한 정의처럼 좋은 건축가에 대한 의견도 제각각이다. "집 한 번 지으면 10년 더 늙는다."는 속설이 있다. 이 말은 집을 짓는다는 행위로 인해 육체적인 고생과 더불어 정신적 고통이 얼마나 심한지를 비유적으로 보여준다. 이런 고통을 피하거나 줄이기 위해 좋은 건축가, 신뢰할 수 있는 건축가를 만나고 싶어 하는 수요자는 많다. 건축에 대한 수요는 언제나 있으므로 누군가는 집을 지어야 한다.

집짓기를 희망하는 사람이 있지만 어떻게 해야 믿음이 가는 건축가를 만날지 모른다. 그렇지만 역설적이게도 건축가는 많다. 건축은 수요자와 건축가의 만남에 의해 성사된다. 좋은 건축가는 약속을 지키는 사람이며 그 약속의 내용은 건축이다. 설계 내용과 계약 사항에 대한 약속을 뜻한다. 건축에 대한 약속은 품질에 대한 것이다. 건축은 약속된 사항을 실천하여 신뢰를 쌓는 일이므로 건축가는 건축주로부터 받은 신뢰가 성실성과 실력의 척도가 된다. 건축을 함에 있어 신뢰만큼 소중한 것은 없다. 건축에 관계된 모든 사람은 신뢰 속에서 함께 해야 하며 신뢰가 없다면 좋은 건축을 할 수 없다. 신뢰는 건축가가 건축에 대한 약속을 얼마나 착실히 실천하는지에 따라 생겨나고 사라진다.

건축은 타자의 욕망뿐 아니라 건축가 자신의 욕망을 함께 다루는 작업이다. 하지만 건축가는 건축 행위 안에서 자신의 의지는 반영하되 욕망은 제어해야 한다. 아울러 타자의 욕망과 의견, 조건을 존중하고 섬세하게 다루어야 한다. 건축은 건축가가 생각하는 것 이상일 수 있다. 건축가는 건축의 품질을 확보하기 위해 온갖 정성을 쏟아야 한다.

좋은 건축가는 아이디어에서 출발해서 그것을 실현시키는 시공적인 문제, 품질에 대해 고민한다. 질 높은 품질을 실현한 사람은 좋은 건축가, 위대한 건축가이다. 안토니오 가우디(Antoni Gaudi)와 구마 겐고는 현장에서 짓고 만드는 것을 직접 실천하는 건축가이다. 그들은 현장을 중시한다. 품질은 현장에서 이루어지기 때문이다.

좋은 건축가는 그 시대의 문화를 표현하며 건축의 큰 흐름 속에서 인정받을 수 있는 자기만의 독창적인 건축 언어를 가지고 있다. 건축에 대한 철학, 즉 건축관과 창의적인 표현이 남다르다. 건축에 대한 의지와 이유가 명료하다. 좋은 건축가의 덕목은 이론과 실무에 대한 날카로운 감각, 풍부한 지식 그리고 공익, 공공성에 대한 뚜렷한 정신, 가치관 등이다.

건축은 자금력, 경제력이 뒷받침되어야 한다. 특히 시공 분야에서 그러하며 시공자는 자금력이 있어야 한다. 건축에서 돈이 없으면 일을 수행할수 없다. 자본은 가격 경쟁력과 '자본의 경쟁력이 있는 솔루션'을 줄 수 있는 쪽으로 급속하게 집중되며, 또 구조를 재편한다. 이른바 자본의 집적 속도를 빠르게 할 수 있는 실력자 위주로 재구조화 된다. 자본(돈)의 속성이 그러하기 때문이다. 자본에 대한 능력, 자본력이 중요함을 의미한다.

건축가에게는 투자된 비용만큼 혹은 그 이상의 성과를 낼 수 있는 능력과 비용에 대한 관리, 계획 능력이 필요하다. 자금력이 부족한 건축가는 일의 진행이나 속도가 느리고 추진력이 약할 수밖에 없다. 그러므로 자금을 컨트롤하는 능력이 무엇보다 중요하다. 그래야 좋은 건축을 할 수 있다. 건축가는 자본의 규모에 적합한 기획력을 발휘할 수 있어야 한다.

안토니오 가우디, 성가족 성당(Sagrada Familia, 1882년~), 시대를 초월하는 위대한 건축물

얼마나 좋은 건축가이냐는 그 사람의 학력이나 경력이 아니라, 건축에 대한 생각과 태도, 역량, 성실성에 달려 있다. 가장 중요한 것은 더 나은 건축에 대한 비전을 세우고 이것을 실현하려는 진정한 욕망을 갖는 것이며, 지속적으로 노력하는 것이다. 이런 사람이 좋은 건축가이다.

자유의지와 품질 확보

좋은 건축가에게는 자유의지(free will)가 있다. 건축의 품질로 승부하며 자기가 세운 기준에 도달하기 위해 노력한다. 세속적인 기준에 자신을 가두지 않는다. 건축가에게 필요한 것은 '자유의지'이다. 자유의지는 자신이 자기 삶의 주인임을 인식하면서 원하는 삶을 스스로 설계하고, 그 삶을 자신이 옳다고 생각하는 방식으로 밀고나가는 정신적 태도와 능력을 말한다. 자기가 생각하는 성과와 품질이 나오지 않으면 노력을 중단하지 않는 건축가의 정신이기도 하다.

전시 전문업체인 시공테크의 박기석 회장은 좋은 건축가, 특별한 경영자라고 일컬어진다. 우리 주변에서 쉽게 찾아볼 수 없는 사람이다. 박 회장은 "작은 손해를 스스로 감수해보니 새로운 가치, 예기치 못한 보상이 찾아오는 것을 알았다."고 한다. 손해 보기를 통해 새로운 가치를 찾는 특별한 건축가의 모습이다. 그는 건축주가 만족해도 자신이 최선을 다하지 못한 부분이 있다면 더 좋은 품질을 만들기 위해 재시공한다. 보통사람들은 선뜻 이해하기 어렵지만, 그에게는 오직 품질이 우선한다. 품질에 있어서는 자기의 기준을 넘지 않으면 건축이 끝나지 않는다. 최고의 품질을 추구하며 때로는 손해도 감수한다. 건축가의 고집은 품질과 고객만족의 가치를 다시 생각하게 하며 이처럼 좋은 건축가는 자기만족과 건축의 품질로 승부한다.

전시관 質은 우리 자존심… 건축주가 만족해도 부수고 再공사

시청에 부탁해 홍보관 열쇠를 건네받았다. 설레는 마음으로 홍보관에 들어섰다. 하지만 내부를 둘러보고 난 뒤 내 표정은 딱딱하게 굳고 말았다. 작품이 마음에 들지 않았다. 전시관 곳곳도 마무리가 매끄럽지 못했다. 내 표정을 지켜본 상무는 "예산이 부족해 어쩔 수 없었다."고 했지만 그건 무의미한 얘기였다. 이미 시청의 준공 승인까지 났지만 도저히 자존심이 허락하지 않았다. 개관을 불과 2주 앞둔 시점이라 머리가 복잡했다. 한 시간 가량 홍보관에서 고민하다 말했다. "모든 간부를 홍보관으로 집합시켜라." 긴장한 표정으로 모인 간부들에게 물었다. "내가 지금 이 홍보관을 거의 다 부수려고 하는데, 2주 만에 다시 만들어낼 수 있겠는가." 직원들의 얼굴이 일제히 굳었다. 나는 그들을 데리고 홍보관 구석구석을 돌며 이유를 하나하나 설명했다. 바로 그날 저녁부터 물 홍보관을 '부수는' 공사가 시작됐다. 직원들도 모두 철야 작업에 돌입했다.

(중간생략)

그날부터 꼬박 2주간을 현장에서 진두지휘했다. 개관식 시간은 오전 11시. 2주간의 철야 작업은 결국 당일 오전 9시가 돼서야 기적처럼 끝이 났다. 나는 직원들에게 말했다. "우리는 프로다. 남들이 '30' 한다고 우리가 '40'에 만족해선 안 된다. 90~100엔 항상 도달해야 한다. 앞으로도 우리 기준을 넘지 못하면 항상 지금처럼 모두 부수고 공사를 다시 한다." 누구 하나 불평하는 사람 없이, 분위기는 숙연했다. 이 일로 회사는 당시 5억원 가량 손해를 봤다. 하지만 나는 그것이 훗날 100억원, 1000억원 이상의 가치를 할 거라고 생각했다. 나는 "자신의 아이디어가 대중의 공감(共感)을 얻지 못하고, 우리의 자존심에 부합하지 않으면 회사가 손해를 보더라도 절대 그냥 넘어가지 않는다."는 원칙을 세웠다. 시공테크의 문화는 작은 '손해 보기'에서 시작됐다. 이윤을 추구하는 기업인으로서 손해를 자초(自招)하는 것은 쉽지 않은 일이다. 하지만 손해가 그저 손해가 아니라는 것을 나는 지난 경험을 통해 잘 알고 있다. 그런 과정에서 다른 가치를 찾았고 또 예기치 않은 다양한 보상도 있었다. 나는 앞으로도 인생에서 여러 번 기꺼

이 손해를 자초할 것이다.

- 조선일보, 2014. 8. 27

건축가라면 박 회장의 경영 방식에 동의할 수 있을까? 물론 오너가 결정하면 재시공은 가능하지만 쉽지 않은 결단이다. 손해 보는 것은 작은 것일 수 있다. 작은 손해, 결국 품질을 위한 비용을 더 사용하는 것인데 그것은 결과적으로 손실이 아니다. 조금은 손해를 보는 듯해도 불편한 길을 선택하는 것이 후회가 적다. 또 작은 손해는 큰 성과를 가져올 수 있는 씨앗이 된다. 비용적으로 손해일지 모르지만 건축주나 사용자에게 보이는 품질에 대한 의지는 성과이며 이익이다. 보이지 않는 진실이나 정성은 품질에 대한 만족, 고객만족으로 이어지고 작은 손실은 큰 보상으로 되돌아온다. 건축가는 건축의 품질과 고객의 신뢰를 통해 기업의 미래와 비전, 더 큰 건축을 기대할 수 있다. 품질에 대한 완성도는 새로운 결과로 나타난다.

건축주의 노력과 약속

건축의 운명은 건축주에 의해 좌우된다 해도 과언이 아니다. 집을 짓기 위해서는 건축주의 성실한 준비와 계획이 필요하다. 좋은 건축주의 필요조건이다. 건축주는 건축과 자재, 공정, 내역 등에 대해 공부해야 한다. 물론 공부한다고 해서 모든 것을 알 수는 없지만, 아는 만큼 건축이 보이고 보이는 만큼 만족을 얻을 수 있다. 전문가가 해야 할 일이라 생각할지 모르지만 건축주가 건축에 대한 지식이 많다면 더 좋은 건축을 할 수 있다. 좋은 건축을 위해서 건축주는 본인이 원하는 스타일과 요구 사항, 구체적인 조건을 분명히 밝히고, 건축과 자재에 대한 지식을 바탕으로 건축가와 적극적으로 소통해야 한다.

건축주는 시공자가 지은 집 다섯 곳 정도는 보는 것이 바람직하다. 그리고 건물의 하자는 없는지, 하자 보수는 제대로 이행되었는지, 또 시공자와 건축주의 관계는 어떤지, 공사는 예정 공사 기간 내에 마쳤는지, 건축주가 시공자를 어떻게 평가하는지 등 건축 과정과 결과, 시공자에 대한 정보를 수집해야 한다. 이와 같은 사항을 확인한 다음 시공자를 만나는 것이 좋다.

건축주는 시공자를 선정할 때 시공자(건설사)에 대한 조사, 평가, 확인, 합의의 과정을 거쳐야 한다. 건축가의 경험, 자본, 약속 이행, 관리 능력을 확인하는 것이 필수적이다. 시공자에 대한 능력 파악은 공사 실적과 함께 제시되는 각종 자료를 통해 기술력, 미적 감각, 경험의 차이를 판단할 수 있다. 특히 견적(내역) 작성 능력을 보면 시공자의 공사 수행 능력을 판단하기 쉽다. 견적의 내용과 질, 정확도가 중요한 탓이다.

좋은 시공자의 견적 내용은 투명하다. 견적서에는 시공에 투입되는 재료와 비용, 자기의 이익이 분명하게 나타난다. 특히 수량을 표기할 때, '1식'이라는 표현을 사용하지 않는다. 재료의 물량과 투입되는 노무비를 정확히 한다. 시공 중에 변경 부분이 발생해도 그 내용을 건축주에게 인지시키고 비용 정산도 정확히 한다. 건축주가 모를 것이라고 속이지 않는다. 좋은 방향으로의 변경도 주저하지 않으며 합리적인 방법을 제시한다.

건축주가 한 결정과 선택을 후회하지 않으려면 직접 확인하고 판단해야 한다. 많은 고민과 노력을 통해 건축가를 선정했다면 끝까지 믿고 맡기는 것이 바람직하다. 건축가를 신뢰해야 한다. 신뢰하지 않으면 건축 과정이 어렵고 힘들다. 좋은 건축하기는 더욱 어렵다. 신뢰만큼 귀중한 것은 없으며 약속이 바탕이 된다. 한편 건축주도 건축가와 한 약속, 건축에 대한 약속을 지켜야 한다. 좋은 건축은 좋은 건축주와 함께 해야 가능하다.

건축가 선정의 딜레마

건축가는 타인의 집을 짓는다. 이로 인해 타인의 삶에 지대한 영향을 끼친다. 그러므로 건축가의 선정은 무엇보다 중요하다. 대부분 건축가는 설계자이다. 우리나라의 경우 건축사 면허를 소지한 사람, 설계하는 사람을 주로 건축가라 부른다. 시공자를 건축가라 부르는 경우는 극히 드물다. 왜 시공자를 건축가라 하지 않을까? 건축을 만드는 데 있어 설계자만큼 큰 비중을 차지하지 못하기 때문인가? 그것은 시공자에게서 원인을 찾을 수 있다.

건축물을 만들고자 하면 보통은 건축가나 건설회사라는 '프로'에 의존해야만 한다. 주로 지인에게 추천받거나 소개받는다. 건축주는 시공자를 선정한다. 물론 건축주가 직접 시행하는 형태로 진행할 수도 있지만 대부분의 경우 전문 시공자를 선정하여 설계된 내용을 의뢰한다. 집짓기를 위해 인생 최대의 투자와 지출을 감행하는 건축주는 실력 있는 건축가를 고르느라 고민과 번뇌에 빠지게 된다.

우리 사회에는 좋은 건축가가 많지만 불행하게도 건축주가 항상 좋은 건축가를 만날 수는 없다. 좋은 건축가를 만나는 행운은 쉽게 찾아오지 않는다. 실제 집을 짓는데 건축가를 선정하는 것이 건축주에게 가장 큰 걱정거리이다. 어렵고도 중요한 결정이다. 좋은 건축가를 만나면 다행이지만 그렇지 못하면 집짓는 일이 잘못될 수 있다. 주변에서 흔히 "집을 짓다가 화병까지 얻었다."라는 말을 듣는다. 집짓기의 어려움을 단적으로 대변하는 말로서 이런 경우는 좋은 건축가를 만나지 못한 까닭이다. 불행한 일이 아닐 수 없다.

건축가 선정의 어려움

평생의 꿈을 실현하기 위해 집이나 작은 건물을 짓는 사람들은 다른 하소연을 한다. 제대로 된 건축가를 만나기가 무척이나 어렵다는 것이다. 집을 짓겠다고 마음먹는 순간 전문가를 만나기가 무척이나 어렵다는 것이다. 집을 짓겠다고 마음먹는 순간 전문가를 자처하는 수많은 사람들을 만나게 되는데 그 순간부터 길을 잃는다는 것이다. 지인의 사촌의 팔촌쯤 되는 전문가를 소개받아 만나는데, 대개 완공될 때까지 마음고생을 심하게 겪는다. 평생의 꿈은 악몽이 되고 다시는 건물을 짓는 따위의 일은 하지 않겠노라고 결심하게 된다고 한다.

- 이경훈, 《못된 건축》

건축은 공학이 아니라 인문학일 수 있다. 공학이 바탕이며 인문학적 성격을 지닌다는 뜻이다. 사람들은 더 많이 행복해지기 위해 집을 짓는 데 과정이 불행하다면 정말 슬픈 일이다. 건축주는 자신의 꿈과 행복, 더 나은 삶을 위해 집을 짓는다. 좋은 집을 짓는 행운을 잡기 위해서는 건축주의 노력이 필요하며 좋은 건축주를 만나야 집짓기의 스트레스에서 벗어날 수 있다.

어떻게 하면 좋은 설계자, 좋은 시공자, 믿을 수 있는 건축가를 만날 수 있을까? '좋다'라는 것은 지극히 주관적인 기준인데다 똑같은 업체(시공자)라도 건축주의 성향에 따라 만족도가 다르다. 절대평가는 불가능하다. 그럼에도 많은 건축주들은 집짓기 초기 단계부터 누구에게 설계와 시공을 맡겨야 할지 수많은 선택지를 놓고 고민하게 된다. 좋은 건축가를 만날 수 있는 행운이 적은 탓이다.

좋은 설계자를 찾는 일은 쉽지 않지만 그렇다고 어려운 일도 아니다. 왜냐하면 좋은 설계를 해 줄 사람은 많기 때문이다. 설계자를 선정할 때 고집이 너무 강한 건축사는 피하는 것이 좋다. 건축사(설계자)의 집을 지으려는 게 아니라 내 집을 짓는 일이다. 자신의 라이프스타일과 현재 상황을 이해해주고 잘못된 점을 바로잡아주는 설계자가 좋다. 나에게 맞는 설계자를 만나야 한다.

시공자를 선정하는 것도 동일하다. 좋은 시공자는 시공에 대해 쉽게 친절히 설명하는 사람이다. 일반인에게는 건축이 어렵다. 설계도면이나 내역을 잘 이해하지 못하기 때문에 자세히 설명해 주어야 한다. 시공자는 정확한 견적으로 시공 과정과 내용을 이해시키고 자신의 이윤도 분명히 밝혀야 한다. 건축주를 속이지 말아야 하고 숨김이 없어야 한다. 시공 과정을 투명하게 보여주어야 하고 처음의 약속을 지켜야 한다. 이런 사람이 좋은 시공자이다.

스타 건축가와 선입관

건축은 좋은 사회를 물리적으로 구현하는 사회적 활동이다. 따라서 건축가가 제대로 존중받는 것은 성숙한 사회의 중요 요건이다. 우리나라에서는 국제적인 건축물의 설계는 외국 건축가에게 맡기는 경향이 유행처럼 번지고 있다. 심지어 국제설계공모에서 우리나라의 건축가는 아예 배제되기도 하고 형식적인 들러리 역할에 그치기도 한다. 일례로 서울 용산 프로젝트 설계에 한국 건축가는 한 명도 참여하지 못했다. 현재 우리 건축계에서 이루어지고 있는 행태이다. 그 이유는 무엇일까? 한국 건축물 설계에 국내 건축가가 배제되어야 하는 이유는 무엇인가? 국내 건축가와 외국 건축가의 실력이 그 정도로 심각하게 차이 나는가?

이런 공모 방식이 과연 공정하고 바람직한 것인가? 외국 건축가의 설계가 역사적으로 중요한 맥락이 있는 장소의 도시 지형을 그려낼 수 있을까? 우리에게 정말 필요한 것은 '세계적인', '누구'의 건축물이라는 화려한 포장이 아니라, 우리의 삶을 종합적으로 고려한 디자인과 기능 중심이 더 중요하다. 가장 한국적인 것이 가장 세계적이라는 사실이 우리 시대에 진실로 실사구시(實事求是)적인 화두이자 결론이다. 누가 설계하는가는 중요하지 않다. 그보다는 최종적인 건축물의 디자인과 품질, 그리고 건축을 사용할 사람들이 더욱 더 중요하다.

대표적인 사례는 DDP(동대문디자인플라자) 관련 논란에서 찾아볼 수 있다. 문학평론가 함돈균은 자하 하디드의 옛 동대문운동장인 DDP 건물이 국제 공모전에서 당선되는 과정을 지켜보면서 서울 시민으로 적잖은 모욕감을 느꼈다고 한다. 하디드는 이 건물을 설계하는 과정에서 동대문 지역은 물론이고 한국을 단 한 번도 방문한 적이 없다. 공공의 집을 지으면서 보여준 건축가의 이러한 태도는 그 집에 사는 사람들에 대한 예의가 아니다.

건축가가 '집'을 지었다기보다는 그 집을 사용할 사람들의 삶의 맥락과는 아무런 관련이 없는, 그저 멋있기만 한 '조각품(오브제)'을 만들었다고 하는 것이 DDP에 대한 정확한 표현일 것이다. 건축물 자체에 대한 평가는 평가자의 시각에 따라 좋고 나쁨이 있을 수 있다. 하지만 현행과 같은 설계공모

자하 하디드, 동대문디자인플라자(2015년), 우주선 모양의 비선형적인 건축

방식은 반드시 제고되어야 한다. 외국의 스타 건축가에게 설계를 맡기는 것이 걸작을 탄생시키는 공식이라는 인식은 바꾸어야 한다. 구마 겐고의 충고는 스타 건축가에게 의존하는 우리의 방식을 되돌아보게 한다.

스타 건축가 선정

우리 사회에는 스타 건축가도 있다. 이들은 좋은 건축가일까? 건축가를 단순한 브랜드로만 보는 사람들이 종종 이런 형태로 일을 주문한다. 그리고 그에 응해 몇 장의 도면과 완성 예상도만 보내고 그 다음은 "안녕!" 하는 건축가도 실제로 있다. 일본 개발업자 역시 종종 이런 형태로 해외의 유명(혹은 유명했던) 건축가에게 일을 요청한다. 요청을 받은 건축가는 모르는 장소에서 모르는 상대와 일하는 위험을 회피하기 위해 과거 자신의 작품을 오려낸 스케치를 보내고, 그 대신 수표를 받고, 그것으로 끝이다. 나중에는 기껏해야 준공식에 아내를 데리고 가서 복사해 가져다 붙인 자기 작품 앞에서 희희낙락할 뿐이다. 건축가가 브랜드의 일종이라고 여겨지던 1980년대라면 이런 방식이 아직 통용됐을지도 모른다. 그러나 1990년대 중반부터는 이런 방식이 통하지 않는다.

– 구마 겐고, 《나, 건축가 구마 겐고》

스타 건축가의 브랜드 가치는 여전히 높다. 그러나 그들의 네임 밸류(name vlaue)가 작품성이나 설계의 우수성에 비례하는 것은 아니다. 건축은 그 건축물이 지어지는 장소, 사용하는 사람을 고려한 인간 중심의 개념이 더 중요하다. 외국의 스타 건축가가 더 좋은 건축물을 설계할 것이라는 막연한 기대와 선입견은 거듭 논의해야 할 문제다. 국제설계공모에서 국내 건축가를 배제하는 것은 분명히 우리나라 건축가를 무시하는 태도이다. 우리의 건축설계 수준과 실력을 타당한 근거 없이 과소평가하고 비하하는 편견이다. 우리 건축의 미래를 위해 결코 바람직한 현상이라 할 수 없다.

한편, 건축주의 눈높이가 높아진 만큼 우리나라 건축가들이 외국 건축가와 경쟁할 수 있으려면 건축가 스스로의 노력이 선행되어야 한다. 여기에 국가적인 차원의 지원과 배려가 뒷받침될 때, 세계적인 건축가이든 스타 건축가이든 실력 있는 건축가가 나올 수 있다. 세계적인 건축물을 세워보겠다고 외국의 스타 건축가에게 의존하기보다 젊고 유망한 우리 건축가를 세계적인 건축가로 키우려는 건축가 육성 프로젝트와 체계적인 정책이 필요하다. 이에 앞서 국제적인 건축설계공모에 우리 땅의 인재들이 공평하게 경쟁할 수 있도록 최소한의 기회라도 주어져야 한다. 그래야 공정한 사회가 아니겠는가? 건축계가 할 일이다.

선택받는 시공자의 자격

건축은 인간의 사고와 건설의 산물이다. 건설을 담당하는 사람이 시공자이며 건축주에게는 좋은 시공자가 필요하다. 그렇다면 좋은 시공자(건설사)의 조건은 무엇일까? 우선은 건설사의 인적자원, 즉 실력 있는 현장소장이나 기술자를 얼마나 보유하고 있는지가 중요하다. 그 다음이 시공사의 시스템과 자금력이다. 뛰어난 현장소장이 한두 명 있는 것만으로는 부족하다. 왜냐하면 그 소장이 반드시 나의 집을 지어준다는 보장이 없기 때문이다. 좋은 현장소장의 조건은 형식적인 연륜보다는 경험이 풍부하고 정직하여 건축주를 속이지 않는 사람이다. 정직한 사람이 좋은 건축을 한다.

좋은 시공사의 조건 중 하나는 오너(사장)의 실력과 가치관이다. 건축의 성패는 오너의 마인드에 달려 있다. 사장이 품질, 품질관리를 중요하게 생각하는 회사가 좋은 기업이다. 앞서 언급한 시공테크 박석기 회장처럼 이익보다 품질을 중시하며 품질을 관리할 수 있느냐? 비용을 더 들여서라도 결점이나 하자가 없는 좋은 품질의 건축물을 만들 수 있느냐 하는 것이다.

또 좋은 시공사일수록 현장 감리 체계가 확실하다. 현장에서는 온갖 불법과 편법을 이용해 다양한 형태로 뒷돈을 챙길 수 있는 여지가 있다. 그렇기 때문에 시공사가 자체적으로 이를 방지하는 시스템을 갖추고 있는지도 반드시 확인해봐야 한다. 이렇게 보면 회사의 시스템, 조직이 시공사 선정의 중요한 선택기준이 된다.

어떤 측면에서 자본은 '수많은 가능성'을 뜻한다. 좋은 시공자, 시공사의 조건은 자금력이다. 자금력이 없다면 기초부터 튼튼한 건축물의 완성뿐만 아니라 추후 하자보수(after service)도 보장받을 수 없다. 자금력이 있어야만 모든 건축 행위가 원활하며 조직도 활성화시킬 수 있다. 하지만 자금력이 부족하면 건축(시공)에 집중하기 어렵다. 건축주에게도 스트레스와 부담을 준다. 시공자의 자금 계획이 잘 못되면 원활한 시공이 되지 못하며 실패한 건축이 생산될 수 있다. 건축에서 자본, 자금은 윤활유와 같다. 집을 짓다 부도가 나면 많은 사람들에게 위해를 끼친다. 실제로 부실한 시공업체가 많아 직접적인 피해를 본 건축주나 수요자가 한둘이 아니다. 큰 피해를 본 뒤 무조건 큰 시공사만을 찾는 경우도 많다. 이런 피해의 당사자가 되지 않으려면 최저가를 무기로 그저 싸게만 지어준다는 업체나 시공자의 말은 철저하게 의심해볼 필요가 있다. '싼 게 비지떡'이란 말은 어쩌면 건축계에 딱 들어맞는 말인지 모른다.

건축가에 대한 선정 기준이 가격, 공사비가 되어서는 안 된다. 집과 건축물은 싼 게 좋은 것이 아니라 적정 비용으로 지어져야 한다. 이런 의미에서 자금력을 갖춘 시공자를 찾는 것이 현명하며 자금력이 있는 업체를 선택하는 것이 불상사를 미연에 방지하는 길이다. 집을 짓는 데 있어 자재와 인건비가 차지하는 비율은 60% 이상이다. 기업, 시공사의 이윤을 포기하고 나에게만 싼 값에 집을 지어줄 수 있는 업체는 세상 어디에도 없다. 시공자(건설사)는 적정한 자기의 이윤을 추구한다. 그것이 기업의 생리이다. 시공자는 자기 이익을 분명히 제시해야 하고 건축주, 의뢰자도 시공자의 이익을 보장해 주어야 한다. 좋은 시공자는 일의 내용을 정확하고 친절하게 설명하는 사람, 상세하고 꼼꼼한 견적을 속임 없이 제시하는 사람이다.

"건축주는 누구인가?"

수요자로서 건축주

건축은 주체에 의해 시작된다. 건축 행위의 강력한 주체는 건축주이다. 행위의 주체가 누구인지가 중요하다. 건축주는 소유자와 수요자, 기획자, 경영자, 이용자, 관리자의 기능을 합친 하나의 개념이다. 현대 사회에서 건축주의 역할과 기능은 시장체계에 의해 세분화되었다. 건축주는 소유권을 기준으로 소유자(owner), 고객(client), 건축물의 점유자로서 구매자(purchaser)로 구분된다. 건축법상 건축주는 소유자, 건축주, 발주자이며 여기서 건축주는 건축 행정에 있어 책임의 주체이다. 나아가 민간과 공공으로 구분되기도 한다.

우리가 흔히 건축주라고 부르면 그곳에서 살 사람이며 그 건축물의 주인이 된다. 그는 설계자에서 설계를 의뢰한다. 시공자에게 공사를 맡기게 되며 제반비용과 공사비 등 건축에 소요되는 비용을 지불한다. 건축의 필요는 건축주로부터 나오며 건축의 수요자는 건축주이다. 건축주는 수요의 주체가 된다.

또한 건축주는 건축의 소유자이자 소비자이다. 개인이나 단체(조직)일 수 있으며 기업과 정부, 공동단체도 건축주가 될 수 있다. 건축에 대한 수요가 다양한 것처럼 건축주의 속성과 개성도 다양하다. 건축적 수요는 건축주의 특성이나 조건, 취향에 따라 결정된다. 건축은 건축주에 의해 좌우되는 숙명을 가진다. 건축주는 건축의 주인공이다.

한편, 건축주는 자본을 투자하여 건축을 시행하는 시공주이며 의뢰자
기도 하다. 즉, 건축주는 자본을 가진 존재이다. 건축주에게서 건축에 대
한 필요가 생겨나며 그 필요가 건축행위를 유도한다. 건축주는 건축이라
는 수요를 창출하는 동기유발자이다. 이러한 건축주는 건축에 대한 결정
권을 갖는다. 일반적으로 건축주는 비전문가이지만 그의 사고방식이나 지
식, 안목, 능력, 경력이 건축의 질을 상당부분 좌우한다. 건축의 수준은 건
축주의 수준과 관계된다.

건축가 이재인은 건축주를 '건축적 가치를 필요로 하는 개인 또는 단체
이며, 건축 비용을 지불하고 건축물을 제공받는 클라이언트(client)로서의 소
비자'로 뜻매김하였다. 만약 어느 건축가가 자신의 집을 설계하고 건설비용
을 내고 그곳에 직접 산다면 가장 이상적일 것이다. 드문 일이지만 건축가
자신이 건축주인 경우이다.

건축의 동기는 건축주로부터 나오며 건축의 수요를 이끈다. 건축은 사회
속에서 생성되며 필요나 목적을 갖는다. 건축주는 좋은 건축을 하기 위한
아주 특별한 존재이다. 좋은 건축주가 좋은 건축을 만든다. 비용을 지원하
는 건축주와 집을 짓는 건축가는 각자 나름의 역할이 중요하다. 좋은 건축
은 좋은 건축주, 설계자, 시공자 공동의 것이다.

후원자로서 건축주

건축주는 건축가의 후원자가 될 수 있다. 유명 건축가나 예술가에게는 후
원자(patron)가 있었다. 예술 활동에는 돈이 많이 들기 때문에 후원자가 필
요하다. 건축 분야도 후원자가 건축가를 믿고 지원하는 관계를 유지하고
있다. 후원자는 주로 자본이나 권력을 가진 사람이다. 이와 같은 것이 서양

이나 일본에서는 옛날부터 사회적 제도로 자리 잡았다. 예를 들면, 르네상스 시대의 천재 건축가 미켈란젤로 부오나로티(Michelangelo Buonarroti)를 키워 낸 것은 메디치 가문(Medici family)이었다. 근대의 천재 안토니오 가우디에게 바르셀로나 풍광을 빛게 한 것은 방적공장 주인이던 유세비오 구엘 백작(Conde Eusebio de Guell)이었다. 거장 르 꼬르뷔지에의 새로운 도시 제안 유니테 다비타시옹이 실현된 것은 문화부장관이던 앙드레 말로(Andre-Georges Malraux)의 노력이 있어서 가능했다. 빛의 향연을 선사하는 롱샹 성당, 20세기 최고의 건축으로 꼽히는 라투레트 수도원은 마리알랭 쿠튀리에 신부라는 건축주가 있었기에 세상에 존재하는 것이다. 그들이 아니었다면 롱샹도, 라투레트도 없었다.

안도 다다오에게는 오사카(大阪), 고베(神戸) 지역의 기업인 산토리의 사지 씨, 산요전기의 이우에 씨, 교세라의 이나모리 씨와 그 외 많은 후원자들이 있었다. 안도는 솔직히 후원자의 도움으로 오늘의 자신이 있을 수 있다고 말했다. 후원자들이 건축가로서 자신을 탄생시킨 산파라는 것을 인정하였다. 이나모리 씨는 자신의 모교 가고시마 대학(鹿児島大學)에 이나모리 회관(稲盛會館)을 건축하여 기증할 기회를 주었다. 이우에 씨는 아와지섬(淡路島)에 있는 혼푸쿠시(本福寺)의 불당(물의 질) 설계자로 안도를 추천해 주었다. 사지 씨는 오사카시 미나미에 있는 항구 덴보잔(天保山) 대지에 산토리 뮤지엄(Santori museum)을 지을 수 있게 해주었다.

그는 오사카가 키운 건축가이며 지역의 기업인들이 그를 세계적인 건축가로 키워냈다고 해도 지나치지 않다. 안도의 후원자들은 실적이나 경력이 아니라, 다만 사상에 공감할 만한 바가 있다는 이유로 그를 신뢰하고 큰 작업을 맡겨주었다. 좋은 건축주가 좋은 건축물을 만든다는 말은 이런 측면에서 근거 있는 이야기이다.

좋은 건축은 좋은 건축주로 인해 가능하다. 좋은 집을 짓기 위해선 좋은

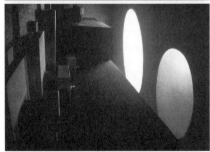

르 꼬르뷔지에, 롱샹 성당(1955년), 빛과 감동으로 새로운 역사가 된 종교 건축

르 꼬르뷔지에, 라투레트 수도원(1959년), 자연과 빛, 인간이 교감하는 건축

안도 다다오, 이나모리 회관(2000년), 거대 계란의 형태로 탄생된 메인 홀

안도 다다오, 산토리 뮤지엄(2000년),
금욕적인 형태와 공간 구성의 건축

안도 다다오, 물의 절(1991년),
불당이 물 아래에 있는 절

건축주와 설계자, 시공자가 모두 자신의 일에 충실해야 한다. 하지만 무엇보다도 중요한 것은 집을 지으려고 하는 사람, 그 집에서 삶을 이어갈 건축주이다. 좋은 수요자(소비자)와 건축주를 외면한 건축은 진정한 건축이라 할 수 없다. 그래서 좋은 건축주가 좋은 집을 만든다고 한다. 건축사진가 후타가와 유키오(二川幸夫)는 "좋은 건축이 가능할 수 있었던 이유의 절반은 건축주의 힘이다."라고 하였다. 다양한 분야의 경험을 쌓아온 건축주는 편리하고 좋은 집을 짓는 데 있어 건축가와 같이 핵심적인 역할을 한다.

건축가는 건축주의 협조와 도움, 예산 지원을 받아 건축을 한다. 건축가가 건축의 생산수단을 소유하지 못하는 현실은 건축가들이 껴안고 살아야 할 굴레다. 그러한 까닭에 좋은 건축은 건축가의 훌륭한 설계와 시공만으로는 만들어질 수 없다. 건축주의 충분한 지원과 두터운 신뢰가 뒷받침되어야 한다. 건축주의 가치관과 의식, 건축에 대한 생각이 건축가의 설계나 시공만큼이나 중요하다. 그러므로 좋은 건축은 건축주로부터 시작된다고 확신할 수 있다.

건축가에 대한 신뢰

건축가는 건축의 생산자이며 건축주는 소비자이다. 건축주는 꼭 필요한 존재이지만 어떤 의미에서는 건축가에게 가장 높은 걸림돌이 되기도 한다. 이러한 양면성이 바로 자금을 대는 출자자, 건축주라는 존재의 정체성이다. 건축 현장에서는 건축가의 창의성과 건축주의 몰이해가 충돌하는 경우가 많다. 건축물의 주인이 되는 건축주는 건축가가 자기의 이익에 봉사해 주기를 기대하며 그것을 최우선적인 일로 여긴다. 하지만 건축가의 생각과 입장은 다를 수밖에 없다.

집짓기, 건축에 가장 필요한 해답은 건축주 자신이 가지고 있을지 모른다. 킴벨 미술관의 리처드 파르고 브라운(Richard Fargo Brown) 관장이 그런 사람이다. 브라운은 건축가 루이스 칸(Louis Kahn)과 성공적인 협동을 이루어 좋은 건축을 만들었다. 킴벨 미술관의 본질을 먼저 제시한 사람은 브라운 관장이다. 그는 건축물 자체가 예술품이며, 소장 작품이 미술관에 부합되고, 관람자가 산만하지 않게 오브제를 감상하며 몰두하게 하는 미술관을 만들어 줄 것을 건축가에게 부탁하였다. 이로 인해 킴벨 미술관이라는 또 하나의 걸작이 탄생한 것이다. 이처럼 건축주는 건축에 대한 요구를 명확히 하고 자신의 생각을 분명히 밝히는 자세가 중요하다.

건축주와 건축가의 협력은 필수적이다. 좋은 건축을 하기 위해서이다. 건축주와 건축가라는 낡고 개인적이고 비상식적인 관계에 종지부를 찍고, 좋은 건축과 건축의 사회적 목적이라는 공통의 비전을 가지고 좀 더 협력적이고 친밀한 관계를 지향해야 한다. 건축주가 선택한 건축가라면 먼저 인정해 주고 믿어야 한다. 건축주와 건축가의 신뢰 관계가 확립되지 않으면 건축이 성립되지 않는다. 신뢰를 갖기 위해서는 서로가 다 같이 노력해야 한다.

건축주가 신뢰를 보여준다면 건축가는 그의 이득과 건축의 목표, 좋은 건축을 실현하기 위해 최선을 다할 것이다. 건축가는 소비자인 건축주에게 얼마 만큼의 실익과 편의를 제공할 수 있는지가 중요하다. 건축의 핵심 중 하나이다. 여기서 이익은 경제적인 것, 물질적인 것뿐만 아니라 정신적인 것까지 포함한다. 건축가는 보장해 줄 수 있는 품질, 상대적인 이득을 제시해야 한다. 건축주의 가치 속에 건축가의 가치를 정확하게 자리 잡게 하고 건축주의 이익을 약속할 수 있어야 한다. 건축가의 당연한 의무이다.

네덜란드의 세계적인 건축가 렘 콜하스(Rem Koolhaas)는 "건축의 주도권은 건축가가 아니라 건축주에게 있다. 건축가는 질문에 답을 하는 사람이

루이스 칸, 킴벨 미술관(1966년), 물과 빛과 공간이 일체된 건축

며, 기존의 여러 가지 힘들에 자신을 맞추어야 한다."고 했다. 건축은 건축가 혼자 하는 것이 아니라 건축주, 사용자와 함께하는 일이다. 건축과 관련된 사람들이 협조하고 공생하지 않으면 결코 좋은 건축은 있을 수 없다.

건축가의 관점에서 말하자면, 건축가가 기본적으로 상생할 마음을 가졌다면 건축주도 무리한 요구나 악의적인 행동을 하지 않는다. 좋은 건축을 한다면 건축주와 건축가는 오랫동안 어울리게 된다. 생각을 공유하고 미래의 일에 대해 의논한다. 제대로 된 하나의 건축물이 만들어지기 위해서는 건축주와 건축가가 뜻을 함께 해야 한다. 좋은 건축을 위한 필수 조건 중 하나이다. 건축주는 건축, 건축가에 대해 마음을 열고 폭넓은 이해자가 되어야 한다.

"사용자는 누구인가?"

세 번째 주인공

건축의 세 번째 주인공은 사용자이다. 사용자는 건축주와 그의 가족, 일반 대중, 시민이다. 건축과 '삶의 행복' 사이에 흥미로운 심리적 상관관계가 존재한다. 전자가 후자의 조건인 것일까? 보통 사람들은 최신식 자동차보다 푸른 초원 위의 집 한 채를 더 선호한다. 꼭 초원 위의 집이 아니더라도 가족과 함께 하는 집이라면 고된 일과 온갖 불편함까지 참아낼 준비가 되어 있다. 집이란 물질로 구현된 삶의 행복이다. 그러므로 집을 짓는 이유는 더 행복해지기 위한 것이다.

건축의 성향에 따라 건축주가 설계와 시공 의뢰, 공사비 부담 등 제반 역할을 하면서도 그 건물에 살지 않는 경우가 있다. 특히 공공건축이 그러하다. 즉, 건축주와 실제 사용자가 다른 경우이다. 이와 같은 경우 건축주는 발주자로서 사용자의 역할을 대행하거나, 건축주의 영리나 사회 공동체적 이익을 위한 개발주체가 된다. 어떤 형식의 구성을 가지든 궁극적인 건축주는 실사용자이다. 따라서 사용자에 의해 그 건축의 성패가 좌우된다.

건축가가 만들어놓은 건물에 거주하는 사람이 사용자이다. 건축은 단순히 비와 추위를 막아주는 기본적인 기능을 넘어 행복을 증진시키기도 한다. 실제적으로 거주자, 사용자의 삶에 관여하는 존재이다. 안 먹고 안 입고 살 수 없듯이 집 없이는 살 수 없기 때문에 가장 기본적인 현실인 동시에 가장 절실한 현실이다. 더불어 생활수준이 높아짐에 따라 집을 통해

얻고자 하는 가치는 다양하고 복잡하게 진화하고 있다. 그 만큼 집은 인
간의 삶과 현대인의 생활에 있어 중요한 요소이다. 건축은 사람의 삶을 위
해 존재한다.

건축을 사회봉사라는 관점에서 바라본 미국의 건축가 케빈 로쉬(Kevin
Roche)는 설계 과정의 출발점이 '사용자와 보는 사람'이라고 강조하였다. 건
축의 또 다른 주체는 이용하는 사람이며, 건축설계의 주 타깃은 사용자이
다. 건축은 인간을 위한 것이기에 사용하는 사람, 사용자의 것이다. 그러므
로 건축물을 만드는 측과 그곳에서 생활하는 측이 진심으로 하나가 되어
야 한다. 즉, 건축가와 사용하는 사람의 마음이 일체(一體)가 되어 충분한
이해와 심리적 교감이 이루어져야 한다.

건물을 짓는 건축가가 받는 가장 큰 보상은 봉사할 기회라는 것이다. 건
축가는 전문가로서 기능적인 측면과 기술적인 측면, 생산적인 측면과 경제

강준규, 남기양 회장 주택(2003년), 초원 속의 그림 같은 집

적인 측면에서 우리 사회에 봉사해야 한다. 건축은 하나의 직업일 뿐만 아니라 사명이다. 직업으로서만 건축이 강조될 때 진정한 건축은 없다. 직업으로서의 의미보다 사회에 봉사하는 책임 있는 소명의식과 명분이 강조되어야 한다. 건축의 존재 가치에는 더 나은 인간의 삶을 위한 것, 정신적이며 물질적인 풍요, 생활의 개선이 내재되어 있다. 건축가는 이와 같은 사실과 가치를 간과해서는 안 된다.

건축은 현실을 반영한다. 건축(집)이 볼 만하고 살 만한 것은 건축에 깊은 인간적 필요를 담아낼 때이다. 인간이 집을 짓지만 집은 인간을 만든다. 건축은 자기 자신과 세상을 대하는 방식을 그대로 보여주고 건축은 그 속에서 살아가는 우리의 세계관을 형성한다. 좋은 건축은 인간적 필요를 반영하며 중요한 것은 그 건물을 이용할 사람을 배려했는가 정신적인 가치를 실현했는가 정해진 약속을 지켰는가 여부이다.

최종 소비자

건축은 사용자가 만족할 때 더 큰 가치가 있다. 더 많은 사용자가 쉽게 이용하고 자주 찾을 수 있는 건축이어야 한다. 음악, 문학, 미술에 감동하듯이 건축물에 감동을 받는다면 건축가의 수고와 재능이 건축의 일부로 표현된 것으로 평가할 수 있다. 건축적으로 담아낸 것이다. 고객이 감동하고 만족하는 건축, 즉 사용자와 이용자가 편리한 건축이 좋은 건축이다. 건축은 사용자 만족의 가치가 우선하기 때문이다.

인류학자 에드워드 홀(Edward T. Hall)은 문화와 공간에 대한 정밀한 분석에서, 1960년대 포스트모더니즘의 물결 속에서 '어떤 건축이 좋은 건축인가?'라는 근본적인 의문을 제기하였다. 사용자의 시각에서 건축 공간을 이

해하고 사용자의 요구를 파악하여 건축을 완성한다는 새로운 패러다임이
태동한 것이다.

건축가는 건물을 설계하면서 이 건물이 누구를 위한 것인가를 고민한
다. 건축은 인간의 필요 충족을 위한 것이다. 사람은 자본의 소유 여부나
사회적 지위 고하에 의해 달리 규정되지 않을 뿐 아니라, 건축은 차별이나
소외에 기여해서는 안 된다. 건축을 통해 소통하고 평등의 가치를 살리는
것이 중요하다. 건축가는 건물 설계를 의뢰한 사람뿐 아니라 사용하는 모
든 이를 고려해야 한다. 건축의 목적이 건축주의 요구나 기능적인 문제에
매몰되거나 한정되어서는 안 된다.

건축은 사용자의 요구를 자연스럽게 포용해야 한다. 건축가의 이상이나
독단적인 아이디어를 실험하는 대상에 머물러서도 안 된다. 궤변적인 희롱
이나 유희의 대상은 더더욱 아니다. 건축은 진솔하고 창의적이면서도 절제
된 것이어야 한다. 특히 건축은 건축주만의 것이 아니다. 건물이 어떤 위치
에 건립되면 그것은 건축주의 것이지만, 그 부근을 지나며 그 건물은 보고
느끼는 수많은 대중의 것이기도 하다. 그래서 건축은 사회적 속성을 띤다.

건축물을 보고 좋다, 아름답다, 특이하다. 추하다와 같은 말을 하고 또
그렇게 인지하게 된다면, 신성불가침적인 소유의 의미는 희석된다고 보아
야 한다. 그러므로 건축물의 궁극적인 주인은 건축주나 건축가가 아니고,
그 건물을 사용하는 사람이며 건축의 최종 소비자는 일반 사용자이다. 건
축은 결국 건축주와 건축가를 위해 존재하는 것이 아니라 이용자, 대중을
위해서 존재한다.

인간은 이해되어야 하는 하나의 개체이다. 건축가는 집을 지을 때 거주
자를 이해하고 해석하기 위해 노력해야 한다. 건축이란 생활을 해석하는 것
이기 때문이다. 거주자에게 집은 반드시 그 자신을 위한 집이어야 한다. 건
축가는 그 집에서 생활하는 사람들의 성격을 분석하여 그 사람이 살 수 있

는 집을 지어야 한다. 이탈리아 건축가 지오 폰티(Gio Ponti)는 《건축예찬》이란 책에서 "건축은 인간이다.(L'architecture est l'homme)"라고 하였다. 그의 말처럼 건축은 원래 인간적인 것이다. 사용자를 위한 건축이 좋은 것이다.

세상을 바꾸는 힘

건축은 환경을 개선시키고 삶의 질을 향상시킬 수 있다. 사무엘 막비(Samuel Mockbee)는 가난한 사람들의 주거환경을 개선하는 것이 건축가의 윤리적 책임이라 하였다. 그는 "건축은 지역사회의 환경, 사회, 정치 그리고 윤리와 불가분의 관계에 있으며 건축으로 이 세상을 바꿀 수 있다."고 믿었다. 건축의 효과는 건축가가 직접 통제할 수 있는 범위를 넘어선 여타의 힘들에 비해 아주 부수적이다. 따라서 건축으로 세상을 바꾼다는 말이 뜻하는 바는, 건축이 그물망처럼 만들어진 사회 속에서 간접적으로 그리하려고 애쓴다는 것이다. 건축은 환경적 요소이므로 인간에게 보이지 않는 영향을 준다. 세상을 변화시킬 수 있다. 그것이 건축의 힘이다.

　프리츠커 상을 주관하는 하얏트 재단은 2016년 수상자로 칠레의 건축가 알레한드로 아라베나를 선정했다. 재단 측은 그가 "예술로서의 건축이라는 과제를 충족했을 뿐 아니라 오늘날의 사회, 경제적 도전에 정면으로 맞서는 자세를 보였다."고 평가했다. 구체적인 선정 이유는 건축가들이 사회적인 질문을 정면으로 마주하고 전략적인 건축으로 응답해야 한다는 메시지이다. 미적으로 뛰어난 초대형 건축보다는 사회운동으로서 실용성이 높은 건축을 추구하는 것이 더 의미 있다. 2014년에는 이재민을 위한 종이 건축을 고안한 일본의 건축가 반 시게루(坂茂)가 프리츠커 상을 받았다. 건축가의 사회적 실천이 중요하게 평가되는 것은 당연하다.

"실용적 건축 디자인, 가난한 삶을 바꿀 수 있다"

"삶의 최전선에서 우리가 싸워 이겨야 할 다양한 과제들이 있습니다. 주변 환경을 더 낫게 만들고, 그로써 사람들의 삶의 질을 향상시켜야 합니다." 칠레 건축가 알레한드로 아라베나(49)는 지난해 7월에 2016년 베니스 비엔날레 건축전 총감독으로 선정되고 나서 이렇게 말했다. (중간생략)

아라베나는 미적으로 뛰어난 초대형 건축보다 사회 운동으로서 실용성 높은 건축을 추구해 온 건축가다. 특히 남미의 공공 주거 문제에 대응하기 위해 노력했다. 대표작 '엘리멘탈 프로젝트'는 2004년 칠레 이키케시 중심부를 30년 동안 불법 점거한 빈민들을 위해 고안해낸 공공 주택 설계다. 아라베나는 도심지의 비싼 지가와 제한된 공적 자금을 고려해 '절반만 완성된' 집을 공급해 건축 비용을 절감하고, 나머지는 증축이 가능한 빈 영역으로 남겨뒀다. 거주지 지원 대상인 주민들은 값싼 집에 살면서 기존 공동체를 유지하고, 뒤에 삶의 여건이 나아지면 자신이 원하는 디자인으로 빈 공간에 집을 증축할 수 있다.

2016 베니스 비엔날레 한국관 예술감독인 김성홍 서울시립대 교수는 "아라베나가 고안한 절반만 짓는 집은 사회적인 문제를 인도주의로 접근

칠레 이키케시에 건설된 엘리멘탈 프로젝트 공공주택

하는 데 그치지 않고 건축 디자인을 통해 실질적 해법을 제시한 것"이라 말했다.

- 한국일보, 2016. 1. 14

하지만 지금까지의 건축은 누구를 위해 봉사했는가? 돈 많은 부자 혹은 자본가를 위해 봉사해 왔다. 건축가들은 소수의 부유층을 대상으로 한 작업에 몰두했다. 상대적으로 다수의 서민층에 대한 관심은 부족했으며 가난한 사람에게 가까이 다가가지 못했다. 이러한 역사적 흐름에 대한 반동으로 돈 없는 사람, 일반인도 평등하게 이용할 수 있는 공공건축이 중요해졌다. 서민에게 봉사하는 건축이 필요하다. 그렇지 않으면 건축가는 점점 본질적인 가치와 현재의 위치, 위상을 잃을지도 모른다. 건축계가 이미 과도한 봉사정신으로 재능기부를 하고 있다고 우려하는 이도 있지만, 서민과 소외계층에게 더 많은 관심과 그들을 위한 건축적 고려와 배려가 필요하다.

수많은 사람들이 하나의 사회를 이루고 산다. 사회는 복잡하다. 건축은 사회 속에서 이루어지며 사회에 큰 영향을 미치므로 약자의 편에서 다수를 고려해야 한다. 서민, 대중, 사용자를 위한 건축이 필요하며 사회적 약자를 위한 건축이 좋은 것이다. 서민을 위하고 서민에게 다가가서 그들의 삶을 보살펴 줄 수 있어야 한다.

건축이 진실로 현실을 꿰뚫는 것이 되려면 대중이라는 관객을 얻는 것만이 유일한 방법이다. 대중을 외면하고서 건축이 바로 설 수 없다. 건축은 사람들이 필요로 하는 부분에 도움을 줌으로써 인간의 진보를 촉진한다. 건축의 사회적 역할은 막중하며, 건축가는 사회적이며 지역적인 문제에 대해 구체적인 건축적 해답을 제시해야 한다. 건축의 사명은 대중에 대한 봉사이다.

신뢰

TRUST

"건축은 신뢰와 약속이라는 벽돌로 쌓아올린 집이다."

◀ **성 이나시오 채플** | 스티븐 홀, 빛과 물에 비친 그림자가 뚜렷한 종교 건축

"약속이란?"

약속의 의미

약속은 믿음의 시작이다. 우리가 무한 경쟁의 삶을 살아가면서 어느 순간엔가 잊어버리는 소중한 것은 무엇일까? 바로 인간애, 우정, 의리, 희생, 약속과 같은 추상적인 단어이다. 매우 귀중한 것이지만 시간에 쫓기는 하루하루 속에서 잊혀져가는 어느 순간엔가 그 어감이 생뚱맞은 느낌마저 주는 빛바랜 것들이다. 그 중에서도 약속은 건축에서 특별하다. 건축에서 약속은 어떤 의미를 가지며 왜 약속이 건축에서 중요한가?

건축은 사람 사이에 이루어지는 일이다. 약속도 그렇다. 건축에서 사람 간의 합의(consensus)는 시간의 흐름 안에서 이루어지는 수많은 인간적 가치의 결합이다. 건축 과정에서 사람들 간의 합의는 약속을 말한다. 약속은 약속 이전의 삶에 비해 약속 이후의 삶을 질적으로 변혁시키는 마법의 힘을 가진다. 자기와의 약속, 가족과의 약속, 타인과의 약속 등 모든 약속은 자신만이 알고 느끼는 좋은 마음으로 지키는 것이다. 약속은 사람과 사람을 이어준다. 선량한 양심은 행동으로 나타나고 그것은 사람 사이의 믿음으로 연결된다. 믿음은 상호 간의 신뢰로 이어져 긴밀한 인연을 형성한다.

약속은 성과나 결과로 나타난다. 《검은 고독 흰 고독》의 저자 등반가 라인홀트 메스너(Reinhold Messner)는 정상에 가까워질수록 내면의 불안과 고독이 더욱 옥죄어 오지만, 막상 정상에 섰을 때 자신의 진정한 존재를 인식하게 된다고 한다. 산에 오른다는 행위 자체는 인간의 한계와 본질에 대한 탐구이다. 산악인들은 극한의 상황 속에서도 약속을 지켜낸다. 엄홍길의 '약속 지키기'는 에베레스트를 함께 오른 후배 박무택과의 약속이었다. 에베레스트라는 극한의 상황에서 그와 한 약속은 산을 함께 오르고 같이 내려가는 것이었다. 하지만 그러지 못했다. 박무택은 조난을 당해 사망했으며 엄홍길은 한 몸과 같은 동료를 두고 혼자 산을 내려와야만 했다. 거대한 자연의 힘 앞에서 인간의 존재는 미약하기만 하다. 엄홍길은 휴먼원정대를 꾸려 실종된 시신을 찾아 떠났고, 상상할 수 없는 악조건에도 불구하고 끝내 박무택의 시신을 찾아 그 산에 묻어주었다. 살아서 같이 돌아오지는 못했지만 '함께 하자'는 약속을 지켰다. 약속은 그 만큼 귀중하며 목숨과도 바꿀 수 있을 만한 가치를 지녔다.

건축은 일종의 약속 이행의 과정이며 약속된 사항을 지키는 것이다. 우선, 건축설계는 그림이나 기호로 약속된 사항이다. 물리적으로 실현할 내용과 시간의 흐름에 따라 지켜야 할 내용을 체계적으로 정리한 것이다. 특히 건축 구조를 설계한다는 것은 하나의 '약속 체계'를 만드는 일이다. 바닥, 지붕, 그리고 벽체를 지지하는 것이 구조(構造)다. 설계 조건에는 구조물에 어느 정도의 하중만 가해질 것이며 어떤 강도의 재료로 시공될 것인가가 주어져 있다. 시공은 설계를 통해 약속된 내용을 이행하는 행위이다.

"공학(工學)에는 우연이란 없다."라는 말이 있다. 약속을 지키지 않으면 반드시 무너진다는 '공학의 필연성'을 두려워하여 제대로 시공하고 관리해야 한다는 의미이다. 그러나 우리 사회의 어리석음은 '공학의 우연성'에 기대는 경향이고, 그 결과 부실과 재해, 안전 부주의 사고가 빈번히 발생된다. 이렇게 생산된 나쁜 건축, 부실 건축은 우리 사회에 나쁜 영향을 미친다. 건축에서 약속이 중요한 명백한 이유이다.

건축에 대한 약속을 지키지 않으므로 인해 부실시공, 하자가 발생되고 사람들 간의 불화가 생겨난다. 약속을 어기는 것은 나쁜 의도가 숨어 있기 때문이다. 건축에서의 불행한 일은 대부분 약속의 불이행으로 인한 것이다. 약속을 지키지 않는 사람의 마음속에는 자기 자신을 좋은 사람으로 포장하거나 자신의 능력을 착각하는 마음이 있으며, 처음부터 약속을 지킬 의사가 없기 때문이다. 또 약속을 지킴으로 얻어지는 이익을 과소평가하기 때문이다.

건축가는 기본적으로 약속을 지키는 건축을 해야 하며 약속된 것은 반드시 실천해야 한다. 약속에 대한 실행이 중요하다. 건축가는 약속을 지켜야만 한다. 건축에서의 약속은 품질, 좋은 건축이 핵심이다. 좋은 건축은 약속 실천의 결과물로 나타난다.

건축에서의 약속

건축의 행위는 약속으로 시작되고 약속으로 마무리된다. 계약이 첫 번째 약속이다. 건축가는 계약에 따라 시설물이나 서비스를 생산하고 공급하는 사람이다. 건축주와 건축가의 관계를 규정하는 것이 계약이며 건축에서의 계약은 먼저 사람과 사람 사이에서 생겨나는 약속이다. 그 사람들과의 약속 중 가장 중요한 것은 품질에 대한 것이며 이것은 건축주와의 약속이다.

건축 행위에 대한 합의가 이루어지면 가장 먼저 건축주와 설계에 대한 약속을 한다. 설계에 대한 약속이 설계 계약이다. 설계에 대한 것이 확정되면 그 내용을 바탕으로 시공에 대한 것을 약속하게 되는데, 이것이 건설 계약이다. 계약 내용에는 시간, 비용(돈)에 대한 것이 포함된다. 본격적인 집짓기, 즉 건축의 시작은 건축주와의 약속에서 비롯된다.

시공자가 하는 약속 중에는 하도급 업체나 협력 업체와 하는 약속이 있다. 이것을 하도급 계약이라 한다. 하도급 계약에서 중요한 것은 건축 품질은 물론 일의 내용과 범위, 기간, 자금 지불에 대한 약속이다. 시공자는 공정별로 약속된 사항을 이행한다. 건축의 품질에 대한 것은 이 모든 종류의 약속에 포함되어 있다. 공사에 소요되는 시간에 대한 약속도 마찬가지이다. 하도급 업자는 다시 직접 일하는 근로자와 약속하며 근로자는 약속된 일을 하고 임금을 받는다. 모두가 약속을 지켜야 일에 대한 대가를 받을 수 있고 약속을 지켜야 건축물이 완성된다.

이렇듯 약속을 지키면 품질도 자연스럽게 확보된다. 건축가(경영자)는 함께 일하는 직원과 약속한다. 이것은 고용주와 고용인 간의 근로계약이다. 건축에 대한 약속은 품질에 대한 것으로 법적인 효력이 있는 계약서에 바탕을 둔다. 계약서의 내용은 약속된 사항으로서 결국 좋은 품질, 건축에 대한 것이다. 건축에 대해 약속 한 사람은 누구나 자신의 약속을 실천해야 한다.

사람의 일과 행위는 약속의 결과이다. 약속으로 인해 시간과 장소가 결정된다. 약속이 없으면 일정한 형태의 성과로 도출되지 않는다. 건축은 노동과 시간을 필요로 한다. 시간은 비용과 노동에 관계되고 노동과 비용은 시간에 비례한다. 또 건축이 진행되는 원동력은 비용(돈)이다. 계약 기간, 공사 기간, 공사비 지불 기간 등 시간은 건축에서 중요한 의미를 가진다. 건축에서는 그야말로 '시간이 곧 돈'이다. 공사 기간을 단축하면 비용을 절감할 수 있으며 절약된 시간은 또 다른 생산에 투자될 수 있다. 물론 비용 절감을 위해 무리하게 시간을 단축해서는 안 된다. 공사 기간의 단축은 과학적이고 세밀한 자료 분석과 설계를 통해 가능하다.

건축에서 시간에 대한 약속은 반드시 엄수되어야 한다. 시간에 대한 약속을 어기면 엄청난 일이 벌어진다. 건축도 실패할 수 있다. 시간에 대한 약속은 경제적인 것으로 돈, 비용과 직결되며 약속된 시간을 지키지 않으면 분쟁에 휘말리게 된다. 그렇게 되면 신뢰는 바닥으로 떨어지고 건축의 품질은 보장되지 않는다. 좋은 건축도 하기 어렵다. 건축가가 시간에 대한 약속을 지키는 것은 매우 중요하다. 건축이란 '짓는 일(art of building)'을 둘러싸고 벌어지는 약속에 대한 논의와 약속의 실천이다.

약속과 사회

사회는 약속에 의해 유지되고 지속된다. 약속은 일종의 사회적인 시스템이다. 사회를 지탱하는 법, 규칙, 규정, 조례 등 이 모든 것이 사회적 약속이다. 이러한 약속이 없다면 세상은 온통 혼란과 무질서가 판을 칠 것이다. 사회가 무너질 수도 있다. 사회적 약속은 모두가 지켜야 한다. 기업도 동일하며 기업이 고객과의 약속을 지키지 않으면 신뢰를 잃는다. 신뢰를 잃는 순간 기업의 성장률은 떨어지고 한 순간에 존폐 위기에 놓일 수 있다.

그러므로 기업이 가장 중시하는 것은 소비자와의 약속이다. 그 약속을 지킴으로써 신뢰를 얻게 된다. 기업의 이미지 쇄신에 있어 신뢰보다 중요한 브랜드는 없다. 신뢰 받는 기업은 시장에서 인지도가 높아지고 지속적으로 성장할 수 있다. 건축업에서도 약속은 소중하다. 건축에서의 약속은 사회적인 것이며 개인의 차원을 넘는다. 약속을 지키지 못하면 신뢰와 건축은 없다.

건축과 관련된 사람은 모든 종류의 약속을 성실히 실행해야 한다. 하지만 현실적으로 그것은 쉽지 않다. 그렇기 때문에 약속의 지킴은 가치를 갖는다. 좋은 건축이라는 공동의 목표를 위해 개인의 욕망을 버려야 한다. 세상의 기준에 나를 가두지 말고 자기만의 약속, 즉 원칙, 기준을 세워서 그것을 지켜야 한다. 그렇게 이행된 약속은 새로운 싹을 틔우고 그 싹은 새로운 건축, 새로운 수주라는 열매를 맺는다. 건축은 약속으로 시작되어 약속으로 끝난다. 건축에서 약속만큼 중요한 것이 없으며 건축가는 약속된 사항을 지키는 것이 임무이다. 사소한 약속이든 중대하고 지키기 힘든 약속이든 약속을 지키는 사람만이 좋은 건축을 할 수 있다.

인간이 세계 내의 존재이듯, 건축도 시대와 사회 내에 존재한다. 건축가는 시대와 사회 밖에서 존재할 수 없다. 이 시대와 이 땅에서 울부짖는 비판정신으로 이제 건축가들의 도덕성과 행동 능력을 보여줄 때다. 우선 건축가들 스스로를 과감하게 비판하고 성찰함으로써 물질만능의 자본주의로 치닫는 이 사회를 비판적 시각으로 바라보아야 한다. 건축업계에 도덕적이지 못한 유혹과 불합리한 모습이 있다면 과감히 잘라버려야 한다. 그런 후에 경제 논리를 대신할 문화적 논리의 칼을 갈아 부당하고 정의롭지 못한 것을 베어버릴 수 있는 의지를 보여주어야 한다. 사회가 유지되는 것은 약속이 지켜지기 때문이다.

"계약이란?"

건축에서의 계약

건축의 관점에는 합의가 존재한다. 합의는 건축가와 건축주의 일치된 생각이다. 건축의 성립 과정에서는 합의의 단계를 반드시 거쳐야 한다. 합의는 약속이며 계약이다. 합치된 사항이 설계의 바탕이며 시공의 계약 내용이다. 건축에서 이루어지는 사람 간의 합의에는 시간의 흐름 안에서 이어지는 수많은 인간적 의의가 결합되어 있다.

건축에서 약속이란 계약에 해당된다. 계약은 구속력이 강한 약속이며 법적인 효력도 갖는다. 계약서는 의견일치의 결과물이기에 계약이 한 번 성사되면 그에 대한 책임을 져야 한다. 그러기에 계약은 쉽지 않은 과정이며 계약 체결은 약속 실천에 대한 믿음에 의해 이루어진다. 믿음이 있어야 비로소 원하던 건축을 꿈꾸게 된다. 계약은 약속에 대한 믿음이며 계약 체결은 합의 사실이 하나의 결실로 맺어지는 것이다.

건축주가 전문가와 만나 의사를 교환하고 그 내용에 대한 합치에 다다르면 건축이 시작된다. 그 이후 합의된 사항을 바탕으로 계약이 체결된다. 건축가는 의뢰인으로부터 어떤 특수한 상황을 부여 받고 특정한 문제를 해결하기 위해 계약을 체결하고 작업을 진행한다. 이것이 다른 예술과 가장 큰 차이점이며 근본적으로 건축을 서비스업이라고 하는 이유이다. 건축은 자본으로 종속되는 도구적 관계로 계약되어, 한정된 시간과 예산 속에서 보다 거대한 규모의 복합체를 구축해야 하는 복잡하고 어려운 과정이다.

건축은 자본, 시간, 규모, 분업화된 직능의 관계 내에서 만들어진다. 건축가가 일을 시작하기 위해 건축주와 시공자를 만나고 사용자를 만나게 되면 예산, 법규, 건축주의 요구 사항 등이 복잡하게 얽히기 시작한다. 각자의 욕심이 드러나고 다양한 사회적인 성격과 사실이 수면 위로 떠오른다. 복잡한 요구와 조건, 생각이 등장한다. 그와 같은 것들이 정리되고 합의되면 계약이 필요한 시점에 이른다. 계약은 설계도면, 내역서, 시방서가 기준이 된다. 건축과 관련된 사람들 간의 약속은 계약으로 맺어지고 계약의 내용은 약속된 사항이다.

건축은 계약서의 약속, 설계도면의 약속, 즉 예정된 온갖 약속으로 조직된 결과물이다. 계약 내용이 결과로 나타나는 것이 건축이다. 건축가에게는 약속된 사항을 특정 장소에 형태로 실현해야 할 의무가 있다. 계약을 통한 서로 간의 믿음은 건축의 원동력이 된다. 건축주와 한 약속, 계약은 반드시 지켜야 하며 계약의 결실은 좋은 건축이어야 한다. 계약은 건축의 시작이며 약속의 증거이다.

건축주는 건축에 막대한 자본을 투자한다. 건축가는 건축주의 재산을 지켜 주어야 할 의무를 갖는다. 건축주에게 생활에 불편함을 주거나 손해를 끼쳐서는 안 된다. 건축주와 서로 공생하고 협력하는 관계이기 때문에 건축가는 건축의 품질에 대한 책임을 져야 한다. 건축 계약의 핵심은 좋은 건축을 보장할 수 있느냐 없느냐 하는 것이다. 계약은 건축적 약속이며 좋은 건축은 약속의 실천이다.

계약과 신뢰

건축은 신뢰가 필수적인 요소이다. 계약에 대한 신뢰, 사람에 대한 신뢰가 건축의 기초가 되며 신뢰가 없으면 건축은 조금도 전진할 수 없다. 계약 체결은 상호 간의 신뢰를 가시적으로 드러내는 행위이다. 그러므로 건축주와 건축가는 믿음을 갖고 좋은 건축을 하기 위해 노력해야 하며, 건축에 관련된 모든 사람, 조직, 단체와 한 계약은 철저히 지켜져야 한다. 계약 준수는 또 다른 신뢰로 이어진다. 신뢰는 좋은 건축을 건축주에게 제공하기 위한 기초이다. 좋은 건축이 아니면 신뢰는 생기지 않고, 또 다른 수주와 건축의 완성으로 이어지지 못한다. 계약, 좋은 건축, 신뢰는 긴밀하게 연결되어 있다.

이러한 연결고리는 지속적인 인연으로 이어진다. 인연에는 고리가 숨어 있다. 좋은 건축의 선순환처럼 인간관계, 인연을 통해 삶이 지속되고 건축도 연속성을 갖게 된다. 자발적인 선행 행위는 돌고 돌아 멋진 인연의 뫼비우스 띠를 만든다. 건축 일(수주)의 연속성이 확보된다는 의미이고, 연속성은 새로운 일감으로 나타나 사필귀정(事必歸正)의 논리가 통한다는 뜻이다. 좋은 일과 건축, 인연은 계속되고 이어진다.

건축에서 중요한 측면 중 하나는 '인간'이다. 사람과의 관계, 사람 관리, 사람이 중요하다. 건축뿐 아니라 세상의 모든 일은 사람 관계를 통해 이루어지기 때문이다. 건축은 사람과 사람, 사람과의 관계에서 시작된다. 건축의 수요, 필요성은 사람으로부터 연유된다. 건축은 필요한 사람과의 지속적인 관계와 만남을 통해 새로운 건축의 세계로 나아갈 수 있다. 좋은 사람과의 인연은 더 좋은 건축을 하게 하는 요인이다. 이렇듯 신뢰가 없으면 건축은 불가능하며 좋은 건축 또한 불가능하다.

건축의 성립은 계약이다. 집을 짓는 것은 살려는 사람과 짓는 사람의 의견일치에서 비롯된다. 건축 과정에 관여하는 것은 사용자, 건축주와 함께 나누는 공동의 기반이 없으면 성립할 수 없다. 건축주와 건축가의 일치된 마음이 없으면 계약과 건축이 성립되지 않는다. 건축에 대한 공감, 사람에 대한 신뢰감이 건축 시작의 원동력이다. 건축가는 진정한 인간관계를 중시해야 한다.

건축가는 건축을 공급하는 사람이다. 공급자인 건축가는 계약에 따라 건축물과 서비스를 수요자에게 제공하고 그 대가를 받는다. 따라서 건축가는 사업(일)에 관한 전략적 안목과 수행 능력에 의해 평가받는다. 건축주와 건축가는 건축의 목적과 경쟁논리에 따라 전문적이고 경제적인 방법으로 건축물을 생산하여 인도하는 관계이다.

계약도 하나의 소중한 약속이다. 건축가는 건축주와 한 계약을 통해 그 내용에 맞도록 공간을 만들며, 재료를 사용하여 기술을 구사하도록 위임받는다. 건축은 약속에 의해 추진되는 것이며 건축의 진행은 계약에 의해 구속력을 갖는다. 계약은 믿음이 전제되어 체결되고 건축은 그 약속을 지키는 일이다. 건축의 시작은 계약이요 계약의 시작은 신뢰이다.

"신뢰 쌓기는?"

신뢰와 소통

신뢰는 굳게 믿고 의지함을 뜻하며 진정한 소통이다. 건축의 시작은 신뢰를 바탕으로 한다. 건축 행위를 함께 하기 위해서는 신뢰가 전제되어야 한다는 의미이다. 신뢰가 뒷받침되지 않으면 건축이 순조롭게 나아가지 못한다. 믿고 의지하는 마음이 신뢰다. 믿음을 줄 수 있는 신뢰 속에서 진정한 행복이 창조되며 사회관계의 정상화는 믿음 없이는 이루어질 수 없다. 높은 신뢰도와 투명성 확보가 그 사회의 질을 높인다.

하버드대의 프랜시스 후쿠야마(Francis Fukuyama) 박사는 《신뢰(Trust)》라는 책에서 "사회적인 신뢰 수준이 낮을수록 사회적으로 지불해야 할 비용이 커진다."고 했다. 이처럼 신뢰는 사회적 비용과 관계된다. 저신뢰 사회는 신뢰의 범위를 최소화하는 사회다. 일상에서 맡은 어떤 역할이든 항상 일관된 노력을 서로가 함께 할 때 사회적인 신뢰와 신용을 높일 수 있다.

불신은 갈등을 낳고 갈등은 사회 분열과 원망을 만든다. 불신 사회에는 불평과 불만이 가득하며 불법과 편법이 난무한다. 불신으로 인한 순간적인 분노와 감정이 폭발하여 불행한 사건을 발생시킨다. 그로 인한 결과는 후회와 반성이며 불행이다. 이러한 현상은 건축에서도 똑같이 적용될 수 있다. 건축가는 어떠한 일이 있어도 사회정의를 위해서 비정상과 타협하지 말아야 한다.

건축가는 불확실한 미래 사회의 불신을 없애기 위해 믿음, 약속, 신용을 일상 속에서 실천해가야 한다. 사사로운 대화와 일상생활의 작은 일부터 약속을 반드시 지켜 가는 것이 중요하다. 신뢰는 약속을 지킴으로 인해 싹튼다. 신뢰의 인간관계를 넓혀갈 때 진정으로 행복한 삶을 이루어갈 수 있다.

인간관계는 신용(credit)이 아니라 신뢰(trust)를 기반으로 성립한다. 사람을 믿을 때 조건을 달지 않는다. 믿음을 유지하는 태도가 신뢰를 느끼게 한다. 타자에 대한 신뢰를 통해 더 깊은 인간관계 속으로 들어갈 용기가 생긴다. 이때 인간관계의 즐거움이 늘어나고 삶의 기쁨 또한 증가한다. 신뢰가 있으면 건축하기는 쉬워진다.

신뢰가 낮으면 비용 지불이 높아지고 불신으로 인해 사회적 비용과 에너지가 낭비된다. 그러므로 물질적인 소유욕을 사회정의와 진심으로 극복해가려는 개개인의 결단과 노력이 요구된다. 끊임없이 제기되는 사회구조적 모순과 비리가 근절될 때 정의로운 사회가 만들어진다. 하지만 우리 사회에는 여전히 비원칙과 편법이 팽배해 있다. 자신의 이익을 위해 수단과 방법을 가리지 않는 집단은 신뢰 사회로 가는 길에 방해가 된다.

이처럼 신뢰는 비용과 관련되고 사람 간의 노력을 통해 형성되는 것이다. 신뢰는 약속에서 시작되며 약속 이행이 신뢰 쌓기로 연결된다. 신뢰가 쌓이면 소통이 자연스러우며 건축하기가 쉬워진다. 건축에서 필요한 것은 약속과 신뢰이다. 신뢰 사회는 믿음을 바탕으로 수용과 통합, 소통을 위한 총체적인 노력을 기울여갈 때 가능해진다. 신뢰 문화를 정착시켜 가야 한다. 신뢰는 인간관계의 중요한 매개체이며 신뢰가 없으면 소소한 인간관계도 전체 사회도 전진할 수 없다.

건축가의 진정성

공자는 신뢰에 대해 "사람에게 신의가 없다면 미래 가능성이 없다(人而無信
不知其可也)."고 말했다. 순자 또한 "땅을 넓히는 것은 힘써 신의를 높여가는
것만 못하다(益地不如益信之務也)."고 하였다. 짧은 안목으로 경제적 이득만
을 취하고자 하는 이는 신뢰를 잃어 생명력이 없다는 충고이다. 어느 한 쪽
이 경제적 이득을 과도하게 취하면 신뢰는 생기기 어렵다. 경제적 이익을
취하기에 앞서 사람 간에 신뢰를 쌓도록 해야 한다. 신뢰 쌓기에는 '노력'과
'성의'가 절대적으로 필요하며 쌓인 신뢰는 미래를 보장한다.

　건축은 사람 간의 신뢰가 있어야 가능한 일이다. 건축가의 직접적인 목
표는 돈, 경제적 이익이라 할 수 있지만 건축주와의 신뢰는 돈보다 더 중요
한 가치가 있다. 건축가는 돈, 욕심, 자기 이익을 쌓기보다는 건축주와 우
정, 신뢰를 먼저 쌓아야 한다.

　건축가의 말과 행동에는 진정성이 담겨야 한다. 진정성이란 기원, 속성,
성실성, 의도에 대한 진실함이다. 제대로 된 진정성은 건축주와 건축가 쌍
방향으로 흘러야 하며 그러면 신뢰는 자동적으로 만들어진다. 신뢰는 순간
순간 선택할 수 있는 문제가 아니라 시간을 들여 쌓아가는 것이다. 신뢰는
벽돌과 같아서 쌓기는 어려워도 허물기는 쉽다.

　건축은 단순히 건물을 짓는 것에서 끝나지 않는다. 새로운 관계를 만들
지 않으면 기쁨, 감동도 함께 구축할 수 없다. 인간이 인간을 서로 신뢰하고
건축을 함께 할 때 좋은 건축이 만들어진다. 새로운 관계는 서로 듣기 좋은
말만 하기보다, 서로 다른 의견으로 충돌하고 다투면서도 지혜로운 양보와
타협 속에서 서서히 신뢰를 만들어가는 것이 진정한 관계이다.

　언제나 성심과 성의를 다하는 건축가의 자세는 신뢰라는 열매를 맺어준
다. 건축가의 진신어린 바른 말과 행동에 건축주는 마음의 문을 연다. 건

축가의 진정성 있는 행동이 건축주에게 믿음을 줄 수 있으며, 진정성이 건축가 선택의 중요한 기준이 되기도 한다. 건축주가 신뢰를 한 번 가지면 건축가가 하는 모든 것을 믿고 맡길 수 있다. 한 번 가진 믿음과 쌓여진 신뢰는 쉽게 변하지 않는다.

시공자나 설계자는 건축주의 하수인이 아니라 건축의 핵심적이고 능동적인 주체이다. 건축주와 건축가가 종속적인 관계에 놓여서는 안 된다. 의뢰인에 대한 종속 문제도 건축가가 결정해야만 하는 일이다. 건축가는 보수를 지급하는 건축주에게 봉사하는 전문가이다. 아니 그 이상적 존재이다. 건축주와 건축가는 예속적인 관계가 아니라 평등한 관계가 되어야 하며, 의뢰인에 대한 지나친 종속은 지양되어야 한다. 건축가의 사회적 존중은 더 높아져야 한다.

무신불립(無信不立)이라는 말은 사람이 세상을 살아가는 데 신뢰가 아주 중요하다는 것을 뜻한다. 무슨 일이든 신의(信義), 신용(信用)이 중요하다. 건축주와의 신뢰는 아무리 강조해도 지나치지 않는다. 신뢰를 잃으면 백약이 무효이다. 건축은 사람과의 관계를 밑바탕으로 만들어지기 때문에 신뢰만큼 중요한 것은 없다. 신뢰는 상하관계가 아닌 수평적 관계여야 하며, 건축을 함께 한다면 건축주와 건축가는 상호 간에 신뢰감이 있어야 한다. 건축의 시작은 건축주와의 건전한 신뢰에서 이루어진다.

성신지교의 정신

좋은 건축은 건축주에 달려 있다고도 볼 수 있다. 집은 주인을 닮는다. 주인의 안목과 성격이 건물에 투영되어 그들의 삶을 보여 준다. 좋은 집을 짓기 위해선 건축주, 건축가가 모두 자신의 일에 최선을 다해야 한다. 하지만 무엇보다도 중요한 건 그 집에서 삶을 이어갈 사람, 건축주와 사용자이다. 사용자를 외면한 건축을 좋다고 할 수 없다. 좋은 건축주가 좋은 집을 만든다는 이야기처럼 건축주의 생각이나 안목이 중요하다. 다양한 분야의 경험을 쌓아온 건축주는 자신에게 최적화되어 편안하고 좋은 집을 짓는 데 있어 건축가와 같이 핵심적인 역할을 한다.

좋은 건축을 하기 위해서는 건축주와 건축가가 건축을 어떻게 생각하는가에 대한 이해를 높여야 한다. 좋은 건축은 훌륭한 건축주로부터 시작된다. 건축은 언제나 인간을 위한 것이므로 인간을 위한 가치 추구가 우선한다. 좋은 건축주가 되는 첫걸음은 건축에 대한 관심을 갖고 주변을 이해하고 건축가를 신뢰하는 것에서부터 시작된다. 김옥길기념관의 사례를 볼 때 김동길 박사는 좋은 건축주이다.

건축가 김인철이 설계한 김옥길기념관은 학자, 정치인으로 유명한 김동길 박사가 건축주다. 그가 보여준 건축가에 대한 신뢰는 좋은 건축주의 모습에 부합된다. 그는 건물이 다 지어지기까지 건축가 모르게 현장에 두 번 가보았다 한다. 건축가의 현장 활동, 시공에 방해되지 않도록 새벽에 몰래 갔었다는 것이다. 건축가를 전적으로 믿고 설계와 시공을 완전히 맡겨 두었다는 뜻이다. 이 건물은 1998년 한국건축문화대상, 한국건축가협회상 등을 수상하였다.

김옥길기념관 이야기

이 기념관은 교육자이자 이화여대 총장을 지낸 고(故) 김옥길 교수를 기리는 집이다. 건축면적 18평(62.64㎡)인 작은 공간은 투박한 ㄱ자 노출 콘크리트 벽에 의해 구획되어 있다. 벽 사이사이에는 유리 한 장이 창틀도 없이 끼워져 있다. (중간생략)

1996년 김인철이 설계하여 공사 중인 연희동 주택 현장에 김동길 박사

김인철, 김옥길기념관(1998년), 빛이 가득한 실내와 도시로 확장되는 건축

가 다녀가셨다 한다. 현장이 마침 김동길 박사의 자택 근처라 지어지는 과정을 매일 유심히 보아온 모양이다. 김동길 박사가 보자고 하셨다. 김 박사가 살고 있는 집의 마당에 찻집을 만들려고 한다며, 작은 것도 하는가? 라고 물었다. 크고 작고 괘념치 않는다고 했더니, "그럼 설계비는 얼마를 받는가? 다시 물었다. 작더라도 1,000만원은 되어야 한다고 했다. 그럼 통장

번호를 주게 하며 설계를 주문했다.

　한 달이 훌쩍 지나 생각을 정리하여 그린 도면과 모형을 가지고 김 박사와 만났고 가져간 것을 펼치고 설명하려 하자, 김 박사는 손을 내저으며 나는 들어도 몰라요. 근데 본인 마음에 들어요? 라고 물었다. 그렇다고 하자. 됐어요. 그럼 짓기로 하지요. 김 박사는 악수를 청했다. 예상 공사비를 이야기하자 알았다고 하며, 100년은 가는 집을 지어야 해요. 알았지요? 라고 다짐을 받았다.

　공사가 진행되는 동안 김 박사는 물론 누구도 현장을 기웃거리지 않았다. 간섭하지 않을 테니 알아서 하라는 뜻이었다.

－ 김인철, 《공간열기》

　건축가와 건축주의 관계는 품질이라는 사실과 상호 신뢰에 기초해야 한다. 성신지교(誠信之交)의 정신이 필요하다. 좋은 건축주는 진실과 신뢰에 기반을 두고 자신이 선택한 건축가를 믿는다. 건축이 끝날 때까지 믿고 지원하고 좋은 건축이 완성되기를 바라고 응원한다. 그러한 신뢰가 우수한 품질로 나타난다. 좋은 건축을 위해서는 신뢰가 중요하며 신뢰가 좋은 건축을 가능하게 한다. 건축주와 건축가의 신뢰가 좋은 건축의 기반이다.

믿음과 협력

건축물을 짓는 데 있어 건축주와 건축가의 협력은 불가피하다. 서로의 협력이 필수적이다. 좋은 건축이 되기 위해서는 양자가 훌륭해야 할 뿐더러 상호 간의 관계가 성실과 신뢰로 일체가 되어야 비로소 가능하다. 그 관계는 마치 작곡가와 연주가, 관객이 있음으로 해서 하나의 음악이 완성될 수 있는 것과 같다.

건축은 분명 신뢰의 문제이다. 건축주는 건축가라는 전문가를 통해 집을 짓는다. 전문가의 도움을 받지 않을 수 없다. 건축주가 직접 관할하여 건축물을 만들 수도 있지만 건축에 대한 지식이 없으면 불가능한 일이다. 하지만 대부분의 건축주는 건축 분야의 전문가가 아니므로 건축가에게 맡기게 된다. 건축가의 도움이 절대적으로 필요하며 건축물을 만드는 과정에서 두 사람의 역할과 협력이 무엇보다 중요하다. 두 주인공 상호 간에는 믿음과 의리가 있어야 한다.

건축주와 건축가는 경우에 따라서는 오랫동안 교류하게 된다. 집을 짓고 시간이 지났을 때, 건축주로부터 "그 사람과는 말도 섞고 싶지 않고 다시 같이 하기 싫다."라는 소리를 들어서는 안 된다. 만약 이와 같은 소리를 듣게 된다면 건축도 건축가도 실패한 것이다. 건축과 인간관계 모두에서 실패한 것이다. 건축 일의 연속성도 생기지 않는다.

바람직한 건축가의 모습은 건물을 완성하는 것에 그치지 않고, 세월이 흐른 뒤에도 건축주와 서로 좋은 관계를 유지하는 것이다. 좋은 인간관계는 신뢰와 좋은 건축에서 나오며 건축의 품질이 신뢰의 기초가 된다. 건축주와 긍정적인 공생관계를 지속적으로 구축할 수 있느냐 없느냐는 건축가의 중요한 자질 가운데 하나이다. 건축가에게는 그러한 인간관계의 기술이 절대적으로 요구된다.

그러나 말처럼 건축 세계에는 이상적인 공생관계가 쉽지는 않다. 크고 작은 건축 관련 분쟁이나 다툼, 갈등, 소송들은 복잡하고도 까다로운 요즘 사회의 구조를 보여준다. 설계자, 시공자와 건축주는 가깝고도 먼 사이이다. 일시적으로 식탁만 같이 쓰는 사이가 될지 모른다. 그 만큼 인간적 관계, 신뢰와는 거리가 멀어질 수밖에 없는 관계인지도 모른다.

이러한 신뢰 결핍으로 건축가에게 돌아오는 대가는 법적, 도의적 책임과 현실의 가혹한 평가이다. 반대로 건축주는 불신과 불협화음의 결과로 인해 나쁜 건축을 떠안아 짐이 되는 경우가 많다. 건축물이 꿈의 실현이 아닌 골치 아픈 콘크리트 덩어리로 남겨질 수 있다. 건축주, 건축가 모두에게 손해가 아닐 수 없으며 건축도 실패한 것이다. 나쁜 건축은 시간이 지나도 존재가치를 회복하지 못하고 흉물 덩어리로 남는다.

건축가는 단순히 고용된 처지가 아니므로 건축에 관한한 주도적이고 독립적인 존재로서 건축주와 협력해야 할 사람이다. 그렇기 때문에 좋은 건축을 위해서 건축주와 건축가는 동반자적 관계가 되어야 한다. 상호 존중과 의리가 바탕이 되면 어려움을 극복할 수 있다. 건축가와 건축주의 생각이 건전하고 문화적인 인식이 높을 때, 의도한 비전을 구현하고 질 높은 건축물을 완성할 가능성이 크다. 서로에 대한 절대적인 신뢰가 필요하다. 건축주와 건축가는 같은 목표를 향해 의기투합해야 한다. 좋은 건축을 하는 첫 번째 방법은 건축주와 건축가가 협력적인 관계를 맺는 것이다.

사회적 기술

건축은 혼자 할 수 있는 일이 아니다. 많은 사람들이 함께 해야 하는 작업이다. 일반인도 건축가가 되어 집을 지을 수 있다. 모든 인간은 존재의 본질에 있어서 건축가이기 때문이다. 누구나 건축가가 될 수 있다. 자신의 집을 직접 짓기도 한다. 하지만 건축주는 건축가라는 전문가의 도움을 받는 것이 좋다. 건축이란 고유 직능을 가진 전문가와 함께 하는 것이 현명하다.

최근의 건축물은 대형화, 고층화, 복잡화, 다기능화 되는 특성을 보인다. 품질은 고급화되고 공기 단축, 경제성 중시, 노동력 부족 현상으로 건설 환경은 급격히 변화되고 있다. 또한 시공 측면에서도 노동집약적인 시공에서 기술집약적인 시공으로 변화된 사회의 요구에 부응하기 위해, 건축가도 각

분야 전문가의 도움을 받지 않을 수 없다. 건축의 복잡화, 전문화, 세분화로 인해 건축가는 다양한 분야를 조정할 수 있는 코디네이터로서의 역할이 강조된다.

건축, 집짓기는 머리뿐만 아니라 몸으로, 마음으로 하는 일이다. 건축과 관련된 수많은 사람을 만나고 소통하고 선택하고 결정하는 행위이다. 건축가 한 사람이 할 수 있는 일은 매우 제한적이며 건축은 여러 분야와 복잡하게 연관되어 있다. 그렇기 때문에 건축가는 자신의 손익계산보다는 먼저 마음을 열고 이야기할 때, 각 분야의 전문가와 내가 바라는 것을 함께할 수 있다.

좋은 건축을 하기 위해 필요한 것은 협업과 협동이다. 전문가와 협력해 협업의 정신으로 같이 일 해야 하며 전문가들 간의 긴밀한 공조가 이루어져야 한다. 건축가에게는 사람과 사람 사이의 소통을 원활하게 하고 사람들의 욕구를 충족시키는 사회적 기술(social skills)이 필요하다. 공정이 복잡한 건축의 특성을 고려할 때 사회적 기술은 건축에게 요구되는 사항이다. 집을 짓는다는 것은 합리적이고 진솔한 소통을 통해서 가능하며, 그러한 소통은 서로 존중하는 관계 속에서 나온다.

좋은 건축을 하기 위해서는 건축주와 건축가, 설계자와 시공자의 협업이 필수적이다. 좋은 파트너가 되어야 한다. 그런 다음 설계자는 구조, 설비 전문가 등의 도움을 받아야 하며 시공자도 다양한 기술 분야 전문가의 도움을 받아야 한다. 이들 간의 관계에서도 우선적으로 신뢰가 전제되어야 한다. 건축에 관계된 사람들은 좋은 건축을 목표로 서로 협조해야 한다.

"정직한 건축하기란?"

정직한 시공과 공익

정직한 건축은 투명하고 정확하게 시공하는 것을 뜻한다. 건축은 시공의 문제이며 정확한 설계, 좋은 설계가 선결적 전제이다. 그 무엇보다 가장 먼저 정확한 설계가 필요하다. 건축 도면과 내역서 내용이 일치되어야 한다. 물리적 결과물로 현실화되는 시공은 정직해야 하며 말 그대로 정확해야 한다. 투명하게 시공하고 보이지 않는 부분까지 솔직하게 해야 한다. 건축시공에는 투명성과 정직성이 필수적으로 요구되며 투명하고 정직한 시공 과정을 거치면 좋은 건축이 된다. 건축과 시공의 기본, 원칙을 지키지 않으면 안 된다.

한때 성실 시공이란 말이 유행이었다. 감동 시공이란 말도 등장하였다. 정직한 시공은 성실 시공을 넘어 정밀 시공, 투명 시공을 의미한다. 완벽한 성과를 도출하라는 의미이다. 그래야만 품질이 확보되고 좋은 건축이 된다. 좋은 건축이 아니면 소비자, 대중이 만족하지 않는다.

건축의 품질은 정직한 시공 과정을 통해 드러난다. 품질은 대충 그냥 만들어지는 것이 아니다. 일반적으로 정직한 시공을 위해 시공의 전 과정을 사진으로 찍어서 증거를 남기는 작업을 한다. 사진은 사실을 보여주는 증거가 되고 설득력을 지닌다. 그러므로 작업 과정을 사진으로 남겨야 한다. 하자를 숨기거나 부정확한 시공을 방지하기 위한 이성적 노력의 일환이다. 시공자를 믿지 못해 시공 과정을 의심해서라기보다 실수를 줄이고 투명하게 시공하기 위한 방법이다. 사진은 투명함을 보여주는 증거이며 시공 내용을 관리 감독하는 안심 장치이다. 수선이나 구조 변경을 할 경우 귀중한 자료가 되는 것이 사진이며 유지 관리를 위해서도 필요하다. 모두가 더 나은 건축을 위한 쉽고도 합리적인 노력이다.

사진보다 더 좋은 방법은 비디오로 촬영하여 영상 자료로 남기는 것이다. 시공 현장에 CCTV를 설치하여 주요 공정을 영상으로 기록하는 것이 더욱 좋다. 정부는 2016년 5월 19일부터 건설기술진흥법 시행령과 시행규칙 일부를 개정하여, 안전관리계획 수립 시 계측장비 및 폐쇄회로TV(CCTV) 설치운용계획을 포함하도록 하였다. 이와 같은 정부의 노력은 시의적절하며 안전 관리뿐 아니라 현장 관리에도 매우 유용하다. 시공 내용을 차후에 확인할 수 있기 때문에 영상 자료는 훨씬 더 생생한 데이터가 될 수 있다. CCTV 설치는 부실시공을 방지하고 투명하고 정직한 시공을 위한 근본적인 조치이다. 시공 과정을 투명하게 보여주기 위한 차별화된 의지와 행위가 필요하다.

건축의 부실은 정직하지 못한 시공의 결과이다. 건축시공을 정직하고 투명하게 하지 않는 것에는 부실에 대한 의도된 고의가 있다고 볼 수 있다. 시공 과성을 감추려는 생각은 부실, 정직하지 못함을 보여주는 의도이다. 부실은 좋은 건축, 품질에 대한 건축가의 마음을 의심하게 된다. 사진이라는 증거라도 남겨야 한다. 그렇지 않으면 대충대충 시공할 가능성이 높다. 정당한 이익을 받고 투명하게 시공하는 것이 시공자의 기본적 자세이다. 건축가의 정직한 시공과 성실한 태도가 건축주에게 신뢰감을 준다. 분명한 진실이자 증표이고 사실이다.

정직한 시공은 좋은 건축으로 나타난다. 품질에 대한 믿음이 보장되기 때문이며 수주로 이어져 건축 일감을 얻기가 쉬워진다. 좋은 건축은 결코 쉽지 않으며 누구나 할 수 있는 것도 아니다. 하지만 결코 어려운 것도 아니다. 건축가의 의지와 분투에 달려 있다. 정직하게 만든 건축은 좋은 품질로 나타나 건축주, 건축가, 사용자에게 편안함과 안심, 만족감과 이익을 준다. 공익적 가치도 높아지고 모두에게 득이 된다. 이것이 정직한 건축을 해야 하는 확고한 사유이다.

좋은 품질과 사회적 신뢰

정직한 건축은 좋은 품질의 건축을 말한다. 집은 사람들에게 행복을 주어야 하며 집이란 집을 설계한 사람이나 집을 짓는 사람, 그 집에서 살게 될 사람, 모두가 똑같이 기쁨을 나누어야 한다. 좋은 품질은 서비스재로서 건축의 기본이다. 이러한 건축은 인간의 삶에 풍요와 행복을 준다. 또한 건축은 공간과 시간의 표현이며, 장소와 삶의 표현이다. 건축의 표현은 사용하거나 바라보는 사람들과 교감이 일어나야 하고 소통해야 한다. 좋은 건축은 소통의 원리를 담고 있다.

사람살이에서 문제의 기본과 근원은 늘 사람에게 있다. 건축가에 대한 신뢰가 너무 얕은 것은 그들의 그릇된 행동과 그 결과로 인한 것이다. 건축가에 대한 나쁜 인식의 틀이 건축 문화의 해묵은 관행으로 뿌리 내렸음을 일깨운다. 건축가에 대한 신뢰가 질 낮은 건축과 불신, 부조리와 약속 불이행으로 인해 지하 갱도 막장 끝까지 떨어진 것은 어제 오늘의 일이 아니다.

건축의 위기를 가져온 사람은 건축가 자신이다. 건설 경기의 침체나 건축주의 폭력이나 공무원의 횡포 때문만이 아니다. 건축은 건축가의 의지에 달린 문제다. 세상을 향해 큰 목소리를 낼 만큼 그들이 마땅히 해야 할 일을 하지 않았기 때문이다. 나쁜 건축을 만들어냈기 때문이다. 사회적 발언을 해야만 하는 경우가 무수히 널려 있는데도 침묵으로 일관하고, 세상의 비난을 받아야 마땅한 사람들이 건축업계의 두둔 속에 안주하기 때문이다. 부정한 방법으로 일을 따내고도 건축을 문화라고 말한다. 누구도 원망할 입장이 아니다.

건축가는 반성하는 마음으로 자기를 성찰해야 한다. 스스로 비판의 칼을 갈지 않는 한 아무도 건축업계와 건축인을 비호해 주지 않을 것이다. 개인적 욕망과 직업적 무관심에 사로잡혀, 내 건축을 한다는 집념 속에 불타는 나는 누구이며 내 건축은 무엇인가? 누가 뭐래도 건축가는 건축으로 말하는 것 이외에 할 말이 없다. 건축으로 자신을 증명해야 한다. 이런 사람들의 건축은 어떤 세계에 존재하는 건축을 말하는 것일까?

그것은 좋은 건축이 분명하다. 좋은 건축뿐이다. 건축에 관련된 사람들이 스트레스 받지 않고 만족하는 건축, 건축의 목적을 달성하고 가치를 담아내는 건축이다. 우리 사회에 필요한 것은 좋은 건축, 좋은 건축가이다. 신뢰받는 건축, 신뢰받는 건축가가 필요하다. 신뢰를 얻을 수 있는 중요한 근거와 요인은 건축의 품질이며 하자 없는 건축이다. 좋은 건축으로 불신을 덜어야 한다. 우리의 건축, 건축가에 대한 불신과 편견은 나쁜 품질, 나쁜 건축이 그 요인이므로 정직한 건축으로 좋은 품질을 만들어야 한다.

건축가는 사회가 조성한 편견이나 자신들이 만든 고립된 섬에 갇히거나 아니면 좋은 건축의 길을 선택해야 하는 기로에 서 있다. 불신과 부조리를 고치기 위해서는 '사회적 신뢰'가 절대적으로 필요하다. 신뢰가 만들어져야 한다. 그러한 신뢰를 되찾기 위해서라도 건축가는 투명성을 높이고 좋은 건축 운동에 나서야 한다. 정직한 건축으로 좋은 이미지를 만들고 신뢰를 회복해야 한다. 신뢰 회복은 좋은 건축으로 가능하다.

품질

QUALITY

"건축은 언제나 하나의 꿈이며 감동을 준다."

◀ **사야마이케 박물관**(2000년) | 안도 다다오, 역사성과 환경 정비, 마을 살리기에 기여하는 지역 박물관

"품질이란 무엇인가?"

상품으로서 건축

건축은 자본 축적과 이윤 추구의 수단이다. 교환적 가치도 높다. 좋은 건축의 우선 조건은 고객만족이다. 최종 소비자인 고객이 만족해야 한다. 결과적인 논리로 만족의 조건은 품질이다. 일정 정도의 품질이 확보되지 않으면 소비자에게 만족을 줄 수 없다. 품질은 사용상의 적합성과 고객의 요구 조건 충족도이다. 보통 집을 팔기 위해 짓는 모델하우스는 아파트라는 상품을 보여주고 알리는 공간이다. 부동산으로서 아파트는 분명히 하나의 상품이다. 상품으로서 건축은 품질로 평가되어야 하고 무엇보다 품질이 중요하다.

요즘은 그 어느 때보다도 소비자의 기대 수준이 높아졌다. 건축이란 상품(total product)의 가치는 합리적인 가격과 질로서 평가된다. 상품은 본원 상품, 기대 상품, 부가가치 상품, 잠재 상품으로 나눌 수 있다. 그 중에서 기대 상품은 고객이 원하는 최소 수준의 욕구를 반영하는 것이다. 부가가치 상품은 고객의 기대를 넘어 고객의 구체적이고 차별화된 욕구를 반영하는 것이다. 이보다 한 차원 높은 것이 잠재 상품이다. 잠재 상품은 다양한 고객의 욕구를 뛰어넘어 잠재적 욕구를 기업이 미리 파악해서 제공하는 것으로 기업의 창조성이 요구되는 상품이다. 건축가도 시대적 흐름을 읽고 다양한 소비자의 성향을 파악하여 소비자의 기대 수준을 넘어서는 건축이란 상품을 생산해야 한다.

과거에는 기대 상품의 수준에 머물던 고객의 요구는 현대사회가 다원화 되면서 그 수준이 한층 높아졌다. 정보사회에 진입하면서 부가가치 상품 은 물론이고 잠재 상품에 대한 욕망까지도 표출되고 있다. 건축가는 본원 상품, 기대 상품의 수준이 아니라 부가가치 상품의 수준까지 만들어주어 야 한다. 그래야 소비자 욕구를 충족시킬 수 있다. 잠재 상품으로 만들어주 는 것이 최상이며 그러한 잠재 상품으로 만들 수 있다면 성공한 건축이다.

건축 행위도 치열한 경쟁이므로 결국, 건축이란 상품의 수준을 높여야 한다. '부가가치 상품' 정도의 건축만 해도 좋은 건축이라 할 수 있다. 부가 가치는 기술 가치가 같은 상품을 차별화하기 위한, 즉 소비 확대를 위한 선 택 사항으로 글자 그대로 부가하는 서비스를 말한다. 건축주의 요구를 충 족하고 그 이상의 서비스가 실현된다면 좋은 건축이라 하지 않을 수 없기 때문이다.

건축이란 상품(total product)

본원 상품(generic product)	건축물 그 자체
기대 상품 (expected product)	본원 상품+고객이 원하는 최소 수준의 욕구를 반 영하는 것(합리적 가격+건축의 질)
부가가치 상품 (value-added product)	고객의 기대를 넘어 고객의 구체적이고 차별된 욕구를 반영하는 것(개인화된 서비스), 건축주의 요구+α
잠재 상품 (potential product)	다양한 고객의 욕구를 뛰어넘어 고객의 잠재적 욕 구를 기업이 미리 파악해서 제공하는 것, 기업의 창 조성이 요구되는 상품

– 이재인, 《디자인 창의성을 위한 건축조직》

고객만족, 고객 감동이란 말이 한창 유행한 적이 있다. 이는 만족의 수 준을 넘어 감동을 주어야 한다는 의미이다. 건축주를 감동시키려면 기대하 고 요구하는 것 이상으로 만들어 건축주의 기대치를 넘어야 한다. 건축주

의 요구를 만족시키는 것으로 끝나서는 좋은 건축가라 할 수 없다. 건축가
는 건축주를 비롯한 많은 이들에게 예상치 못한 기쁨을 줄 수 있는 실력을
갖추어야 한다. 그래야만 감동을 줄 수 있다.

건축은 사람의 생활을 담는 그릇이다. 건축을 하나의 물건이나 제품으
로 본다면 제품의 모양보다는 질적인 측면과 서비스가 중요하다. 서비스는
추상적 가치로서 무형의 가치 욕구에 대한 인식이다. 건축가에게는 무형의
가치 욕구인 서비스에 대한 폭넓은 인식이 필요하다. 그런데 여기선 서비스
보다 품질이 먼저이다. 일정 수준 이상의 품질에 서비스가 더해지는 것이
이상적이고 품질에 서비스가 부가되면 고객의 만족감도 높아진다. 건축가
의 목표는 좋은 건축, 행복한 건축이어야 한다.

건축주의 희망

건축주는 좋은 건축을 원한다. 건축가는 건축주의 요구 사항과 경제적
조건, 정신적인 부분까지 만족시켜야 한다. 건축가가 해야 할 일이다. 건축
주는 건축을 만드는 과정에서 편안한 마음이어야 한다. 건축주에게 정신적
으로 스트레스를 준다면 실패한 건축, 실패한 건축가가 될 수 있다. 처음의
약속대로 진행하여 건축주에게 경제적 부담, 돈에 대한 부담을 지우지 말
고 경제적으로도 안정시켜야 한다. 이것이 건축가의 기본적 태도이자 의무
이다. 건축주는 심리적·경제적 만족을 원한다.

건축의 품질 관리는 소비자가 요구하는 상품의 질을 충족시키는 것이다.
그러므로 건축가는 질적으로 좋은 품질의 건축을 하기 위해 노력해야 한
다. 건축의 핵심은 집(건축물)이라는 상품(제품)의 질, 건축의 질을 높이는 것
이다. 건축은 품질의 좋고 나쁨이 질을 좌우하지만 디자인도 빼 놓을 수 없

다. 디자인도 우수하고 품질이 양호한 것이 좋은 건축이다. 건축에 있어 품질이 알맹이이며 품질은 고객만족에 직결된다.

건축이란 제품의 질과 서비스를 통해 고객은 만족한다. 먼저 품질이 좋아야 하고 그 다음으로 서비스가 부가되어야 한다. 서비스가 더해져야만 고객만족도가 높아진다. 비즈니스에는 서비스가 따라가기 마련이고 서비스를 제공하는 것이 실력 있는 건축가의 역량이다. 서비스란 상대에게 기쁨을 주고 또한 내게도 기쁨이 되는 것을 뜻한다. 상품의 기본은 '신뢰'이며 이러한 신뢰를 실현하는 것이 '기술'이다. 기술은 품질로 나타난다. 건축은 신뢰와 기술이라는 매개체를 기본으로 하여 고객만족을 달성해야 하는 것이다.

건축시공은 물질을 모아 기술을 구사하여 구조물을 만드는 일이다. 기술(력)은 건축의 품질을 좌우한다. 건축의 품질은 신뢰와 연결되고 시공자에 대한 신뢰와 시공자의 서비스는 고객 만족으로 나타난다. 신뢰감과 서비스는 좋은 건축에 필수적인 요소이다. 건축가는 가장 효율적이고 앞서가는 기술의 구현을 통해 품질을 높여야만 한다. 품질이 좋으면 유지 관리에 부담이 적으며 하자도 적다. 비용이 절감되어 경제적으로 유리하며 심리적으로도 안정되어 만족도가 높아진다. 생활이 편리해지면 건축주의 일상적인 스트레스도 줄어든다. 건축가는 품질과 서비스를 제공하기 위해 정성을 다해야 한다.

건축은 설계 의도, 장소성, 재료의 속성, 비용과 시간이 반영된 결과물이다. 건축주는 투자되는 비용에 비해 품질에 대한 만족도가 낮은 경우가 있다. 그러므로 건축 품질에 대한 건축주, 수요자의 불만이 높다. 이것이 건축의 문제이며 건축가의 숙제다. 비용에 상응하는 품질이 나와야 한다. 품질은 건축가가 달성해야 할 목표이다.

좋은 건축은 설계자의 디자인 개념과 시공자의 기술력, 재료적 특성이 잘 구현된 물리적인 성과이다. 건축주가 만족하지 못하면 건축의 가치를 말할 수 없다. 고객이 만족하지 못한다면 상품의 의미를 논할 수 없기 때문이다. 좋은 건축이 아니면 건축주는 만족하지 않는다. 건축주의 바람은 하자 없는 품질 좋은 건축이다. 건축가는 건축주의 요구와 기대를 바탕으로 '부가가치상품'의 건축, 실용적인 것을 넘어 창조적 만족감과 감동을 주는 '잠재상품'에 해당하는 건축을 실현해야 한다.

"비용이란?"

건축의 가치와 돈

프랜시스 베이컨(Francis Bacon)은 "돈은 최선의 종이요. 최악의 주인이다."라고 하였다. 대부분의 사람들은 관심을 갖고 있는 분명한 동기에서 활동이 시작된다. 돈에 대한 이야기다. 돈은 건축에 소요되는 비용이며 비용은 더 큰 의미에서 자본이다. 건축은 돈(비용)에서 자유로울 수 없다. 사람들이 어떤 일을 하든지 돈이 들고 돈이 필요하다. 결혼과 가정생활을 가능하게 하고, 또 한편으로 안정성을 위협하기도 하는 최고의 가치이자 최고의 위험인자를 돈이라 할 수 있다. 이것은 누구도 인정하고 싶지 않는 사실이다. 건축이란 무엇을 짓고 만드는 행위이므로 당연히 돈이 들 수밖에 없다. 건축 역시 돈에 의해 가능하며 건축 과정에서도 돈은 어김없이 최선의 종이자 최악의 주인이 된다.

가정은 사회 구성과 사회 정책의 기초 단위이다. 건축가는 가정의 정신적·도덕적·경제적 안정이 주택, 집에 의해 비롯되고 좌우된다고 주장한다. 집은 사회적·인간적 권세와 증표가 될 수 있다. 집이 갖추어야 할 최소한의 필수 조건은 경제적 조건뿐만 아니라 사회적 필요에도 준해야 한다. 집은 축재를 위한 재산이 아니라 사회가 스스로 보증하는 사회적 권리이자 공익이기도 하다.

집을 짓는 데는 많은 돈이 필요하다. 건축주는 일생에서 가장 많은 돈을 투자해야 할지도 모른다. 유지 관리를 위해서도 투자를 지속해야 하므로 돈과 에너지를 계속 쏟아 붓는다. 비용은 건축 생산 활동에 필요한 절대적인 수단이다. 그렇기 때문에 건축에서 자본의 도움은 필수불가결하며 자본에 의해 좌지우지된다.

건축은 비용, 더 나아가 경제와 관련된다. 다시 말하면 건축에는 막대한 자금이 움직인다. 그 배후에 경제가 있는 것은 당연하고 그 밖에도 정치, 외교, 국제 사회와 특히 인간 생활의 모든 요소가 관련되어 있다. 이 세상에서 어디에 부와 권력이 있는지를 나타내는 최전선의 지표를 건축이라 해도 과언이 아니다. 그것은 건축에 소요되는 자본의 활동과 이동으로 확인할 수 있기 때문이다. 건축의 활성화는 경제 활동의 활발함을 의미한다. 건축이 이루어지는 곳에서는 자본이 함께 움직이고 있다.

돈인가 인간인가

역시 단순하지만 건축에 대한 양 극단의 관점이 있다고 본다. 하나는 건축은 돈, 즉 경제 가치의 결과물이자 재산 가치라는 시각이고, 다른 하나는 건축은 인간을 위한 것이고 건축의 출발점도 도달점도 사람이라는 관점이다.

우리 주변의 많은 건축물들이 건축적 가치와는 상관없이 '경제적인 물건'으로 지어진다. 최단시간에 최대한 짓고 더 비싼 가격에 팔리면 되는 것이다. 이에 대한 신념은 뿌리 깊다. 그러나 이 경우에 건축물의 또 다른 면인 '인간을 위한 공간과 환경'이라는 것은 상대적으로 무시되거나 심지어는 무지한 상황이다. 과격한 표현이지만 현대 한국인에게 건축이라는 언어는 거의 문맹의 수준이라고 할 수 있다. 결국 우리는 그저 그런 건축물들에 둘러싸여 삶의 느낌과 생생함을 잃고 하루하루를 살아간다. 그 건축물들처럼 무미건조하게 획일적으로 돈의 노예가 된다.

— 임석재, 《현대건축과 뉴 휴머니즘》

돈이 실물경제를 지배하고 있다. 그렇지만 건축가는 돈을 대변하는 존재가 아니다. 돈(비용)은 건축이란 목적을 이루기 위한 수단이며 방편이다. 건축에선 돈이 절대적으로 필요한 요소이지만 돈에 지나치게 종속되어도 안 된다. 재산적 가치에 대한 맹목적 열망은 좋은 건축의 방해 요소가 된다. 건축의 경제적 가치를 무시할 수 없지만 더 소중한 가치를 존중해야 한다. 건축은 돈보다 중요하고 쓸모 있는 존재일 뿐 아니라 우리 사회상을 비춰주는 거울이다.

건축가는 돈에 대한 개념을 분명히 해야 하며 돈을 적절한 도구로 활용해야 한다. 건축의 가치가 돈의 가치에 묻혀서는 안 된다. 건축가는 돈의 가치로 환산되는 건축과 사회에 의문을 느껴야 하며 그러한 사회에 과감히 반기를 들어야 한다. 건축적 가치가 우선이다. 건축가는 돈이라는 소리(小利)에 집착하지 말고 벌거벗은 이익도 추구하지 말아야 한다. 좋은 건축이라는 대리(大利)를 추구해야 한다.

호모 에코노미쿠스

건축은 경제적 행위이다. 건축의 시작은 경제적 힘(요소)에 의한다. 건축은 표현 예술의 하나이지만 막대한 자금과 많은 인력이 필요한 지극히 경제적인 생산 활동이다. 건축은 경제와 직결된 탓에 이해관계 혹은 표현 문제와는 차원이 다른 현실의 잡다한 속박이 따른다. 스웨덴 식물학자 칼 폰 린네(Carl von Linne)는 '이성적인 사고 능력을 가졌다'며 인간을 '호모 사피엔스(homo sapiens)'라고 하였다. 그에 비해 존 스튜어트 밀(John Stuart Mill)은 인간을 가리켜 '호모 에코노미쿠스(homo economicus)'라고 정의했다. 인간의 본성은 이기적이고 감정까지 합리적으로 계산하며 그 계산에 맞게 행동한다는 뜻이다. 호모 에코노미쿠스는 철저하게 경제 논리를 따라 행동하는 '경제적 인간상'을 말한다. 현대인은 경제적 인간이다. 이종건 교수는 《해방의 건축》이란 책에서 돈이 전부이거나 목적인 세상과 사람을 비판한다.

> "우리는 지금 돈 세상을 살고 있다. 돈을 상전으로 모시고 사는 그런 세상에, 자본주의와 근대화가 합작한 돈 세상을 이제는 영영 벗어날 수 없다. 더는 인간의 사랑만으로 살 수 없다. 더는 인간의 사랑만으로 살 수 있는 세상은 끝난 듯싶다. 사랑도 정(情)도 효(孝)도 정치도 권력도 명예도, 아! 종교마저 돈을 먹고 사는 그런 세상이다. 하물며 건축이야! 정치인들은 한결같이 '더 나은 사회 건설'을 부르짖고 있다."
>
> — 이종건, 《해방의 건축》

특히 우리나라는 건축(업)을 단순한 돈벌이 수단으로 생각하는 경향이 짙다. 프란치스코 교황은 "돈이 우상화되고 모든 사람의 선택을 결정하게 되면 결국 멸망하게 된다."고 경고한다. 사기, 부도, 횡령, 뇌물과 같은 사회 문제는 모든 것을 '돈의 논리'로 환산하는 소비 사회와 깊이 연관된다. 수단과 방법을 가리지 않고 최대의 이익을 추구하는 경제 논리를 숭상하는 자세이다. 이것은 건축에서도 예외가 아니다. 이런 경우는 건축의 목적이 돈인지도 모른다.

물론 돈을 버는 것이 건축가에게 생존을 위한 심각한 문제일 수 있다. 건축 행위가 생존을 넘어 속물적인 돈벌이 수단으로 전락하기도 한다. 이런 경우 건축가는 업자로 전락한다. 돈과 시간을 아끼려고 부실공사를 하는 건 예사다. 더 많은 이윤을 챙기기 위해 부정부패를 저지른다. 우리 주변에 수많은 부실공사가 발생되고 있지만 이것이 얼마나 부끄러운 일인지 대부분 모른척한다. 부실공사는 건축가가 자초한 결과이자 과오이다. 이것은 돈과 경제 논리, 자본의 논리를 앞세우는 잘못된 인식의 단면을 보여주는 것이다. 사람들이 건축에서 기대하는 것이 돈밖에 없게 될 때 그 사회는 비참한 타락의 길로 접어든다. 양심 있는 건축가는 결코 건축을 돈벌이 수단으로 이용해서는 안 된다.

자본주의는 모든 것을 경제 논리로 종속시킴으로써 사람을 도구화한다. 그리고 경제 논리를 최고 가치로 여기는 사람은 건축을 도구화한다. 돈이라는 관점에서 보면 건축은 경제적 가치로 판단되는 건설 행동에 지나지 않는다. 여기에는 건축은 없고 건설만 있을 뿐이다. 돈의 논리에 따라 움직이며 이익만 좇는 건축가에게 일을 맡기면 부실시공은 불 보듯 뻔하다. 올바른 건축 철학이 없는 건축가에게 좋은 건축을 기대할 수 없다. 인간에 대한 존중과 건축의 본질을 외면해선 안 된다. 건축가는 무엇보다 건축 고유의 목적, 건축가의 존재 이유를 분명히 기억해야 한다.

건축은 '건설'이라는 행위를 통해 개인적·사회적 삶의 가치를 높이기 위한 경제 활동이다. 건축가로서 상당한 부(富)를 얻는 것은 가능하다. 그리고 분명히 건축가는 개인적인 목적으로 부, 이익을 추구한다. 그러므로 건축의 관건은 어떻게 경제적 가치를 높일 것인가이다. 하지만 경제적 가치가 당장의 '돈벌이'만을 의미하는 것은 아니다. 경제적 가치가 중요하지만 건축의 목적이 돈이 되어서는 안 된다. 돈 버는 것이 잘못된 일은 아니지만 돈을 버는 데만 삶을 집중하는 것은 건축가로서의 야망의 빈곤함을 보여주는 것이다.

나쁜 건축가는 건축에 대한 기능적인 직무만을 수행하거나 자신의 욕망에 따라 이익만을 챙기는 사람이다. 그들에게 영혼은 없고 오직 금전, 돈에 대한 욕망만이 존재한다. 자신의 직무만 수동적으로 수행하는 인간이다. 건축에서 비용(돈)이 중요하다. 그렇지만 품질과 기술, 신뢰와 약속이 돈보다 더 귀중하고 차원 높은 가치라는 사실을 인식해야 한다. 건축을 통한 인간의 행복, 인간적인 가치의 실현이 더 소중하다. 건축의 목적은 돈이 아니다.

예산과 건축가

건축은 자본의 힘에 의해 실현된다. 형태와 기능은 자본을 따른다. 자본과 예산 앞에서는 형태도 기능도 무의미하며 예산에 맞추지 않으면 안 된다. 예산은 비용의 총체이다. 예산 범위 내에서 건축의 콘텐츠가 결정되는 것은 우리 건축업계의 현실이며 문제는 예산이다. 건축 과정에서 대부분의 경우 자본은 늘 부족하다. 예산이 충분한 예는 극히 드물며 한정적이다. 풍족한 자본이 건축을 받쳐 주는 경우는 별로 없지만 건축가는 이상적 목표를 향해 나아가야 한다. 더 확고한 의지로 예산의 문제를 극복하는 자세가 필요하다.

예산이 많으면 누구나 쉽게 좋은 건축을 할 수 있다. 품질은 비용과 깊은 상관관계가 있다. 예산 계획이 수립되어 집행이 적정해야 하고 사용 시기도 잘 맞아야 한다. 건축가와 건축주는 예산 문제에 대해 솔직하게 논의해야 한다. 한정적인 예산을 언제 어떻게 사용할 것인지 고민해야 한다.

예산은 건축의 중요한 도구이다. 건축가는 예산의 문제, 현장의 조건을 극복하는 대안을 제시해야 한다. 수많은 제약과 어려움 속에서도 해결 방안과 지혜가 생기고 그것으로 인해 좋은 건축이 만들어진다. 건축가의 명석한 지혜와 기술, 건축주의 현명한 판단력과 자금력은 좋은 건축의 바탕이다. 건축은 빚으로 조달했을지도 모를 건축주의 소중한 자금으로 그 사람에게는 평생 한 번뿐일지 모르는 집을 짓는 일이다. 그러므로 그에 걸맞은 건축가와 건축주의 이해와 의지, 책임감이 요구된다.

건축가는 예산 규모를 고려하여 언제 어디에 어떻게 돈을 써야 할지를 제안해야 한다. 예산이 충분하면 한결 수월하겠지만 한정된 예산으로 품질을 높일 수 있는 아이디어가 중요하다. 건축가, 특히 시공자는 현장에 적합한 공법과 재료, 공정 관리를 통해 비용을 절약할 수 있다. 효율적인 예산의 집행과 자본의 활용은 건축가, 특히 시공자의 노력 여하에 달려 있다.

경제와 자본주의

건축 행위는 경제 활동의 축소판이다. 건축을 하기 위해서는 상당한 에너지와 자본의 집중이 요구된다. 건물을 짓자고 하는 이는 건축가가 아니라 자본을 소유하거나 그 흐름을 통제하는 개인 또는 집단이다. 이들이 건축주가 되면 어떤 건물을 짓는가는 건축주의 결정에 따른다. 건축의 범위는 법규에서 허용하는 최대치 안에서 결정되며, 관련 법규와 건축주의 경제적 능력과 자본에 따라 규모가 결정되고 한계가 정해진다.

건축은 경제와 직결된다. 건축가는 건축과 경제의 미묘한 관계도 충분히 이해해야 한다. 건축은 경제와 분리시켜 생각할 수 없기 때문이다. 여기서 경제는 자본을 뜻한다. 경제에 편중해서는 안 된다는 말만 하다가는 건축가로서 아무것도 이룰 수 없을지 모른다. 건축가는 클라이언트, 건축주의 현실적인 상황이나 여건, 요구를 분명하게 이해해야 한다. 그래야만 좋은 건축을 시작할 수 있다.

서울대학교 미술관 설계자 건축가 렘 콜하스는 거대 자본에 접근하는 행위가 얼마나 위험한지 충고한다. 자본의 위험성을 충분히 인식한 뒤에 건축계에 뛰어들어 그것과 정면으로 맞서는 자세를 관철해야 한다고 조언한다. 대부분의 건축물이 경제를 중심으로 움직이는 사회의 영향에 의해 만들어지고 있다. 엄연한 사실이다. 이러한 사실에 문제의식을 느껴야 한다.

렘 콜하스, 서울대학교 미술관(2005년), 구조적 특성이 그대로 드러난 건축물

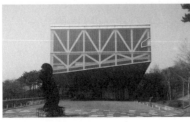

현대사회는 건축을 움직이는 자본의 힘이 지나칠 정도로 거대하다. 일개 건축가 개개인이 제어할 수 있는 수준을 넘기도 한다. 자본의 힘에 비해 건축가의 힘은 미약하다.

건축은 자본의 힘에 의해 결정되는 대상이다. 건축가는 자본의 논리에 의해 건축을 만드는 자본가의 대리인이라 할 수 있다. 여기서 자본과 자본주의는 별개의 문제이다. 건축에서 자본은 중요한 요소이다. 문제는 자본이 아니라 모든 것을 상품화해 버리는 자본주의에 있다. 건축 역시 자본주의 관점에서는 상품화로부터 자유로울 수 없다. 건축의 최종 가치가 사용가치가 아닌 교환가치가 되고, 예술로서 건축의 기능이 안목은 없으나 돈 많은 자들의 현시욕에 봉사하게 된다. 이와 같은 자본주의적 상황에서 가장 올바른 건축 행위는 '건축하지 않는 것'이다. 그렇다고 영영 건축을 멈출 수 없다. 오히려 자본의 힘을 이용하여 좋은 건축을 하면 된다. 건축가는 정확하고 올바르게 자본을 이해하여 건축에 스며들게 해야 한다.

현대사회의 많은 영역이 편의와 효율성, 자본의 가치에 의해 변화하고 있다. 《콤플렉스》의 저자 할 포스터(Hal Foster)는 이미지와 통합된 오늘날의 현대 건축은 '자본이 되는 지점까지 축적된 이미지'에 불과하다고 한다. 건축과 자본의 관계를 냉정하게 표현한 말이다. 그렇지만 사람들은 여전히 건축을 통해 행복하고 아름답고 충일한 삶을 바란다. 건축가라면 누구나 세상과 사람을 위해 건축물을 짓는다고 말한다. 하지만 강한 경제적 논리에 지배당하는 현대사회에서 건축은 건축가의 윤리나 선의를 훨씬 능가하는 힘으로 만들어진다.

거대 자본으로 움직이는 거대 도시에서 건축가는 어떻게 해야 할까? 그에 대한 답은 명확하다. 자기 경쟁력을 키우는 방법밖에 없으며, 자본의 성질에 대해 더 많이 알고 학습해야 한다. 그리고 이기적으로 비칠지 모르겠지만 건축이라는 수단을 갖고 각자도생(各自圖生)의 길을 가야 한다. 자본이란 수단을 이용해야 하지만 자본주의에 예속되어서는 안 된다. 건축가는 자본에 대한 관념을 달리해야 하며 사고를 전환해야 한다. 올바른 경제관념을 가진 건축가의 '생각'은 경제를 초월하는 힘이 되기 때문이다.

권력과 욕망

건축은 그것을 만드는 사람들의 야망과 의지를 반영한다. 인류역사상 건축은 권력과 정치에 봉사하는 길을 걸어왔다. 시대적 상황하에서 건축이 권력에 의해 좌우된 것도 엄연한 사실이다. 건축을 움직이는 일차적 동기는 삶이고 그 다음이 이윤이며 또 그 다음이 부(富)와 권력이다. 더 소중한 가치가 무엇인지 자명함에도 불구하고 건축이 권력이나 부를 과시하기 위한 수단으로 사용되었다. 부를 과시하기 위한 도구는 소비와 사치라고 할 수 있다. 부가 주목적인 경우는 건축의 내면에 숨겨진 본질을 간과하기 쉬우며 이는 좋은 건축의 취지와는 다르다. 이와 같이 부나 권력을 건축의 목적으로 추구한다면 나쁜 건축의 길로 들어설 수밖에 없다. 건축의 본질은 부나 권력의 가치를 초월해야 한다.

  건축이 인간의 사고와 행동을 조작하거나 지배할 수 있다는 생각을 모더니스트들이 처음 발견한 것은 아니다. 고대 로마의 황제를 비롯하여 역사상 대부분의 독재자가 건축을 국민의 추종을 설득하거나 정치적 선동의 도구로 이용하였다. 그러한 예는 수없이 많다. 건축물은 덩치가 큰 덕분에 선전물로 쉽게 이용되었다. 대규모 건축 사업을 통해 정치적 불안정의 위기를 희석시키려는 시도는 역사를 통해 수없이 되풀이 되었다. 건축이 정치의 수단으로 작용된 것이다. 현대 건축 문화의 성격과 그것이 권력과 맺고 있는 근친상간의 관계는 여러 가지를 말해 준다.

　건축은 국가의 통치 형태의 표현이며, 권력이 누렸던 영화(榮華)의 표현이었다. 기념물의 형태로 계승되었고 신화(神話)를 낳기도 했다. 아돌프 히틀러(Adolf Hitler)만큼 건축을 정치적으로 적극적이며 효과적으로 이용한 사람은 보기 드물다. 그 자신이 직접 설계를 한 건축가인 히틀러는 빗나간 천재 건축가 알베르트 슈페어(Albert speer)를 등용하여 나치 건축 및 도시를 설계하게 했다. 슈페어는 히틀러를 위해 봉사하였다. 슈페어와 히틀러는 고대 그리스나 로마의 유적처럼 수천 년 후 폐허가 되더라도 미적 가치가 남는 건물을 지으려 했고, 모든 제3제국의 중요한 건물이 이러한 개념으로 지어져야 한다고 생각했다. 웅장한 건축물처럼 제국의 권위를 시각적으로 전달하기에 적합한 수단은 없다. 히틀러와 나치 정권은 건축을 권력 및 정치의 수단으로 사용한 대표적인 사례이다.

　정치가는 건축을 정치적 수단으로 적극 활용한다. 정치적 지배의 정당성을 확보하려는 권력의 필요나 욕망이 어김없이 작동한다. 권력과 마찬가지로 정치를 가장 큰 규모로 시각화, 미화할 수 있는 것이 건축물이기 때문이다. 정치가는 건축을 문화 수단으로보다는 사회 수단으로 간주한다. 하지만 건축물은 한시적 기간 동안 존립되나 영속되지는 못한다. 건축은 파괴될 때까지 시간과 싸우는 형체라고 할 수 있다. 건축이 정치의 도구로서 항상 효과적이었던 것만은 아니다. 한 세대를 버티지 못하고 철거되거나 없어지는 사례도 많았다. 이들은 건축의 목적에서부터 좋은 건축의 요건을 갖추지 못했으며, 건축은 그것을 만드는 사람의 의지와 야망을 반영하지만 권위와 억압, 거만과 자만 그리고 독재에 봉사하는 건축물은 나쁜 건축으로 규정할 수 있다. 건축은 특정한 권력자를 위한 것이 아니다. 건축에 대한 목적이 순수해야 하며 사용자를 위한 것이어야 한다.

　한국에서 건축은 오랫동안 부동산과 건설의 영역으로 다루어져 왔다. 돈과 권력 있는 사람을 위한 기념비적인 건물(monument architecture)을 만드는 것에 대한 반감은 높다. 건축과 연관된 사회적 이슈가 산재해 있다. 공공 건축의 부실, 재난 현장, 낙후한 농어촌과 도시 재생, 주거 문제 등이 그것이다. 건축은 캔버스가 아닌, 사회 속에 새겨지고 그 사회에서 이루어진다. 건축가로서 사회적인 책임을 느껴야 한다.

건축가는 어떤 의도를 가지고 있든 간에 결국 자기 논리에 의해서가 아니라 건축가를 고용하는 부자들과 권력자들의 충동에 의해 움직인다. 건축은 돈과 경제, 권력과 정치 요소와 연관된다. 어쩔 수 없는 건축가의 숙명이다. 건축물은 비교적 수명이 길지만 건축의 정치적 역할은 짧다. 건축가는 건축이 정치에 봉사하는 사회에 대한 문제의식을 가져야 한다. 건축의 주인은 소수의 권력자가 아니라 다수의 대중이다. 건축의 주체는 사용자, 건축주, 건축가이며, 모든 건축과 건축가는 사회와 다수 대중을 위해 봉사해야 한다.

"부실시공이란"

건축적 범죄

건축에는 "일반해(general solution)가 없다."는 말이 있다. 모든 건축에 일괄적으로 적용될 수 있는 정답이 없다는 뜻이다. 건축하는 방식과 해답이 누구나 다르다는 의미이기도 하다. 건축에 있어 각각의 작업마다 본질에 다가가는 방법이 다르고 표현의 기법이 다르다. 하지만 궁극적인 차이는 따로 존재할 수 없다. 건축에서 공통적인 선(善), 누구나 공감하는 해답은 있다. 정답은 없을지 몰라도 해답은 있다고 주장할 수 있다. 건축가는 그 해답을 찾아가야 하며 최대한 그것에 가깝게 다가가야 한다.

품질에 대한 시행착오는 건축의 시공 과정에서 흔히 발생한다. 건축의 품질은 천차만별이며 품질을 좌우하는 것은 하자이다. 단순한 실수나 나쁜 의도, 관리 부족 등 다양한 요인에 의해 하자와 부실시공이 생겨난다. 건축의 주체들이 건축의 원칙과 시공의 원칙을 지키지 않으면 하자, 부실이 나타난다. 부실 건축은 나쁜 건축이다. 품질이 확보되지 않는 부실 건축은 전공하지 않아도 누구나 할 수 있다. 이런 현상 때문에 건축업은 전문성이 부족해도 누구나 할 수 있는 사업이라는 인식이 존재한다. 아무나 건축 행위를 할 수 있는 현실은 미래를 생각하면 불행한 일이다. 이와 같은 여건에서 건축 부실은 우리 사회의 심각한 고민거리가 아닐 수 없다.

설계나 시공의 부실은 상호가해적 개발의 행태이며 그러한 행위의 결과이다. 건축의 부실은 사회적·경제적 추가 비용을 발생시킨다. 부작위(不作

爲)에 해당하는 반사회적 범죄이며 명백한 사회악이다. 이러한 건축 관련 범죄는 수많은 사회의 잉여 노동력의 수용처가 되며, 환경과 개인의 상호 작용 속에서 등장한다. 부실시공은 건축가가 마땅히 해야 할 행위를 하지 않은 불성실과 무책임의 소산물이다. 돈벌이 수단으로서의 건축이 초래한 결과는 부실이며 불법, 비양심적 건축가의 초상(肖像)이다.

범죄는 그 사회의 도덕적 변화와 경제적 변이를 증명하는 중요한 단서이다. 부실시공은 생명을 위협하며 재산상에도 막대한 피해를 준다. 건축의 부실은 사회경제적 모순의 곪아 터진 거울이기도 하며, 부실시공으로 인한 범죄는 건축가의 나쁜 태도와 의식, 가치관을 투영한다. 건축의 수준을 증명하는 바로미터이다. 부실 건축의 결과는 건축인에 대한 불평과 불신이며 이는 전문성 실현의 비참한 실패(abject failure)이다.

건축을 한다는 행위는 자기 표현이며 창조적 발로이다. 한편으로 건축은 환경에 대한 부담이자 장소에 대한 기억을 소멸시키는 일종의 부정적 성격도 띠고 있다. 건축은 기본적으로 자연 파괴적 행위이며 이는 불가피한 일이기도 하다. 비판적 관점에서 보면 건축 부실은 위선적 결과를 반증하는 것이다. 부실의 결과는 막대한 피해와 손실을 유발하고 나아가 생명에도 위협을 가한다. 부실의 여부나 정도에 따라 건축과 건축가에 대한 평가가 결정된다.

건축업계의 부실은 비관주의와 대충주의가 현장과 만나 '건축을 대충 대충하는' 방식이 정착된 것이다. 대충하는 습관적인 행태의 근본적인 변화가 없으면 좋은 건축을 할 수 없다. 건국대 이상헌 교수는 "건축은 없다."라고 한다. 이 말은 한국에서 건축이 학문적으로, 제도적으로, 문화적으로 존재하지 않는다는 뜻이다. 부실 건축은 건축의 가치적 측면에서 '없음'을 반증한다. '건축의 부재'는 현장에서 더욱 심하며 현장 기술자(시공자)의 양심을 찾아볼 수 없다.

건축 현장에서는 설계도면이나 설계자의 의도보다 시공자의 방식과 시공 편의가 우선한다. '대충', '적당히'라는 편리한 말로 넘긴다. 적당주의가 등장하는 것이다. 설계 원칙이나 품질보다는 어떻게 하면 쉽고 편리하게 시공을 완성할까만 고민한다. 설계도면의 준수나 품질보다는 무난하고 적당한 시공이 손쉽기 때문이다. 적당히 하는 시공으로 공기 단축과 비용 절감을 추구한다. 건축의 기본과 시공의 원칙은 무시된 채 건축물은 '적당히, 그럴듯한' 형체를 갖추어 세워진다. 부실이나 하자는 웅장한 껍데기 속에 숨어 세월과 함께 드러난다. 원칙과 기본을 지키는 건축가가 많지 않다. 부실 시공은 '건축의 부재'를 초래하는 전문성의 실패이다. 건축가는 건축이라는 대상, 건축적 사실(fact)에 모든 것을 걸어야 한다.

사용성과 건축의 가치

건축의 가치는 사용성이 좌우한다. 사용성은 기능이며 공간이며 편리함이다. 건축은 건축가, 건축주만의 것이 아니다. 건축이 사회적인 존재이듯 구성원 모두의 것이다. 건축은 사용자를 위해 존재하므로 사용자에 대해 우선적으로 배려하고 사용자를 생각하는 개념이 큰 의미를 갖는다. 사용자 중심의 콘셉트는 좋은 건축의 기본이다. 건축가의 철학이나 사상보다 사용자를 위한 공간과 개념의 우선적 적용이 건축적 가치를 더한다. 미국의 건축가 루이스 칸의 솔크 연구소는 영원을 상징하는 수평선의 미학적 가치보다 연구자에 대한 배려와 공간 디자인 측면이 더 가치를 인정받는 건축물이다. 높은 곳에서 떨어지는 수공간도 신체적 체험을 가중시킨다. 연구자의 심리와 행태에 맞는 공간 구성이 연구소의 가치를 높인다.

아무리 아름다운 건축도 사용, 쓰임새가 좋지 못하면 무용지물이다. 쓰임새는 품질과 밀접히 관련되며 공간의 생명이기도 하다. 사용성이 좋지 못하면 당연히 그 건물의 존재 가치가 퇴색된다. 그러므로 좋은 건축의 중요한 판단기준은 사용성, 쓰임새이며 이는 형태나 미적인 측면보다 먼저이다. 쓰임새는 사용자가 편리하게 사용할 수 있는 장치이며 공간을 살리지 못하면 그 건축물은 생명을 다한다. 우리는 사람이 집이나 건물을 사용하지 않으면 급격히 폐허로 변하는 것을 종종 본다. 공간에 사람의 손길이 닿지 않을 때 건물은 황폐하게 되며 건축적인 생명이 끝나고 만다.

역사적으로 유명한 건축물은 다양한 측면에서 평가받는다. 빌라 사보아는 르 꼬르뷔지에의 근대건축 5원칙인 필로티, 옥상 정원, 자유로운 평면, 자유로운 파사드, 연속적인 수평창이 가장 충실히 적용된 건축물로서 근대건축의 상징이라고 할 수 있다. 그는 건축을 '살기 위한 기계(住居機械)'라 하였다. 이 말은 새로운 생활에 대응되는 기능, 즉 기능성이 주거 변화의 요인이라는 의미이다. 빌라 사보아는 건축사적으로 보면 중요한 위치를 차지하며 좋은 건축이라 규정할 수 있다. 하지만 지금은 사람이 살지 않는 방문객을 위한 하나의 유산으로 남아 있다.

건축에 대한 관점은 사람마다 다르다. 사보아 부인의 일상적 불편을 들어보면 좋은 건축이란 규정에 의구심이 솟아난다. 꼬르뷔지에는 법적 소송에도 연루되어 친구인 아인슈타인을 동행하여 자신의 건축에 대해 항변했다고 한다. 여기서 건축사적인 평가가 사용자에게도 동일하게 적용될까라는 물음에 대한 답은 명확하다. 사용자 입장에서 건축사적인 평가는 별개의 의미이며 전혀 중요하지 않다. 생활의 용기인 주택으로 인해 삶이 편안하지 않다면 좋은 집이라 할 수 없다. 왜냐하면 집의 기본적 기능이 충족되지 못했기 때문이다. 건축의 목적이 실현되지 못한 것은 결코 좋은 건축이 될 수 없다.

프랑스 작가 알랭 드 보통의 《행복한 건축》이라는 책에서는 빌라 사보아

루이스 칸, 솔크 연구소(1965년), 회색의 트래버틴과 풍부한 수공간의 연출

로 인한 건축주의 불만을 확인할 수 있다. 빌라 사보아의 복도와 욕실에 물이 새는 하자가 있다는 것이다. 세계적인 건축가가 설계한 건축물에도 물이 새는 하자가 있다고 하니 놀랍지 않은가. 누수는 설계의 문제가 아니고 시공의 문제일 수 있다. 물론 오래되고 노후된 건물은 누수가 생길 가능성은 있지만 정확하게 시공된 건물에서는 쉽게 찾아볼 수 없다. 부실이나 하자는 사용자에게 엄청난 스트레스를 준다.

폴 골드버거(Paul Goldberger)의 책 《건축은 왜 중요한가》에서도 빌라 사보아의 문제를 확인할 수 있다. 사보아 부인은 그 집을 '살 수 없는 집'이라고 여겼다. 그곳에서 10년 넘게 살면서 겪은 불편을 보면 그와 같은 그녀의 평가를 충분히 이해할 수 있다. 물론 건축에 대한 평가는 다를 수 있으며 어디에 초점을 두느냐에 따라 차이날 수 있다. 하지만 사용자 측면에서 건축의 본질을 생각해 볼 때 빌라 사보아는 논쟁의 대상임에 분명하다. 사보아 부인의 관점에서 보면 이 집은 '살기에 불편한 기계' 그 이상도 그 이하도 아니다.

좋은 건축의 필요조건은 무엇일까? 그것은 의뢰인의 요구사항을 잘 충족시켰는가 이다. 아무리 건축사에 큰 족적을 남기거나 이론적으로 혹은 기술적으로 새로운 시작을 제공한다 해도, 의뢰인의 요구조건을 충족시키지 못한다면 좋은 건축이라 할 수 없다. 상식적이고 합법적인 범주 안에서 건축주 혹은 사용자의 욕구, 필요를 100% 이상 충족시켜 주는 것이 건축의 소임이다. 그러므로 건축의 고려대상에서는 사용자가 가장 우선한다. 아무리 아름답고 유명한 것일지라도 사용자가 만족하지 못하면 좋은 건축이 아니다. 유지관리적인 측면에서 불편하다면 좋은 건축이라 할 수 없다. 건축적 약속이 지켜지지 않은 것으로 하나의 골치 덩어리로 남겨질 뿐이다. 건축은 사용자를 위한 것이며 사용자에 대한 배려가 필수적이다. 따라서 건축의 미덕은 사용성, 쓰임새에 있다.

집단적 무책임과 관행

건축의 부실(不實)은 어제 오늘의 이야기가 아니다. 이화여대 임석재 교수
는 "지금 건축 종사자들은 우리의 건축을 둘러싸고 벌어지는 사회적 상황
에 대해 비판이나 개선은 엄두도 못 내고, 그렇다고 즐거운 마음으로 동참
해서 앞장서서 이끌어가는 것도 아니다. 사회적 상황에 굴복하고 종속되어
서 끌려가고 있는 것이다."라고 진단한다. 건축가의 처지를 동정하거나 입
장을 대변하는 것이 아니라 반복되는 구조적, 비합리적 관행을 날카롭게
비판하였다.

단게 겐조(丹下健三)는 요요기국립경기장, 도쿄도청사, 후지TV 사옥, 가
가와현청사 등을 설계한 사람으로, 일본 건축의 기초를 확립한 건축가이
다. 그는 "오늘날의 건축가들은 자신들을 평가절하해서 자신들을 미래를
개혁할 힘이 없는 단순히 평범한 시민 정도로 간주한다."고 했다. 건축가들
은 건축의 거대한 위기 앞에 무기력하기 그지없다.

언론에 보도되는 사실을 보면 건축의 부실시공은 현재에도 발생되고 있
다. 근절되거나 없어지지 않는다. 사회면을 장식하는 주요한 뉴스거리로 자
리 잡았다. 부실시공이 하나의 사회적 병리현상으로 인식되고 있으며 나
쁜 관행이나 습성에 동조하는 현상(conformity)도 엿보인다. 참담한 현실이
아닐 수 없다.

건축가는 자신이 속한 사회의 집단의식을 무의식적으로 축적하는지도
모른다. 보편적 부실, 부실의 보편화가 이루어지고 있고 '집단적 무책임'이
만연(蔓延)해 있다. 부실시공이 반복된다. 부실은 우리 건축 문화의 깊이 병
든 단면을 여실히 보여주는 것이며 '구조적 중독'을 의심하게 한다. 임 교
수의 아픈 지적은 건축가의 반성과 환골탈퇴를 요구한다. '환골탈퇴'는 단
순한 의지의 산물만이 아니다. 전진과 후퇴, 순기능과 역기능이 결합된 집

단게 겐조, 후지TV 사옥(1993년), 일본 오다이바의 상징적인 건축물(상)
단게 겐조, 도쿄도청사(1993년), 랜드마크가 된 건축(하)

합적 산물이다. 단순한 변화를 넘어 환골탈퇴의 의지가 건축가에게 필요하다.

건축의 단면 중 가장 큰 문제는 부실의 반복이다. 부실공사는 나쁜 건축이며 사회적 해악이다. 건축가에 대한 부정적인 편견과 불신은 건축인 스스로가 불러온 결과이다. 세상 사람들이 저지르는 나쁜 일 가운데에는 마음먹고 의도적으로 저지르는 악행만 있는 것이 아니다. '미필적 고의'라는 것도 있다. 소위 미필적 고의로 나쁜 관행을 일삼는 사람이 문제이다.

세상의 건축가가 모두가 그렇다는 이야기는 아니며 소수의 사례로 전체를 판단하는 것은 위험하다. 그렇지만 나쁜 관행을 따르는 건축가가 일부라 해도 중대한 문제가 아닐 수 없다. 나쁜 건축가는 일반적인 관습에 빠지고 그에 대한 자각 없이 나쁜 행위를 반복한다. 건축가에 대한 부정적 인식과 불신의 원인은 부실시공이다. 부실시공은 건축주, 사용자에게 막대한 피해를 준다.

건축 부실은 기본과 시공원칙의 상실, 즉 건축 원칙의 상실에 그 원인이 있다. 나쁜 관행에 대한 '묵인'과 '암묵적 동의'가 없이는 불가능하다. 이런 메커니즘을 끊어야 한다. 부실이라는 '나쁜' 결과가 건축가의 각성과 변화를 촉진시켜, 좋은 건축이라는 '선한' 결과를 가져온다는 역설에 주목해야 된다. 부실공사는 사회적 악이며 구조적 폭력이다. 건축가는 부실공사를 우리 사회의 공적 의제(agenda)로 삼아야 한다.

건축가에 대한 불신

건축가는 바른 길을 가야 한다. 많은 이들은 건축가에 대한 신뢰와 이미지, 전반적인 평가가 심각한 문제를 안고 있다고 지적한다. 건축에 대한 불신의 벽은 그 높이를 가늠하기 어려울 정도다. 문제의 근원은 부실 건축과 불법, 부조리 때문이지만 건축가에 대한 불신과 편견은 건축가가 스스로 고립되는 길을 선택한 것도 한 가지 이유이다. 결론적으로 불신의 원인은 건축가에게 있다. 건축가의 일상적인 나쁜 관행과 습성이 문제이다. 건축계에 비일비재한 불합리한 일들을 보면 기본과 원칙에 충실한 사회적 시스템의 부재를 느낄 수 있다.

경로 의존성이란 용어가 있다. 이 말은 한 번 형성된 기술이나 관습, 제도는 환경이 바뀌어 비효율성이 입증된 뒤에도 좀처럼 의존했던 경로를 벗어나기 어렵다는 뜻이다. 건축 부실과 업계 부조리의 반복도 이와 같이 잘못된 경로를 가는 것과 같다. 부실시공이 일반적인 정서로 인식되고 있는데 대해 건축가는 건전한 건축적 가치관의 부재에 대한 책임의식을 느껴야 한다. 건축 부실과 부조리가 어떤 개인이나 집단의 부도덕과 비양심에 관한 문제로만 귀결시켜서는 안 된다. 이것은 개인과 집단을 넘어 건축가의 위상, 사회적 시스템의 문제로 확대된다. 여기에는 긍정적인 가치가 스며들 여지가 없다.

건축의 부실은 건축가(관리자)의 정신력 추락이나 책임감 결여에서 온다. 낮은 도덕성과 책임감에서 기인한다. 부실에 대한 각성과 의식 전환이 없으면 좋은 건축으로 가는 길은 요원하며, 건축가에 대한 좋은 평가와 인식을 기대하는 것은 더욱 어렵다. 부실을 근절하지 않고 좋은 건축가가 되는 길은 어두운 동굴 속을 헤매는 일과 같다. 근본적으로 건축가의 도덕성 함양과 자기 쇄신, 건축계의 혁신이 요구된다.

건축가에 대한 편견을 불식시키기 위해서는 새로운 변화의 모습을 보여주어야 한다. 정치가가 변화와 개혁을 외치듯 어떠한 변화이더라도 그 변화가 가시화될 때, 민심의 저울추는 현존 질서와 체제를 밑동부터 갈아엎을 것이며, 새로운 전망과 비전을 보여주는 쪽으로 기울 것이다. 부실공사와 뇌물, 불법, 사기와 같은 부정적인 문화가 거울에 비치는 자신의 모습이 아닌지 유심히 살펴보아야 한다. 부실공사에 대한 건축가의 도덕적 각성이 절실하다.

부조리를 고치려는 의지가 절대적으로 필요하다. 한 사람이 구조를 변화시킬 수 있는 힘은 미미한 것처럼 보이지만 변화 과정에서 여러 사람들에게 영향을 미친다. 한 사람의 변화가 대변혁의 기폭제가 될 수 있다. 부실공사를 발생시키는 사람은 미래가 있을 수 없다. 건축이라는 직업은 건축가로서 사회적 불합리에 저항해 나가는 나름의 투쟁이어야 한다.

건축가는 부실의 평범성을 거부해야 한다. 나쁜 건축, 부실 건축의 경로를 벗어나 좋은 건축이라는 길을 선택해야 한다. 지금 눈앞의 작은 이익을 좇지 말고 미래의 큰 이익, 좋은 건축을 추구해야 한다. 좋은 건축과 성공한 건축가의 길은 어렵고 험난한 길일 수 있다. 하지만 그 길에 건축가와 건축업계의 미래가 있다.

부실시공의 원인

사람의 문제

부실로는 좋은 건축이 불가능하다. 부실시공의 원인은 다양하며 복잡하다. 건축(시공) 과정에서 부정부패가 좀처럼 근절되지 않고 오히려 날이 갈수록 교묘해지고 있다. 그 중 심각한 것이 하자이며 질 낮은 품질이다. 부실시공의 원인은 많겠지만 네 가지를 꼽을 수 있다. 첫째, 사람의 문제이다. 사람의 문제는, 즉 건축가의 윤리의식, 공익 정신의 부재가 가장 큰 원인이다. 기술자의 프로페셔널리즘(professionalism)의 상실, 기술자 정신과 장인정신의 퇴보로 인해 부실공사가 발생된다. 건축인의 도덕성 상실과 윤리의식 결여가 그 바탕에 깔려 있다. 이것은 우리 사회에 수단과 방법을 가리지 않는 금전 만능주의, 천민 자본주의가 지배하기 때문이다.

건축 교육도 부실을 제공하는 또 다른 원인이다. 사람 교육에 문제가 있으며 더 나아가 건축 교육에 문제가 있다. 실무 교육, 윤리 교육이 제대로 이루어지지 않는 것이 문제다. 학교 교육에서는 현장 관리나 품질 관리에 대한 지식을 가르치지 않는다. 물론 학교에서 모든 것을 가르칠 수도 없지만 현장에 필요한 실무적 내용을 가르치는 것은 반드시 필요하다. 그리고 건축가에게 필수적으로 요구되는 도덕성 함양도 교육 내용에 포함되어야 한다. 건축가의 의무를 각인시키고 높은 도덕성과 윤리적 행동방식으로 무장시켜야 한다.

건축은 단순히 짓는다는 것 그 이상을 뜻한다. 그러나 시공자는 아주 그럴듯하게 시공하지만, 그것은 결국 자신의 이익을 위해 작업할 뿐이다. 그들은 대부분 일에 대한 책임성이 부족하며 대충하고 빨리 가고자 할 뿐이다. 대충주의가 문제이다. 건축가 김인철은 "이 땅에서 건축이 영위되었던 오랜 시간 동안, 그리고 앞으로 지속될 긴 시간 동안 변치 않아야 하는 우리의 명제는 '건축을 사랑하는 것'이다."라 하였다. 건축가는 건축 일을 사랑하는 법을 배워야 하며 일에 대한 책임감이 투철해야 한다. 건축 행위는 개인의 행복에 관계되기 때문이다. 건축하는 사람은 우리 삶의 무대이며 기반인 건축을 사랑해야 한다.

또 하나의 문제는 건축행정가인 공무원의 자질과 능력, 전문성 부족이다. 공무원은 건축주와 건축가, 시민의 사이에서 그 건축물이 공공의 이익에 위배되지 않도록 감시, 감독하는 사람이다. 그 건축물로 인해 훌륭한 생활환경이 조성될 수 있도록 만드는 적극적 조정자이며 협조자이다. 대부분의 공무원은 실무 경력이 없거나 아주 적은 상태에서 시험에 합격하고 바로 감독 업무를 수행한다. 그러므로 건축적, 실용적, 시공적 지식이 부족하다. 전문성과 경험을 갖춘 현장 실무 책임자는 드물다.

그러니 관리 감독은 부실해질 수밖에 없고 시공자에 끌려가는 방식으로 진행된다. 그로 인해 불가피하게 부실이 발생한다. 건축 품질에 대한 관리, 감독이 제대로 이루어지지 않는다. 현장과 현실을 모르고 감독 업무를 수행하므로 사업관리가 제대로 되지 않는다는 것은 불 보듯 뻔한 이치다. 물론 건축분야 공무원 모두가 그렇다는 것이 아니고 실무 능력과 전문성을 갖춘 감독자가 적다는 뜻이다. 관리 감독자의 전문성 부족은 공공건축의 부실을 더욱 심화시키는 요인이다.

건축직 공무원은 각종 설계 및 시방서를 이해해야 하고 계약의 특수성과 건축 기술에 대한 기본 지식을 갖춰야 한다. 건축에 대한 지식, 실무적 경험, 기술(력)이 있어야 한다. 그래야만 사업 관리 및 품질 관리가 가능하다. 다시 말해 관리 감독자의 전문성 강화는 부실시공을 줄일 수 있는 방법이다. 공사 감독자의 전문성이 강화되어야 한다.

정책의 문제

두 번째는 제도, 정책의 문제다. 부실공사를 방지하고 줄이기 위해서는 강력한 제도적 장치가 필요하다. 부실이 발생되었을 때 페널티(penalty)나 불이익을 강력하게 주어야 한다. 사실 정책과 제도의 문제는 복잡하고 광범위하기 때문에 단편적으로 논하기 어렵다. 그럼에도 불구하고 하나의 문제는 반드시 보완되어야 하는데, 그것은 부실 발생을 근본적으로 차단하기 위한 강력한 장치가 마련되어야 한다는 것이다.

부실공사에 대한 법적 처벌과 페널티를 강화하기 위해 강제력 있는 제도가 필요하다. 솜방망이 처벌로는 부실을 근절할 수 없다. 부적절한 처벌은 잠재적 범죄자로 인해 부실이 확대, 재생산되고 악순환되는 요인이다. 부실시공을 저지른 시공자는 더 이상 건축(사업)을 지속할 수 없도록 강력하게 처벌해야 한다.

또한 과도하게 왜곡된 경쟁 문제도 부실의 한 원인이다. 기술과 품질이 경쟁의 중요한 요소가 되어야 한다. 하지만 이것은 무시되고 가격을 비롯한 그 외의 부가적인 요소들이 중요하게 작용하여, 전문성과 기술력을 겸비한 업체들이 저가를 앞세운 부실기업에 밀려 수주하지 못하는 사태가 벌어진다. 기술보다는 운(運)에 좌우되는 수주 제도가 문제다. 부실한 업체가 오히려 입찰이 잘 되는 경우도 있다. 입찰에 참여해 본 현장 실무자들은 참으로 아이러니한 이런 현실에 공감할 것이다. 입찰 제도의 문제점을 개선하여 부실한 업체의 수주를 걸러내야 한다.

부실의 원인 행위는 업무상 과실에 해당된다. 감독자에게도 부실시공에 대한 책임을 지워야 한다. 공무원에게 감독 권한을 주는 대신에 책임도 무겁게 지워 부실공사를 막아야 한다. 지금의 제도로는 한계가 있다. 공무원의 감독 기능을 강화하고 권한에 대해 책임지는 구조를 만들어야 한다.

마지막으로 하자담보책임기간에 대한 것도 개선해야 한다. 일반하자 보수기간은 주요시설이 2~3년 이상, 그 밖의 시설은 1년 이상이다. 이와 같은 현행 하자담보책임기간을 5~10배로 연장해야 한다. 하지만 건설업체의 반대 목소리가 높다. 선진 외국의 하자담보책임기간과 비교해도 지나치게 과도한 기간, 체계적인 검토와 근거 없는 연장 의도, 무리한 민원성 요구 급증 등이 반대 이유이다. 하지만 하자를 근절하기 위해서도 반드시 필요한 조치이다.

5개 건설단체의 한목소리 탄원서 2건

'존경하는 국토부 장관님께'로 시작하는 간곡한 탄원서 중 하나는 국토부가 공동주택 하자담보책임기간을 확대하려는 것에 대한 반대 논리를 담고 있다. 국토부 안(案)대로 시행되면 세부 공종별로 대부분 공사의 하자담보책임기간이 연장돼 (일부 공종의 경우 5배 이상) 가뜩이나 어려운 건설 경기에 찬물을 확 끼얹을 게 뻔하다는 내용이다.

5개 단체(대한전문건설협회, 대한건설협회, 한국주택협회, 대한주택건설협회, 대한기계설비건설협회)는 반대 논리로 선진 외국의 공종별 하자담보책임기간과 비교해도 지나치게 과도한 하자기간, 체계적인 검토 및 타당한 근거와 합리적 이유 없는 주먹구구식 연장 의도, 가뜩이나 많은 입주민들의 무리한 민원성 요구 급증(기업 이미지 및 브랜드 가치 실추를 우려해 울며 겨자 먹기식으로 들어줄 수밖에 없다.) 등을 들고 있다.

사실 공동주택 하자분쟁의 대부분은 변호사와 법조 브로커가 수임료나 알선비를 챙기기 위해 진행하는 기획소송이다. 건설업계는 하자소송 10건 중 8~9건을 기획소송으로 보고 있다. 상황이 이런데도 하자담보책임기간이 확대되면 '꼬투리 잡기'식 기획소송은 더욱 늘어나 건설 산업은 서서히 골병들 가능성이 높다.

– 전문건설신문, 2016. 6. 13

건축가는 하자를 줄일 수 있는 나름의 방법이 있어야 한다. 더불어 추가적인 제도적 장치를 마련하여 하자에 대한 경각심을 높여야 한다. 하자에 대한 책임기간을 길게 하여 부실공사의 의도를 미연에 막아야 한다. 부실시공에 대한 여지를 없애야 부실에 대한 경계심을 갖고 건축의 기본과 시공의 원칙을 지킬 것이다. 하자담보 책임기간을 길게 해야 한다.

시간의 문제

세 번째는 시간의 문제다. 좋은 건축을 하기 위해서는 시간이 중요하다. 시간은 많은 의미를 함의하며 건축에서 시간은 돈이자 비용이다. 건축을 함에 있어 시간이 충분한 경우는 드물기 때문에 건축은 시간의 제약 속에서 이루어진다. 시간은 비용과 직결되므로 한계를 두어야 하지만 건축이 시작되기 전에는 충분한 검토시간을 주어야 한다. 즉, 설계에 소요되는 시간을 길게 주고 시공에 대한 준비와 연구를 충분히 할 수 있어야 한다. 설계기간에 여유가 있으면 질적으로 우수한 설계가 될 가능성이 높다. 그런 다음 적정 설계 및 시공 검토시간을 충분히 주어야 한다. 건축가의 능력을 발휘할 수 있는 시간이 주어지면 건축가도 시간에 대한 약속은 반드시 지켜야 한다.

안토니오 가우디가 설계한 스페인 바르셀로나의 성가족 성당은 1882년에 착공해 100년이 넘도록 공사 중이며 2026년 준공 예정이다. 그러나 건설기술이 비약적으로 발전한 20세기말에 100년의 공사 기간을 말하는 것

안토니오 가우디, 시공 중인 성가족 성당(1882년~)

은 실제로 그만큼의 시간이 필요하다는 것 이상을 뜻한다. 좋은 건축에 대한 평가를 부정할 수 없다. 성가족 성당은 어떤 식으로 짓든지 빨리 준공만 하면 제일이라고 생각하는 이 시대의 건축, 결과주의에 대한 안티테제(antithese)이다.

모든 영화를 살아생전에 누리려 하는 천박한 당대주의에 대한 준열한 비판이다. 공공건축의 경우에는 공사 기간을 따져 결정된다기보다는 정책적, 정치적 고려에 의해 결정된다. 부실 건축을 발생시킬 여지가 있다.

공자는 논어에서 "길에서 듣고 곧바로 길에서 말하는 것은 덕을 버리는 것이다(子曰 道德而塗說 德之棄也)."라고 하였다. 이는 성급함을 질책하는 가르침이다. 좋은 건축을 하기 위해서 시간의 개념이 매우 중요하다. 졸속과 대충, 빨리 빨리 문화를 퇴출시켜야 한다. 적정한 준비와 관리를 통해 시간을 조율하고 특히, 건축설계와 검토에는 충분한 시간을 주는 것이 현명하다.

설계의 문제

네 번째는 설계의 문제다. 설계의 부정확성, 즉 설계 부실이 부실 건축의 근원적 요인이 된다. 설계 오류와 혼동, 상호 불일치는 좋은 건축하기를 어렵게 하며 설계 부실은 비용과 에너지 낭비를 가져온다. 설계의 부실은 시공에 중대한 영향을 미치며 시공을 힘들게 하는 요소이다. 설계자들은 이 의견에 반감을 가지거나 인정하지 않을 것이다. 그렇다면 나쁜 건축은 나쁜 설계가 문제인가, 나쁜 시공의 탓인가, 그 원인은 어디에 있을까? 이것은 반복되는 논란거리이지만 설계가 정확하다면 부실의 원인은 시공에 있다. 그러므로 설계는 정확성이 생명이다. 건축에서 설계만큼 중요한 것은 없다. 아무리 강조해도 지나치지 않다. 설계 오류는 건축의 품질에 지대한 영향을 미친다.

설계는 시공의 문제를 넘어야 하고 설계자의 능력은 시공자의 능력보다 더 뛰어나야 한다. 그래야만 설계의 부정확으로 인한 부실시공은 발생되지 않는다. 정확한 설계는 좋은 건축의 시작이다. 설계를 바탕으로 시공이 이루어지므로 설계가 정확해야 한다. 정확한 설계가 전제되어야 좋은 건축을 할 수 있다.

좋은 설계는 좋은 건축의 바탕이 되며 좋은 시공으로 이어진다. 좋은 시공은 '현장'에서 생성된다. 현장이란 공간은 건축이 만들어지는 바탕이며 현장이 건축의 현재이다. 시공자는 좋은 설계를 바탕으로 품질 좋은 건축을 해야 한다. 설계의 부정확성으로 인한 부실 건축, 부실시공이 더 이상 되풀이 되어서는 안 된다.

"부실시공의 역사는?"

인간은 과거의 실수에서 배운다. 하지만 해군 예인정 침몰(1974년), 서해훼리호 침몰(1993년), 삼풍백화점 붕괴(1995년), 세월호 침몰(2014년) 사건은 기억하기도 싫은 대형 참사다. 일정 주기로 반복되는 참사는 자본주의의 민낯을 보여주는 증거다. 대형 참사는 자본과 권력의 부패, 부조리, 부실이 결합된 결과물이다. 특히 삼풍백화점 붕괴는 과거의 세월호 사건이며 건축 분야의 세월호라 할 수 있다. 세월호 침몰 사고는 위태로운 한국 사회의 축소판이며 우리 사회의 본 모습을 보여준다.

대형 참사에는 종종 건축, 건축물이 주인공으로 등장한다. 부끄러운 사실이다. 부실 건축으로 인해 많은 사람이 다치거나 사망한다. 건축의 근본 목적과 가치, 본질에 완전히 반하는 현상이다. 부실 건축은 좋은 건축과는 거리가 멀고 건축업자, 건설업자는 부실의 대명사로 통한다. 부실로 인한 건축의 대형 참사에서 건축가는 존재하지 않으며 건축도 없다. 다시 말하지만 부실 건축은 사회적 악이자 범죄 행위로서 건축에 대한 혐오감을 불러일으킨다.

와우아파트 붕괴(1970년), 삼풍백화점 붕괴, 경주리조트 붕괴(2014년), 세종 모아미래도아파트 철근 누락 시공(2014년) 등과 같은 대형 참사, 부실공사로 인해 건축가를 부실의 주범이라 해도 항변할 길이 없다. 우리 사회에서 발생되는 건축물의 붕괴와 부실은 더 이상 숨길 수 없는 건축가의 민낯이다. 너무 부끄러운 건축 현장의 역사, 절대 반복되어서는 안 될 건축 부실시공의 역사 중, 그 시작은 와우아파트 붕괴 사고이다.

와우아파트 붕괴 참사

와우아파트 붕괴 사고는 조정래의 대하소설 《한강》, 이문열 《변경》에 등장한다. 《한강》에서는 개발 독재시대의 부정과 비리, 자본축적의 대표적 인물로 한강건설의 박부길 사장을 그리고 있다. 그는 추잡한 자본가의 모습을 보여준다. 와우아파트 붕괴 사건은 《한강》 5권에 나온다. 그 당시 사회적으로 큰 충격을 준 사건임에 틀림없다.

> "긴급뉴스를 말씀드리겠습니다. 긴급뉴스를 말씀드리겠습니다. 방금 들어온 소식에 의하면 서울 마포구 창전동 와우산 중턱에 자리 잡고 있던 와우아파트가 갑자기 붕괴되었습니다. 산비탈에 서 있던 아파트가 갑자기 무너진 것은 부실공사가 그 원인으로 추정되는 바, 현재로서는 자세한 피해상황이 파악되지 않고 있습니다. 피해실태가 드러나는 쪽쪽 신속하게 소식을 전해드리도록 하겠습니다."
>
> — 조정래, 《한강》 5

와우아파트 붕괴 사고는 소설 속에서 군대식 날림의 대명사로 묘사되고 있다. 철근을 빼 먹고 콘크리트 기준 강도를 지키지 않고 무리한 시공으로 지은 지 4개월 만에 아파트가 무너졌다. 어이없는 사건이었다. 서울시가 마포구 창전동에 야심차게 추진했던 주택사업이었지만, 이 사고로 당시의 서울시장이 물러나고 정권도 큰 타격을 입었다.

서울시는 급격히 증가하는 인구와 주택 부족 문제를 물량주의적 서민주택의 급조라는 처방을 써서 풀어보려고 했다. 급조된 처방은 무리가 따르게 마련이다. 물량주의와 전시주의 행정은 와우 공동주택의 붕괴 사태를 낳았다. 많은 인명 피해를 초래한 참상을 보게 했다.

아파트 붕괴의 원인은 공사의 부실이다. 건설 허가를 따내기 위해 쓴 뇌물 비용만큼 공사자재를 아껴야 했기 때문에, 철근 70개를 넣어야 튼튼하게 유지될 기둥에 고작 5개의 철근을 넣을 정도로 엄청난 부실공사를 저질렀다. 그 결과 1970년 4월 8일 오전 6시 40분 무렵 지상 5층, 15개동 규모의 와우아파트 한 동이 폭삭 주저앉았다. 시민아파트가 무너져 33명이 사망했고 40명이 부상당했다. 피해 규모도 컸지만 준공하고 얼마 되지 않아 일어난 사고라 충격이 더 컸다. 최대한 짧은 시간 안에 최대한 적은 비용으로 많은 집을 짓고자 했던 욕심이 어이없는 부실시공으로 이어졌다. 70도 경사의 산비탈에 세워졌음에도 철근을 줄이고 시멘트를 거의 섞지 않는 방법으로 비용을 줄였다.

이 아파트는 1976년과 1984년, 1988년, 1989년 4차례에 걸쳐 단계적으로 철거되었다. 1991년을 마지막으로 남아 있던 4개동도 모두 철거되어 부지는 공원으로 조성되었다. 서울시가 달동네 재개발사업으로 야심차게 추진했던 와우아파트는 부실시공과 날림공사의 대명사로 후세에 기억되고 말았다. 우리 건축 역사상 최초로 발생된 대형 부실공사다. 건축을 정권의 권력 유지 수단으로 삼았다가 엄청난 대가를 치러야했던 뼈아픈 사례다. 또한 사회적 부패, 기술적 무지가 가미된 부실 건축의 단면을 가감 없이 보여주는 불명예스런 사건으로 역사에 기록되었다. 뿐만 아니라 이 사건은 근대적 부실시공의 전형을 보여주는 건축적 오명의 시작이다.

삼풍백화점 붕괴 사고

삼풍백화점 붕괴 사고는 건축적 비극, 건축에 대한 혐오를 느끼게 한다. 2016년 2월 대만의 동남부 지진으로 '두부빌딩' 붕괴라는 사건이 있었다. 이 빌딩 붕괴는 20여 년 전 우리나라 삼풍백화점 붕괴 사고를 연상케 했다. 철근 두께가 기준에 미달하고, 일부 기둥 중심에는 스티로폼이 들어 있고, 벽 속엔 양철깡통을 넣는 등 총체적 부실이 드러났다.

건축가 함인선은 건축에서 비극이 어떤 것인지 삼풍백화점 사고를 통해 경험한 적이 있다고 했다. 1995년 6월 필자는 논현동에 있는 한 건축설계사무소에 근무하고 있었다. 그 당시의 분위기를 생생히 기억한다. 서초동 방향에 난리나 전쟁이 난 것 같은 느낌이었다. 그 후 TV를 통해 본 모습은 참혹했으며 국민을 경악과 분노의 불길 속으로 몰아넣었다.

1995년 6월 29일 오후 5시 55분 무렵 삼풍백화점이 붕괴되었다. 서울 강남 한복판에 있던 한국 최고의 호화 백화점이 저절로 무너졌다. 이것은 세상을 깜짝 놀라게 했으며 건축인에게도 큰 충격이었다.

서울 강남의 중심부에 있는 삼풍백화점이 29일 폭삭 무너져 내렸다. 20여 년 전의 와우아파트 붕괴사고를 연상시키는 이 끔찍한 사고는 처음부터 부실시공의 비판 속에 지어진 시민아파트가 아닌 도심지의 일류 백화점에서 일어났다는 점에서 더욱 충격적이다.

사상자가 천 명을 넘을 것이라는 보도나 무너진 건물 잔해가 지하에 매몰되어 있는 처참한 광경, "저 콘크리트 더미 밑에 내 가족이 깔려 있다."는 처절한 절규가 구조에 나선 사람들뿐만 아니라 이를 지켜보는 온 국민의 가슴을 친다. 종업원들에 따르면 삼풍백화점은 이미 5층부터 금이 가고 있었으며, 이날 오전 10시부터 이상한 소리가 나서 자기들은 대피하기 시작했다고 한다. 그런 상황에서 매장의 문을 닫지 않고 고객들의 안전대책을 세우지 않은 백화점 경영자의 강심장에 혀를 내두를 수밖에 없다.

아직 정확한 붕괴원인은 밝혀지지 않았지만 5층 왼쪽부터 아래로 기울었다는 목격자들의 증언을 토대로 전문가들은 기초가 부실해 지반이 미끄러지는 '전단미끄럼 현상'일 가능성을 지적하고 있다고 한다. 한마디로 건물을 지탱하던 지반이 짜개져 한쪽은 내려앉고 한쪽은 솟아올라 건물이 위층부터 찢어지듯 갈라져 무너졌다는 것이다. 지진이 나도 무너지지 않는 건물을 짓고 있는 시대에 이 무슨 어처구니없는 부실공사인가.

- 한겨레신문, 1995. 6. 30

이 사고는 기술의 요청을 무시한 불법 개축이 위험을 초래한 것으로 밝혀졌다. 건물이 무너지면서 502명이 사망했으며 937명이 부상당했다. 부실공사가 원인이었던 이 사고로 주변 삼풍아파트, 서울고등법원, 우면로 등으로 파편이 뛰어 주변을 지나던 행인도 부상을 당했다. 수많은 재산상, 인명상의 피해를 끼쳤다. 잊을 수 없는 사상 최악의 참사였다. 건축계의 참사가 아닐 수 없으며 당시 건축 행태의 어두운 민낯을 적나라하게 보여줌으로써 많은 이들에게 건축 혐오를 일으키기에 충분했다. 이 사고는 건축의 죽음이며 나쁜 건축의 전형이었다.

삼풍백화점 붕괴 사고는 너무나 충격적인 사건이었다. 부패와 부실의 먹이사슬이 엄청난 인명과 재산상의 피해로 이어진 대표적인 사례이다. 참사가 발생된 원인은 건축기술의 부족이 아니라 건축계의 비리와 부패, 부실시공이다. 한마디로 우리 사회의 총체적 부실의 결과물이다. 설계와 시공, 감리, 관리의 모든 과정에서 부실이 확인되었다. 시공 부실은 내력벽 슬래브 연결 불량, 철근과 콘크리트 결합 부실, 구조계산을 초과한 무리한 시공, 잦은 용도변경에 의한 구조재 손상, 하중을 고려하지 않은 냉각탑 설치 등이다. 설계와 시공, 유지관리 부실의 총합이다.

이 사고는 일회성 사건이 아니라 폭압적 근대화의 역사를 통해 형성된 사고공화국의 구조적 산물임에 틀림없다. 자본가의 과대한 욕망, 그에 못지 않은 건축가의 탐욕과 무신경, 부실에의 동조 행위가 엄청난 재앙을 불러온 것이다. 삼풍백화점 붕괴 사고를 일으킨 부실 건축의 문제는 아직도 해결되지 않았다. 언론 보도를 확인하면 아직도 '작은 삼풍백화점' 이야기는 많다. 날이 갈수록 건축가의 사회적인 책임이 커지고 있다. 건축가는 삼풍백화점의 교훈을 결코 잊지 말아야 한다.

경주리조트 붕괴 사고

경주리조트 붕괴 사고는 자연의 힘, 환경적 변화에 대한 경고라 할 수 있다. 지구 온난화로 인한 기상 이변으로 폭우가 오거나 폭설이 내린다. 요즈음은 남부지방도 예외가 아니다.

대형 사고는 일정한 주기로 반복되는 것일까? 20년 주기로 반복된다는 설이 있는데 우연하게도 삼풍백화점 붕괴 사고 이후 약 20년 만에 어이없는 사고가 다시 발생하였다. 2014월 2월 17일에 발생된 경주 마우나오션리조트 체육관 붕괴 사고가 그것이다.

이 사고로 체육관에서 신입생 환영회 행사를 진행 중이던, 부산외국어대학교 학생 9명과 이벤트업체 직원 1명이 사망했으며 124명이 부상당했다. 삼풍백화점 붕괴 사고로 우리가 얻은 교훈은 어디로 갔는지 의아스럽다. 건축의 기능과 역할을 의심하지 않을 수 없다.

사고는 새로운 학기가 시작되기 전 봄이 멀지 않은 때, 갓 대학생이 된 꽃다운 청년들의 머리 위로 체육관 지붕이 쌓인 눈의 무게를 이기지 못하고 무너졌다. 오후 8시 10분, 체육관 천장의 붕괴를 감지하기 시작하자 모여 있었던 학생 560명이 대피하였다. 하지만 20분 후인 8시 30분 체육관의 지붕부터 붕괴되기 시작했다. 체육관 안에는 80~100명이 남아 있었다. 체육관에서 오리엔테이션 행사를 치르던 예비 대학생이 숨졌다. 꽃 같은 청춘이 그 꽃을 피워보지도 못하고 희생되었다. 참으로 어이없는 희생이 아닐 수 없다.

체육관 붕괴 사고의 직접적 원인은 폭설이다. 하지만 건물이 무너진 결정적 원인은 건물의 중도리 26개 중 14개를 지붕 패널과 결합하지 않고, 주 기둥과 보에 설계와 다른 저강도 부재를 사용한 데 있다. 부차적으로 고강도 무수축 모르타르, 벽 가새, 새그로드(sag rod, 중도리 연결대)도 제대로 시공되지 않았다. 총체적인 설계 부실과 관계법령 기준을 위반한 건축시공의 문제로 밝혀졌다. 설계와 시공, 감리의 부실이 붕괴의 주된 원인이었다.

부실의 원인을 볼 때 설계자, 시공자가 제 역할을 다하지 못했음을 말해주며, 나쁜 건축의 실체를 확인시켜 준다. 건축, 건축가의 사명을 져버리고 건축의 존재와 기능, 건축가의 역할을 다 잊은 사람들의 작품이었다. 이처럼 나쁜 건축은 사람을 다치게 하거나 생명을 해친다. 다시는 소중한 생명을 앗아가고 꽃 같은 젊은이가 희생되는 부실이 반복되어서는 안 된다.

또한 2016년 9월 12일 발생된 경주 지진과 같은 자연의 변화, 환경적 변화에 대처하는 건축물을 짓기 위한 건축적 대책도 세워나가야 하는 것이 건축가의 새삼스러운 사명이다.

판교 공연장 환풍구 붕괴 사고

이 사고는 공공시설물에 대한 사회적 논의를 불러 일으켰다. 비교적 최근에 일어난 대형 사고로서 공공디자인과 국민적 상식을 다시 생각하게 하는 사건이다.

환풍구는 건축 설비적 요소로서 건물의 환기와 관련된다. 주로 드라이에어리어(dry area)라고 부른다. 이것은 직접적으로 외기에 면해야 한다. 내부의 공기가 외부로 나가기도 하고 외부의 공기가 내부로 들어오는 통로이다. 주로 지상보다 높게 만들며 철재 구조물(크레이팅)로 덮여 있다. 사람들이 지나 다닐 수 있지만 높게 형성되어 있어 직접적인 고정하중을 받지 않는다.

2014년 10월 17일 퇴근길, 판교 테크노밸리축제로 유명 가수들의 축하 공연이 진행될 예정이었다. 사고는 오후 5시 53분경, 첫 순서인 걸 그룹 공연 도중 유스페이스 주차장과 연결된 환풍구 바닥이 아래로 꺼졌다. 근처 지하주차장 환풍구 덮개에 올라가 공연을 보던 25명이 주차장 바닥으로 떨어졌다. 16명이 숨졌으며 11명이 부상당했다. 지하주차장의 깊이는 아파트 4층 높이, 12m 정도였다.

사고 원인은 공연을 잘 보기 위해 환풍구 위로 한꺼번에 많은 사람이 올라서는 바람에 철재 덮개가 사람의 무게를 견디지 못해 아래로 꺼진 것이다. 이 사고에서 드러났듯이 건축법은 지하철 환풍구와 지하주차장 환풍구의 설치기준이 다르다. 환풍구 공사는 원도급 시공사가 철물공사업체에 하청을 주었다. 실제 시공은 금속창호 공사업 면허도 없는 자재납품업체가 철물공사업체로부터 재하도급 받아 진행한 것으로 드러났다. 이 과정에서

용인시청사, 접근이 차단된 드라이 에어리어(환풍구)

도면에 있는 부재(받침대) 개수보다 적은 부재를 설치했고, 현장에 남아 있던 자재를 이어 붙여 쓰는 부실을 범했다. 부실시공과 미흡한 안전 조처가 사고의 직접적인 원인이다.

물론 올라가서는 안 되는 환풍구 덮개 위에 올라간 사람들의 안전 불감증에 대한 비판도 있다. 환풍구에 올라선 사람들 탓이므로 정부는 책임이 없을까? '공공디자인' 관점에서 볼 때 사고의 원인은 무엇일까? 공공디자인 측면에선 어떤 사물에 대한 경험적 인식이 널리 퍼지지 않은 상태라면, 올라갈 마음이 들 만한 '행동 유도성' 단서를 남기지 말아야 한다. 사람들이 비슷한 구조물에 문제 없이 올라 본 경험이 있을수록 디자인 면에서 차이는 더욱 선명해야 한다.

이러한 논란에 관한 건축적 해결책, 장치가 필요하다. 행동 유도성을 염두에 둔 공공 구조물 디자인의 사회적 공론화가 요구된다. 일본 요코하마역에 설치된 바람의 탑은 공동 시설물 디자인에 대한 생각을 다시하게 한다. 물론 이 탑은 환풍기와 다르지만 공공 시설물에 환경디자인을 적용시킨 사례이다.

요코하마 바람의 탑(Wind of tower)

요코하마 역 서측 광장의 로터리 중앙에서 세워진 높이 21m의 환기탑은 표면에 아크릴 미러를 붙였다. 이 주위를 타원형 펀칭메탈의 실린더로 감싸 장식하였으며, 2개의 패널 사이에는 네온, 투광기가 설치되어 컴퓨터로 다양한 패턴을 그려낸다. 이토 도요가 1986년 설계한 이 탑은 도시공간의 건축 형태의 존재방식에 대한 제안이다.

– Gallary Ma, 《建築MAP 横浜·鎌倉》

이 사고를 계기로 우리가 위험사회에 살고 있음이 입증되었다. 현대인,

이토 도요, 바람의 탑(1986년), 환경적 요소로서의 건축 구조물

도시인의 삶에 대한 안전이 수시로 위험에 노출되어 있음을 보여준다. 주거
도 예외가 아니다. 최근 사회적 문제로 대두된 싱크홀(sinkhole)도 부실시공
이 하나의 요인으로 작용한 것이다. 지층의 구조적 문제와 다짐, 채움의 부
실로 싱크홀이 발생된다. 부실, 하자는 건축의 싱크홀이라 할 수 있다. 건축
관련 사고는 우리 주변에서 언제든지 일어날 수 있다. 그러므로 이에 대한
예방, 수습 및 사후대책 등에 대한 방안을 마련하여 어처구니 없는 인재가
일어나지 않도록 해야 한다. 시민이 안전하고 건강한 삶을 누릴 수 있도록
안전의식을 높이고 관리능력을 배양해야 한다. 좋은 건축을 해야 하는 분
명한 이유는 사람의 안전, 인간의 생명과 직결되기 때문이다.

세종 모아미래도아파트 철근 누락 시공

부실공사는 전국 곳곳에서 진행 중이다. 건축공사에서 철근 누락, 즉 철근을 빼먹는 것은 전형적인 부실의 형태다. 전근대적 부실의 행태가 아닐 수 없다. 행정중심복합도시인 세종시에 모아건설이 건설 중인 모아미래도 아파트가 건축물의 안전을 지탱해주는 철근을 설계보다 적게 사용한 것으로 드러났다.

2014년 말 입주를 앞둔 입주민들은 구조적 안전문제를 들어 계약해지는 물론 피해보상을 요구하며 강력하게 대응했다. 건설회사의 경제적 손실과 입주민의 심리적 고통은 물론이고 이 사건으로 인한 사회적 파장도 컸다. 행정중심복합도시건설청에 따르면, 1-4 생활권에 732세대 규모의 아파트 건설현장에서 철근공사를 맡은 C하도급사가 하도급액 증액을 빌미로 철근을 도면대로 시공하지 않은 것으로 드러났다. 하도급업체가 고의로 수평철근 간격을 넓혀 시공한 것이다.

한국시설안전공단 전문가가 현장에서 비파괴검사를 통해 15개동 중 4개동 20개소의 샘플을 조사한 결과, 16개소가 설계보다 넓게 철근을 배근한 것으로 밝혀졌다. 일부 지점은 120mm 간격으로 배근해야 하지만, 실측 결과 300mm 간격으로 배근해 설계보다 두 배 이상 넓게 시공하였다. 다만 철근 굵기는 설계대로 시공되었고 하중을 버티는 수직 철근보다는 수평 철근에 문제가 나타났다. 이것은 골조공사에 들어가는 비용이 적어 하도급업체가 철근을 적게 배근한 것이다. 비용을 절약하기 위해 부실을 저질렀다. 단지 공사비를 절약하기 위해 안전을 내팽개친 부끄러운 사례로서 건축 현장의 실상을 보여준다.

'철근 부실시공' 세종시 아파트 감리업체 직원 구속

　세종경찰서는 세종시 아파트 건설 현장에서 부실공사를 제대로 감독하지 않은 혐의(주택법위반 등)로 감리업체 직원 이모(56)씨와 서모(47)씨를 구속했다고 11일 밝혔다. 또 공사 현장에서 철근을 빼돌려 부당이득을 챙긴 현장소장 김모(54)씨 등 시공사 관계자와 철근시공 하청업체 관계자 함모(38)씨 등 20명을 같은 혐의로 불구속 입건했다. 감리원 이씨 등은 지난해 7월부터 10월까지 세종시 1-4 생활권의 아파트 건설 현장 감리직을 맡으면서 시공업체가 설계보다 철근을 적게 배근하는 것을 감독하지 않고, 시공 상태를 직접 점검한 것처럼 검측결과를 작성하는 등 공사 현장 관리를 소홀히 해 부실공사를 초래한 혐의를 받고 있다.

　경찰 조사결과 이들은 철근 시공 하청업체 직원이 '계약된 공사 기간 내에 공사를 마치기 위해 시공검측을 문제없이 통과시켜 달라'며 건넨 현금 1천만원 상당을 받은 것으로 드러났다. 또 시공사 관계자 김씨 등은 설계 도면상 120mm 간격으로 철근을 배치해야하나 348mm 간격으로 배근하는 수법으로 철근 350t 상당을 빼돌려 고철업체에 팔아 6천만원 상당의 부당 이득을 챙긴 혐의를 받고 있다. 김씨 등은 이 돈을 직원 회식비 등의 명목으로 사용한 것으로 드러났다.

　철근 시공 하청업체 직원 함씨 등은 시공사와 감리업체 직원들에게 총 3천300만원 상당의 금품을 제공하며 시공 검사를 문제없이 통과시켜달라고 청탁했다. 경찰의 한 관계자는 "철근을 부족하게 시공해 많은 사람의 생명을 담보로 범행을 저질렀다."며 "그 중 책임이 큰 2명을 구속했다."고 말했다.

- 연합뉴스, 2014. 8. 11

　시공사와 감리자에게는 부실공사 책임을 묻지 않을 수 없으며 그들은 주택법에 따라 처벌 받는다. 하지만 처벌 수준은 낮다. 1년 이하의 징역이나 1,000만 원의 벌금에 불과하다. 사업주체 및 시공사, 감리자는 영업정지, 부실벌점 부과, 감리회사 면허 취소 등 행정제재도 받는다. 하도급업체는 부실시공 업체로 영업정지 및 과징금 부과가 불가피하다.

이 사건은 소비자인 입주민의 안전에 심각한 우려를 끼쳤다. 이러한 부실공사에 대한 대가로 영업제재와 벌금, 영업정지, 면허취소와 같은 조처가 내려진다. 소비자의 막대한 피해에 비해 처벌은 미흡한 수준이다. 벌금, 면허취소와 같은 수준의 처벌로는 부실시공을 근본적으로 막을 수 없다. 영원히 건설업을 할 수 없도록 하는 등 보다 강력한 조치가 필요하다. 부실시공 적발 시 재시공에 대한 책임과 원상 복구를 의무화해야 하며 업체는 건설업계에서 영구히 퇴출시켜야 한다. 부실시공에 대한 처벌을 강화해야 부실을 막을 수 있다.

기울어진 아산 오피스텔

2014년 5월 준공을 앞둔 7층 오피스텔 건물의 1층 한쪽이 함몰되어 기울어졌다. 언론에 보도된 사진과 같이 처음부터 의도적으로 설계되어 시공된 사례라면 작품이라 해도 좋을 듯하다. 충남 아산시는 기울어진 오피스텔을 철거하고 안전진단 결과를 제출하라는 조치 명령을 건축주에게 전달했다. 이에 따라 건축주는 기울어진 오피스텔을 철거하였다. 바로 옆에 있는 같은 크기의 쌍둥이 건물은 전문 업체에 정밀 안전진단을 의뢰했다.

20도 기울어진 오피스텔은 이미 건물 외벽 곳곳에 균열이 생기고, 이후 균열이 점차 확대되었다. 철거는 불가피한 상황이었다. 옆 건물은 외형상 큰 문제가 없어 보이지만 안전진단 결과에 따라 철거 여부가 결정될 것이다. 건축주는 건물 철거에 대비해 가설 울타리와 방진망을 설치했다.

아산지역 준공 예정 오피스텔 붕괴 '아슬아슬'

  이달 말 준공 예정인 7층 규모의 오피스텔이 기울어 붕괴 우려를 낳고 있다. 12일 아산소방서에 따르면 오전 8시 7분경 철근콘크리트 구조의 오피스텔 건물이 남쪽으로 쏠려 붕괴 조짐이 있다는 신고가 119에 접수됐다. 기울어진 건물은 아산시 둔포면 석곡리 아산테크노밸리 내 신축중인 지상 7층, 1,647㎡ 규모의 건물로 지난해 8월부터 공사가 시작됐다. 공사 종료 기간은 오는 31일로 신고됐다. 건물에는 19,835㎡ 면적의 원룸 58개가 시공됐다.

  현장에는 8시 15분경 가까운 둔포119안전센터에서 출동해 주민들 출입을 통제했다. 당시 건물에는 도배를 위해 2명의 인부가 있었지만 대피해 다행히 인명피해는 없었다. 건물이 남쪽 방향으로 20도 정도 기울어지며 이차 사고를 예방하기 위해 9시 35분 전기가 차단됐다. 준공 전이라 도시가스는 연결되지 않은 상태였다. 소방서는 현장에 지휘본부를 설치하고 경찰은 주변에 안전선과 휀스를 설치해 접근을 통제하고 있다. 경찰은 이날 오전 시공자와 시행자를 불러 기울어진 원인을 조사하고 있다.

— 대전일보, 2014. 5. 12

이 사건의 중간 수사 발표에 따르면 기초 파일을 30~40퍼센트 적게 박았고, 기초 매트도 설계보다 20~30㎝ 얇게 시공된 것이 원인으로 밝혀졌다. 이것이 사실이라면 시공자의 행위는 범죄에 해당된다. 콘크리트 라멘 구조에서 기둥은 압축력에만 견디게 설계되는데, 건물이 기울어져 휨모멘트가 생기면 순간적으로 부러지게 된다. 그러면 건물이 붕괴된다. 20도 기울어졌는데 상부가 무너지지 않고 견딘 것은 그나마 남아 있는 여유 안전율로 계산되었기 때문이다.

또 다른 사고 원인은 2013년 10월 오피스텔에 대한 설계 변경이 진행된 점에 주목하고 있다. 건물의 지하 1층을 없애고 1층 점포를 주차장으로 바꾸는 설계 변경 과정에서 건축허가 내용과 다르게 시공됐을 가능성이 높다. 설계 변경 시 지반 상태와 구조 검토를 소홀히 하고 시공자 임의대로 지었을지 모른다. 변경에 대한 검토가 부족했을 수 있다. 이후 철거 작업 중 건물은 저절로 무너져 내렸다고 한다. 건축물은 설계된 약속을 이행하지 않으면 결국 기울거나 무너진다.

대전 금성백조주택 아파트 철거

대전 죽동 예미지아파트 철거 사태는 건설업계에 안전시공에 대한 경각심을 다시 한 번 일깨우라는 메시지를 던져주었다. 죽동 예미지 철거는 세종 모아미래도의 사례와 다르게 볼 수 있다. 이 사건의 부실은 콘크리트 시공 과정에서 드러났다. 감리사와 시공사, 하청업체 간 뒷돈을 주고받는 등 불법적인 정황은 없었다. 다만 아파트 공사에 쓰인 콘크리트 압축강도가 시방서에 명시된 수치에 미달되었다. 그로 인해 2014년 11월 철거 결정이 내려졌다.

정부의 규정을 보면 설계기준강도 27MPa의 85%인 22.95MPa 이상이면 문제가 되지 않는다. 예미지아파트의 수치는 26.84MPa로 정부의 요건은 충족하지만 27MPa에는 미달되었다. 시방서의 요건에 부합되지 못했다. 일각에선 건설현장과 감리단의 불화설 등 추측이 난무하였다. 이러한 배경은 중요하지 않다. 안전시공을 위해 3층까지 올린 건물을 철거했기 때문에 더 이상의 논란은 사라졌다.

기업의 오너는 입주 예정자들의 불안감을 해소하기 위해 고개를 숙였다. 구조적으로 큰 문제가 없었지만 백년대계를 위해 안전하고 살기 좋은 아파트를 건설해야 한다는 생각으로 철거 및 재시공 결정을 내렸다. 이것은 양심 있는 기업으로서 고객과의 신뢰를 최우선하겠다는 의미다. 그리고 기업의 이미지와 아파트 브랜드의 명성을 유지하기 위한 결정으로 풀이된다. 장기적인 관점에서 볼 때 회사를 살리는 현명한 결정으로 볼 수 있다.

하지만 쉽지 않는 고백이자 결정이다. 부실을 인정한 것은 양심 있는 시공자의 모습으로서 높이 평가할 만하다. 부실을 밝히고 재시공하는 것은 아무나 실행하기 어려운 일이다. 건축주, 시공자의 쉽지 않은 행태로서 시사하는 바가 크다. 부실이란 결과는 비난받아 마땅하지만 건축가의 반성으로 이해해도 될 것 같다.

죽동 예미지아파트에 쓰인 콘크리트는 규정상 부적합하지 않다. 하지만 시공자는 입주민의 불만과 불안을 들어주기 위해 고통을 감수하고 책임을 다해야 한다. 지금의 손실은 적은 것일 수 있으므로 손실을 두려워해서는 안 된다. 건축가는 보다 바른 길, 정도를 가야 한다. 이 아파트 철거 사태는 이 건설회사만의 일이 아니다. 대한민국 건설업계는 이번 철거 사태에 대한 교훈을 새겨들어야 한다.

사실 앞에서 살펴본 사례보다 실제로는 더 많은 부실이 발생되고 있다.

크고 작은 부실시공이 드러나지 않을 뿐 우리 사회에 널리 퍼져 있다. 부실 건축은 건축문화의 후진성을 적나라하게 보여주는 증거다. 와우아파트 붕괴 참사와 삼풍백화점 붕괴 사고는 부실의 백화점이라 할 수 있다. 고귀한 생명을 앗아간 경주 마우나오션리조트 체육관 붕괴부터 세종 모아미래도아파트 철근 누락 시공, 아산 오피스텔 붕괴 등의 사태가 잇따르면서 국민들의 불안감은 최고조에 달했다. 이러한 사태의 원인은 불량자재 사용과 불성실한 시공이다. 부실시공은 건축가의 이기주의와 탐욕, 몰(沒)상식에서 비롯되었다.

이 점에서 건설업계는 부끄러워해야 마땅하며 뼈를 깎는 체질개선이 이루어져야 한다. 이러한 부실공사의 역사적 사건들은 나쁜 건축의 예다. 나쁜 건축이자 못된 건축이며 좋은 건축이 아니다. 사회적 범죄와 다르지 않다. 좋은 건축은 끊임없이 자기복제되어야 하지만 부실의 역사는 반복되어서는 안 된다.

언론에 보도되지 않은 사건과 부실시공이 더 많다. 문제는 이런 사건 사고가 반복된다는 것이다. 부실공사와 붕괴 사고가 발생되고 있지만 이것은 더 이상 우리 사회의 큰 이슈가 되지 못한다. 일반적인 현상으로 인식될 정도다. 건축의 존재와 가치, 사명을 다시 묻지 않을 수 없다. "건축은 비극이 용납되지 않는 유일한 예술이다."라는 말이 있다. 이것은 건축이 지독하게 현실적일 수밖에 없는 이유, 즉 사람의 생명을 좌우하는 구조물이기 때문이다. 지금의 건축가가 깨닫지 못한다면 건축의 비극은 계속 실연(實演)될 수 있다.

부실 건축이라는 슬픈 유산을 남기지 말아야 한다. 이해타산과 자기이익의 극대화로부터 빚어진 총체적인 부패의 고리를 뿌리째 뽑아야 한다. 우리는 왜 이다지도 과거를 잘 잊어버리는가? 어제의 고난과 상처를 잊지 않고 담금질할 때만이 내일을 위한 창과 방패가 된다. 그리하여 우리 사회 전반에 자리 잡은 건축과 건축가에 대한 불신의 그림자를 걷어내야 한다. 건축가의 굳건한 의지, 반성하는 자세가 필요하다. 부실공사에 대한 변혁의 전기(轉機)가 마련되어야 하고 좋은 건축이라는 변하지 않는 사회적 가치에 주목해야 한다.

"현장은 왜 중요한가?"

건축의 현장성

건축은 현장에서 이루어진다. 건축가는 실제 건축이 생성되는 현장에서 설계와 시공의 질을 높이기 위해 노력한다. 장소의 지형과 싸우고 그 장소의 재료와 장식에 대해 고민하지 않으면 안 된다. 여기서 장소는 현장이며 현장은 건축이 이루어지는 장소(field)이다. 현장의 중요성을 의미한다. 현장에서 문제를 분석해야 하며 문제의 해답은 현장에 있다.

그렇기 때문에 현장이란 공간이 중요하다. 건축가는 현장에서 노력하고 분투해야 한다. 그렇게 하지 않으면 아무에게도 인정받을 수 없다. 건축의 품질은 현장에서 만들어진다. 건축가는 직접 현장으로 들어가 현실의 문제를 뛰어넘는 방안을 찾아야 한다. 그러므로 건축가는 현장이란 장소에서 전력을 다해야 한다.

건축은 이론과 실무라 했다. 추상적인 언어로 아는 것과 실제적인 체험으로 아는 것은 같은 지식이라도 그 깊이와 내용이 다르다. 건축가는 다양한 제약을 만나고 부딪치며 문제의 해결책을 찾기 위해 현장이라는 장소에 가야 한다. 아니 현장에 있어야 한다. 현장이란 환경(지형), 소재(물질), 예산(경제)이라는 세 가지 요소로 구성된다. 이 세 가지가 현장의 조건이며 해결해야 할 과제이다. 특히 시공자는 이것과 싸우면서 현장을 이끌어간다.

건축가, 특히 시공자는 현장에서 승부해야 한다. 건축가는 어렴풋하게나마 그 '장소'를 몸에 익히며 인간관계를 만든다. 알게 된 사람들과 차를 마시고 술잔을 나누며 지역에 대해 듣게 되고 이해하게 된다. 그런 사이에 사람들과 친숙해져 협력자가 되고 재료(소재)와 만난다. 재료만으로는 부족하고 협력자만으로도 부족하다. 둘을 다 수중에 넣고 교류하면 '그 장소'에 필요한 '건축'이 보이기 시작한다. 현장에서 장소에 맞는 건축의 답을 찾을 수 있다. 그로 인해 건축의 품질을 높일 수 있다. 이것이 현장에 가야 하는 이유이다. 현장이 중요한 것은 현장의 세 가지 요소를 합리적으로 콘트롤하여 그 장소(현장)에 적합한 기술과 방법을 적용할 수 있기 때문이다. 세계적인 건축가 리카르도 레고레타의 말은 건축가가 현장에 가야 하는 분명한 이유이다.

저는 건축 현장에 가는 것을 좋아합니다. 시공을 하기 전까지, 건물은 단지 도면에 불과합니다. 실제로 건축이 일어서는 곳은 현장입니다. 건축가로서의 보상을 받는 곳도 바로 이 현장이지요. 공간과 빛, 그리고 컬러를 통해서 건축이 일어서는 모습을 보는 순간, 스스로 '내가 세상에서 가장 행복하고 아름다운 직업을 가졌구나'하고 생각하게 됩니다.

― 이관용 편역, 《가장 인간적인 건축 레고레타》

건축은 수공적(手工的)이다. 건축가는 기능공들에게서 배울 것이 많다. 예를 들면 석공에게서는 그 표면을 두들겨서 매끈하고 부드럽게 다듬고 자르는 법을 그리고 목수와 미장공, 설비공, 전기공 등 모든 장인과 기술자들에게 기술을 배우고 손으로 만드는 법을 익혀야 한다. 손에 익히지 않고 머리로만 아는 것은 아무런 의미도 없다.

물론 건축가가 직접 시공을 하기 위해 기술을 배우고 익히라는 것은 아니다. 현장에서 이루어지는 작은 부분까지 알아야 한다는 뜻이다. 설계자도 마찬가지다. 그래야 세밀한 건축, 디테일한 관리가 가능하다. 건축이란 품질을 관리하기 위한 것이다. 건축 생산에서 품질이 만들어지는 과정과 방법, 문제점을 구체적으로 알아야 한다. 현장성이 강해야 한다는 말이다. 부실시공과 하자는 건축가가 알지 못하는 부분에서 발생될 확률이 높다.

디지털 기술이 발전한 요즘은 현장을 영상으로 봐도 충분하다는 풍조가 있다. 하지만 역시 현장에 직접 가지 않으면 핵심적인 부분은 결코 알 수 없다. 건축가는 결국 신체감각이 가장 큰 무기가 되어야 한다. 건축가는 현장에 있어야 문제점을 파악하여 더 나은 품질을 구현할 수 있다. 건축가의 현장성과 현장 감각이 무엇보다 중요하다. 좋은 건축을 하기 위해서는 현장으로 가야 한다. 본질은 꿰뚫는 '직감'은 현장에서 나온다. 현장의 힘이 논리와 이론을 뛰어 넘는다. 몸으로 부딪쳐야 성장한다. 현장에서 많은 시간을 보내고 연구하고 학습해야 한다.

신체적 체험

건축은 몸으로 생각하는 것이다. 이 말은 신체적 체험을 강조한다. 대학 시절에 건축을 공부할 때에는 건축을 머리로 생각하지만 사흘이면 희미해지거나 잊어버리게 된다. 그렇지만 몸으로 부딪쳐 경험한 것은 오래 기억하게 된다. 건축이란 온몸으로 이루어내는 것이다. 머릿속으로 눈으로 좋은 건축, 나쁜 건축이라고 느끼는 것보다 몸이 먼저 느낀다. 건축은 몸으로 부딪치며 실행해야 한다. 이런 이유로 현장 경험이 실제적인 교육이 되며 건축 교육에서 필수적으로 요구되는 과정이다.

건축 과정은 수많은 규제와 약정으로 통제되고 복잡한 공정을 거친다. 그와 같은 내용이 얼마나 힘든 일인지는 현장에서 실감할 수 있다. 현장에 나가지 않으면 결코 알 수 없는 사실이다. 공간에 대한 신체적 체험이 중요한 것처럼 시공에 대한 체험도 신체적이어야 한다. 몸으로 느껴야 하는 것이다. 교육은 현장에서 이루어져야 한다. 이런 면에서 보면 건축은 세밀하고 다양한 체험으로 습득하는 기술이다. 현장에서 벌어지는 일에 대한 체험이 산교육이다.

건축 일은 현장에서 실행되는 사람들의 행위이다. 특히 일에 대한 집중, 일관성 그리고 집요함이 중요하다. 건축의 진실은 건설 현장에 있다. 현장성이 중요함을 강조하는 말이다. 현장에서 건축가의 직관은 사실의 눈을 뛰어 넘는다. 건축의 질을 높일 수 있는 묘책(silver bullet)은 현장에 있다. 현장의 제약 속에서 지혜가 생기고 그것이 건축을 다듬어 아름답게 만든다. 좋은 건축은 현장이란 조건을 극복함으로써 만들어진다. 일본의 건실한 중소기업, 헤이세이(平成) 건설사 이야기는 일반적인 우리나라 건설사의 사정과 다르다.

일본의 헤이세이(平成) 건설사 이야기

도쿄 인근 시즈오카현에 있는 중소 건설회사 헤이세이(平成) 건설은 1989년 창립 후 지금까지 23년 동안 단 한해도 적자를 내지 않았다. 2011년 총 연 매출 120억엔(약 1,700억 원)에 직원 수 500여명 규모의 중소기업이다. 이 회사에 입사한 사원은 모두 건설 현장에 가서 목재 운반 같은 잡일부터 대패질·미장 같은 고(高)단계 작업까지 배우고, 모든 공정을 몸으로 익히도록 한다. 아키모토 히사오(秋元久雄) 사장은 "현장에서 사라져가는 다이쿠(大工, 일본 전통 방식으로 목조 건물을 짓는 목공, 설계부터 시공까지 하는 전통건축의 장인)들의 지혜가 아까웠습니다. 이들은 정말 엘리트인데 요즘 건설사들은 이들을 활용하지 않고 있어요. 그래서 제가 이들을 중심으로 한 회사를 만들었습니다."라고 말했다.

가장 특징적인 것은 입사한 사원은 모두 건설 현장에 가서 목재 운반 같은 잡일부터 대패질, 미장 같은 고(高)단계 작업까지 배운다고 한다. 건설회

사의 모든 공정을 몸으로 익히도록 하는 것이 회사 방침이다. 일본에서도
비슷한 사례를 찾기 힘든 독특한 조직 같다. 5~6명 남짓한 본부장(임원급)
을 직원 선거로 뽑는다. 본부장 선거는 직원들을 위한 것이다.

- 조선일보, 2012. 10. 27

영국의 AA스쿨(architectural association school of architecture)에서도 처음부
터 "건축을 배우려면 몸을 써야만 한다."는 신념이 있었다. 이것은 현장 교
육, 신체적인 체험을 강조한 것으로 오늘날 건축 교육에서도 중요하게 인식
해야 할 개념이다. 건축을 실행하는 건축가는 현장에서 당면한 문제를 연
구하여 합리적인 방안을 찾아야 한다. 현장성이 중요하다. 건축은 신체적
애씀으로 인해 만들어지는 시간적이며 정신적 노력의 결과물이다.

현장에서의 관리와 분투

건축은 그냥 만들어지는 것이 아니라, 수많은 난제를 극복하고 만들어진
다. 대부분의 건축 현장은 조건이 나쁘고 예산도 적다. 위치나 장소도 좋지
못하다. 좋은 조건을 갖춘 현장은 드물다. 하지만 건축가는 좋은 조건의 일
만 선택할 수는 없다. 요즘 발주되는 건축공사들 전체가 그렇다는 것은 아
니지만 현장의 조건이 만만치 않다. 공공에서 발주하는 공사의 여건은 더
욱 나쁘다. 건축가는 이런 가혹한 시대를 맞이하고 있다.

건축가(시공자)로서는 최악의 조건과 만날 수 있다. 그런 상황과 공간에서
무엇인가를 만들어내는 사람이 건축가이다. 건축가는 어려운 조건을 개선
하여 제대로 된 장소를 만드는 사람이다. 어렵고 힘들더라도 나쁜 건축, 부
실시공의 유혹에 무릎 꿇지 말아야 한다. 자기의 편안함, 시공의 편리함, 대

충 시공의 이끌림에 지지 말아야 한다.

현실 속에서 건축의 어려움은 한두 가지가 아니다. 대지가 나쁘다, 클라이언트의 취향이 까다롭다, 예산이 적다, 이웃 주민과 건축주가 까다롭다, 민원이 많다, 현장의 여건과 다른 사람을 탓할 거리는 한도 끝도 없이 많다. 남 탓을 잘하는 사람은 애초에 건축이란 일이 맞지 않다. 상황적인 논리가 정당화될 수 없다. '건축하는 것'은 결코 쉬운 일이 아니다. 극복해야 할 과제가 현장에 산재해 있다. 건축 행위의 고유한 가치는 다양하고 까다로운 여러 조건들을 적확하게 충족시키고 해결해 나가는 것이다.

건축 현장의 조건은 언제나 제한적이다. 건축가는 정확한 시간 속에서 한정된 예산과 정해진 인력으로 건축이란 대상을 만들어내야만 하는 상황에 처해 있다. 현장의 조건과 건축의 어려움을 건축가의 노력으로 극복해야 한다. 이것은 건축에만 한정되는 것은 아니지만 현실의 어려움은 현장에서 그 해답을 찾아야 하다.

건축의 수요는 제한적이지만 건축가는 많다. 일을 고를 수 있는 건축가의 선택지는 좁으며 건축가가 마음대로 일을 고르는 경우는 극히 드물다. 좋은 조건의 일과 현장, 건축만 선택할 수 없다. 그러므로 주어진 현장 조건에 최선을 다해야 한다. 아무리 악조건이라고 해도 조건을 활용하지 못하는 것은 건축가의 능력 문제다. 건축이란 함께 하는 일이므로 남과 조건을 탓해서는 안 된다. 이기적인 생각을 버리고 긍정적인 자세로 건축 주체들의 의견을 조율하고 현장의 조건과 어려움을 해결해 나가야 좋은 건축을 할 수 있다.

건축가는 현장의 세 가지 요소인 환경, 재료, 예산을 종합적으로 고려하여 품질을 완성해야 한다. 세상에 쉬운 일은 없다. 누구나 선택과 결정의 순간에는 고민하게 된다. 그렇지만 정확한 판단과 근거로 합리적이고 현명한 결정을 내려야 한다. 현장에 있지 않으면 그렇지 못할 가능성이 높다. 건축가가 현장에 있어야 하는 이유이다. 좋은 건축에는 전체에서 아주 작은 부분에 이르기까지 건축가의 열정과 시간적 소요, 섬세한 손길이 스며들어 있다. 건축가는 현장이란 장소를 지켜내야 한다.

자기 건축에 대한 검증

건축은 유기체다. 건축가는 시공 중이나 완공 후에도 지속적으로 자기 건축에 대한 관심을 가져야 한다. 설계 당시의 예상과 실제 현상 사이에 발생한 괴리를 좁히기 위한 애정과 관심, 노력이 필요하다. 건축은 이렇듯 성장하는 유기체이며 그런 의미로 건축가의 끊을 수 없는 분신과 같다. 건축가는 끊임없이 현실의 조건과 난관을 이겨내야 한다. 이와 같은 과정을 통해 자신의 기준을 뛰어넘어야 한다. 건축에서 완성이란 있을 수 없고 어디까지나 새로운 건축과 사회 상황에 따른 도전의 연속이며, 무한한 시도의 과정이다.

좋은 설계를 위해서도 검증과 같은 절차가 필요하다. 전문가에 의해 설계의 내용을 체크하고 검증하여 설계의 질을 한 단계를 높어야 한다. 아니면 이우환미술관을 설계한 안도 다다오처럼 자기 건축에 대한 검증을 실천해야 한다. 남들이 하지 않는 자신만의 노력이 필요하다. 검증의 과정을 거치는 것이 현명하며 검증의 단계를 거친다면 더 좋은 설계를 기대할 수 있다. 이런 과정 속에서 설계의 경쟁력은 자연히 높아질 수밖에 없다.

자기 건축에 대한 점검

건축주에게 그만한 노력을 강요하는 만큼 시공하는 측도 책임을 다하기 위하여 완공 이후의 정기적 유지 보수에 특별히 정성을 기울인다. 건축주와 함께 땀을 흘리며 외벽을 청소하고 불편한 부분을 개선해 나간다.

내가 지은 건물은 내 것이라고 말할 정도로 애착이 강했기 때문에 완공 이후의 유지 보수에는 책임을 다했다. 휴일 등을 이용하여 스태프 전원을 데리고 한 집 한 집 돌아보면서 불편한 곳을 발견하면 즉시 대안을 생각했다. 완공 이후의 그런 방문 수리를 상대가 미안해 할 만큼 성실하고 끈기 있게 계속했다. 이것은 준공 후의 관리를 통하여 자신의 기술력을 향상시키고자 하는 의미도 있었지만, 건축주들은 "안도 씨는 고집스런 구석은 있어도 지어 놓고 나 몰라라 하지 않는 사람이다."라고 호의적으로 평가해 준 듯하다. 대담한 제안치고는 완공 이후 문제점이 거의 없었고, 그래서 오히려 증축을 의뢰받거나 새 건축주를 소개해 주는 등 다음 일감으로 연결되는 일도 종종 있었다.

- 안도 다다오, 《나, 건축가 안도 다다오》

설계자는 설계된 내용이 어떠한 결과로 나타나는지, 그 결과의 완성도는 어떤지를 점검해야 한다. 즉, 설계가 현실화되는 과정과 결실을 확인해야 한다. 자기 작품, 자기 건축에 대한 사실을 직접 눈으로 보아야 한다. 건축시공도 마찬가지다. 시공도 자기 일, 품질에 대한 자기 검증과 확신이 필요하다. 좋은 설계를 위한 검증의 단계가 필요하듯이 시공도 동일하다. 시공 후에는 관리와 점검 과정을 반드시 거쳐야 한다. 이 과정을 통해 시공의 결과를 확인할 수 있으며 오류나 실수도 수정할 수 있다.

건축이란 결과물의 완성도를 직접 확인해야 자기 평가가 가능하다. 자기 건축에 대한 검증은 자신의 건축을 가늠할 수 있는 호기이다. 시공 내용을 확인하고 하자를 미리 점검해야 한다. 이 과정을 통해 문제의 소지를 없애고 하자도 미연에 방지하는 지혜가 필요하다. 사소한 일 같지만 정말 중요한 사항이다. 작은 노력으로 큰 사고를 막을 수 있는 효율적인 일이다.

건축가는 건축이 서 있는 한 그에 대한 책임을 다해야 하며, 자기 건축에

안다 다다오, 이우환미술관(2010년), 자연의 일부처럼 느끼지는 건축(기둥의 광장)

대해 검증해야 한다. 남들이 하지 않는 의미 있는 행위와 남다른 노력이 필요하다. 설계 검증, 시공 검증의 단계를 거쳐야 한다. 실수와 오류를 줄이거나 수정할 기회를 스스로 만들어야 한다. 그래야 더 나은 건축, 좋은 건축으로 건축주를 만족시킬 수 있다. 이러한 노력을 거치면 건축과 건축가에 대한 신뢰감은 저절로 높아지며 건축 일은 지속될 수 있다. 좋은 건축을 하기 위해서는 엄격한 자기 검증의 과정이 절대적으로 필요하다.

"건축 교육의 미래는?"

실무적 배움의 필요성

교육이 미래이듯 건축 교육은 건축의 미래다. 교육은 인재를 만들고 인재는 미래는 만든다. 우리의 건축을 이야기할 때 교육 문제를 빼놓을 수 없다. 교육은 자연인을 사회화시키기 위한 제도이다. 국제건축사연맹(UIA) 헌장에서는 건축(건축가) 교육의 목표를 '경쟁력 있고, 창조적이며, 비평적 관점을 가진 전문 디자이너(designer), 빌더(builder)를 훈련하는 것'으로 정의한다.

대학의 건축 교육 문제는 무엇일까? 그것은 4년의 공부를 마치고 정작 기업에 입사하더라도 바로 실무에 투입될 수 없다는 사실이다. 건축업계 실무자는 대학에서 정규교육을 받은 직원에 대한 아쉬움을 토로한다. 실무적인 교육이 되지 못함이 우리 건축 교육의 가장 큰 문제로 지적되고 있다. 현상에 대한 실제적인 교육이 이루어지지 않는다는 것을 의미한다. 특히, 건축시공 분야에서 현장 관리, 품질 관리, 공정 관리 등에 대한 실제적 교육이 부족하다. 현장 체험의 기회도 적다. 교과서(textbook)적인 내용만 가르치고 배울 뿐이다. 교수진 또한 이론가는 많지만 실무를 아는 사람은 적어 실무와 이론의 불균형이 심하다. 이것이 우리나라 대학 건축 교육의 중대한 문제점이다.

건축 현장 일선에선 실무적 교육을 요구한다. 건축가가 직접 건설 현장에서 못을 박거나 콘크리트를 치거나 철골을 조립하지는 않는다. 건축가가 건설을 총괄한다는 것은 실제 현장에서 육체노동을 해가며 공사 과정을 관리한다는 의미가 아니다. 이러한 실질적인 시공은 다른 사람들의 손을 빌려서 하지만, 건축가는 건물이 설계대로 지어지는지 감독하고, 확인하는 권한과 책임을 갖는다. 건축가가 정상적인 시공 과정과 결과 등 실무의 전반적인 내용을 정확히 알아야 관리 감독이 가능하다. 누구든지 자신이 알지 못하는 내용을 검사하고 정확도 혹은 문제점을 찾아내는 것은 불가능하다. 이것이 상식인 것처럼 실제 시공에 대해 무지한 사람이 관리 감독을 한다는 것은 어불성설이다.

건축 교육에 있어 실무 교육이 가장 중요한 것은 아니며 이 점을 간과(看過)해서도 안 된다. 대학은 학문을 넓고 깊게 탐구하는 곳이다. 단순한 실무 교육은 실무에 활용되는 기능적 지식을 가르칠 뿐 그것 자체로서 지식의 변화와 발전을 보장하지는 못한다. 대학에서 실무 교육만 강조한다면 단순히 기능을 전수하는 학원 교육의 수준에 머무르게 될 것이다. 건축 교육은 실무적 지식뿐 아니라, 미래의 새로운 건축적 지식과 이론의 지평을 보다 넓고 깊게 열어가기 위해 필요한 것이다.

대학의 목적에 맞는 교육이 이루어져야 한다. 하지만 현 대학의 건축 교육은 이론만 있고 현실 세계에서 멀어져 있다. 이론과 현실의 간격을 좁히는 교육이 필요하다. 현장 체험 기회를 높여야 한다. 현장 경험이 교육이기 때문이다. 건축은 몸으로 체득하는 것이다. 현장 실무와 이론 교육의 정도가 균형을 이루어야 한다.

건축 교육은 뛰어난 건축가를 키우는 것이 아니라 좋은 건축가, 건강한 건축가가 되기 위한 소양을 갖추기 위한 것이다. 이것이 핵심이다. 훌륭한 건축가가 되기 위해서는 열심히 공부하는 것이 중요하다. 뿐만 아니라 한 사람의 인간으로서 사회를 이해하고 사람들과 어떤 관계를 만들어 살아가야 하는지 아는 것도 중요하다. 이론에 머무는 지식보다는 사람, 인간에 대한 이해와 소통의 기술을 가르쳐야 한다. 대학 교육이 지식의 전달보다는 인간적인 가치, 사회적인 가치, 공익적 가치를 내면화하는 데 더 초점을 맞추는 노력이 필요하다. 대학의 건축 교육은 이러한 철학적이며 인문학적인 교육의 바탕 위에서 기업에서 요구하는 실무형 인재 양성에 투자해야 한다.

기술자의 소양과 교육의 변화

건축 교육의 개혁은 우리 건축의 미래를 위한 첫걸음이다. 교육의 문제는 배우는 사람의 문제가 아니라 가르치는 사람과 교과 내용의 문제라 본다. 대학마다 건축 교육에 대해 노력을 기울이고 있다. 건축을 구체적으로 경험하는 것은 만지고 보고 듣고 느낀다는 의미이다. 이런 속성들을 발견하고 의식적으로 다루는 것이 교육의 주제가 되어야 한다. 실제적이며 현실적인 교육이 절실하다.

대학의 건축 교과과정의 전면 수정이 불가피하다. 건축 전공자가 4년간의 대학 교육을 마치고도 현장에서 활용 가능한 기술과 지식을 습득하지 못해, 채용 후 수년 동안 별도의 교육을 받아야 기업에서 필요한 업무를 처리할 수 있다고 한다. 건축 교육의 현주소가 그렇다. 재교육에 드는 기회비용이 적지 않다. 대학의 교육 내용이 현장과 너무도 괴리되어 있다. 아직도 1970~80년대의 낡은 이론을 배우고 있다. 결국 이러한 환경에서 배출된 인적 자원에게 생산성을 기대하는 것은 무리이다. 기업과 대학 간 긴밀한 소통과 협력이 요구된다.

건축업계의 수요를 반영하기 위해서는 실무와 이론의 연계를 통한 실무 중심의 능력 배양이 중요하다. 실무 교육의 중요성을 인식하고 현장 실습과 각종 프로젝트 등을 통해 현장 실무 능력을 높이도록 해야 한다. 대학 및 관련 업체와 연계한 실습교육을 확대해야 한다. 대학은 전면적인 교육과정 개편을 통해 실제 직업에 필요한 역량이 무엇인지, 어떻게 교육 내용을 구성해야 하는지를 분석하여 그 방안을 분명하게 제시해야 한다. 시장의 수요에 부합하는 교육이 절실하다.

건축가가 현장에서 마주치는 문제들은 교과서적인 부분이 아니다. 각 현장의 특성에 따라 다양한 문제들이 발생하는데 건축가는 이를 해결하는 능력을 갖춰야 한다. 건축가는 기본 원리에 충실하면서도 이에 입각한 현장 지휘능력을 가져야 한다.

21세기 건축가가 갖추어야 할 능력은 다양하다. 먼저 타 분야 전문가와 협업하고 공조할 수 있는 역량이다. 그리고 건축이 안전성 및 편의성을 제공해야 한다는 윤리적 책임에 대한 것이다. 건축가 정신은 건축주의 생활, 나아가 인간 생활 본질에 깊은 애정을 가져야 하며, 사회적 책무를 다하는 윤리의식에 바탕을 두어야 한다. 더불어 급변하는 사회 및 기술에 대한 평생학습의 필요성을 인지하고 실행할 수 있는 역량, 사업 관리, 자산 관리 등에 대한 이해력이 건축가에게 요구되는 자질이다.

건축이론가 닐 리치(Neil leach)는 글로벌한 새로운 건축 상황과 점점 나빠지는 로컬 건축 교육 시장에 제대로 대응하기 위해 건축 교육 인증제를 폐기하고, 건축설계 교육의 방향을 바꿀 것을 강력히 주장한다. 현행 교육제도의 변화를 예고하는 것이며 현행 교육과정에 대한 논의가 시급함을 뜻한다.

건축가의 인문학적 소양

건축 교육의 새로운 커리큘럼이 필요한 시대이다. 건축 관련 학과의 현 교과과정은 40여 년 전 교과과정과 거의 달리진 것이 없다. 산업은 발전하고 외부 요구는 다양해지는데 정작 대학의 커리큘럼은 그대로라는 비판을 듣는다. 현재의 교육과정은 업계에서 요구하는 기술 교육을 제공하지 못할 뿐 아니라 취업 하더라도 재교육 없이 현장에 바로 투입하기 어렵다.

한양대 서현 교수는 건축을 배우는 사람의 조건으로 두 가지를 꼽는다. 그것은 상상력과 설득적 논리력이다. 상상력은 존재하지 않는 것을 머릿속에서 그려낼 수 있는 능력, 어떤 가능성을 직관적으로 파악하고 이를 논리적으로 추론하는 힘을 말한다. 많은 건축가들이 상상력을 필요 능력으로 언급한다. 건축에서 '창조'라는 것은 없다. 새로운 것이란 기존에 있던 것을 조직하고 정돈하는 것이다. 새로운 창조란 없다고 하는데, 다른 것, 차별되는 것을 생각할 수 있는 능력이 중요하다. 생각의 힘이 상상력이다. 또 건축은 개인의 작업이 아니고 여러 사람이 함께하는 공동의 작업이다. 그렇기 때문에 자신이 상상한 바를 창조하기 위해서는 조력자들을 논리적으로 설득할 수 있는 건축가의 능력이 중요하다.

건축가에게는 인문학적인 소양도 중요하다. 인문학은 우아함이나 품격이 아니라 우리의 삶과 사람이 주제다. 기업 경영에서도 인문학적 관점을 중시하는 경향이다. 스티브 잡스(Steve Jobs)는 '애플을 아름답게 하는 것은 기술과 인문학의 결합'이라 강조했다. '어떤 사업이든 인간관계가 관건인데 사람 사는 방식을 이해함에 있어서 인문학만큼 예리한 직관을 갖게 해주는 것은 없다.

사회학자 홍성태는 건축가의 책임을 다하기 위해 건축 교육에서 필요한 것은 건축의 사회성과 소통에 관한 사회학적 교육이라 한다. 건축의 사회성에 대한 올바른 교육을 강화해야 한다는 의미이다. 사무엘 막비는 건축가의 윤리적 책임을 강조하고, 건축이 사회를 변화시킬 수 있다고 믿었다. 건축은 사람을 기르고 사회를 진보시키는 힘이 있다. 건축가에게는 사회에 대한 올바른 이해에 대한 학습이 필요하다.

페터 춤토르(Peter Zumphor)는 "건축 교육이란 스스로 질문하고, 교수의 도움으로 해답을 찾으며, 질문을 줄여나가면서 다시 해답을 찾는 것"이라 하였다. 건축이 무엇인가, 좋은 건축이 무엇인가를 찾아가는 과정이며 알고자 하는 해답을 구하는 일이 건축 교육이다. 건축 교육은 더 나은 건축, 더 좋은 건축을 알아가고 만들어가는 과정이다.

학생 때는 가장 아름다운 건축물만 만들면 된다고 생각할 수 있다. 학교에서 비즈니스, 즉 건설 경영을 어떻게 해야 하는지 가르쳐야 한다. 설계와 건축이론뿐만 아니라 건축 공정과 연계된 토목, 기계, 전기, 통신, 조경 분야를 접할 수 있는 기회도 만들어 주어야 한다. 건축 교육에는 실무적인 것과 인간, 사회, 비즈니스 관련 학문이 연계되고 융합되어야 한다.

일본 건축의 수준

1987년 프리츠커상 수상자는 일본의 건축가 겐조 단게였다. 그는 일본 건축의 선구자라 해도 지나치지 않다. 건축 분야의 노벨상이라 불리는 프리츠커(Pritzker)상은 제이 프리츠커(Jay A. Prizker)가 제정했다. 1979년 필립 존슨(Philip Johnson)을 시작으로 프리츠커상은 '놀라운 재능을 발휘하고, 탁월한 비전을 제시함으로써 인류와 건축 예술에 중요한 기여를 한 건축가'에게 매년 수여되고 있다. 2014년 3월 프리츠커상 수상자로 일본 건축가 반 시게루가 선정되었다. 2013년 이토 도요에 이어 이례적으로 일본 건축가가 연속으로 상을 탔다. 일본은 프리츠커상 수상자 최다(6회) 배출국이 되었다.

오늘날의 현대건축은 일본의 건축가에 의해 이끌려 간다고 해도 과언이 아니다. 일본 건축의 힘은 축적된 건축 문화에서 나온다. 일본 건축 기술자들은 일을 대충하는 법이 없다. 작은 것 하나까지 일에 대한 계획성과 섬세함, 정교함이 그 어느 나라의 건축인보다 뛰어나다. 건축 문화의 수준과 힘은 건축가와 훌륭한 건축물에 의해 표출된다.

일본의 건축 문화 수준이 높아진 요인은 빠르게 서구 문화를 수용하였기 때문일 것이다. 또한 일본은 외래의 기술을 받아들여 그것을 자기 나라의 풍토에 맞게 개조하고 발전시키는 능력이 세계 제일이다. 혼카도리(本歌取り)의 천재이다. 혼카도리는 바탕이 된 작품, 즉 원작의 특징은 살려둔 채거기에 새로운 표현을 더해 다음 '수준'에 도달하는 방법을 말한다. 이러한 측면은 독보적인 일본인의 장기(長技)라 할 수 있다.

일본 종합건설사의 수준 높은 시공 기술도 또 다른 요인이다. 수준 높은 시공 기술력을 갖추고 있기 때문에 일본의 건축가들은 아름답고 추상적인 건축을 실현할 수 있다. 이로 인해 일본 건축에 대한 국제적인 평가도 높아진다고 볼 수 있다.

일본은 어떻게 해서 세계적인 건축가를 지속적으로 배출할 수 있었을까? 그 이유 중 하나로 안양예술공원 내에 있는 '종이 뱀(paper snake)'의 작가, 구마 겐고는 "20세기 공업사회 속에서 성립한 세계적인 규모의 건축 시장에서 시장 구조를 분석하는 미디어적 시각과 자기가 서 있는 장소를 깊이 파내려가는 장인적 근성을 겸비할 수 있는 토양이 일본에 있었다."고 말한다. 미디어적인 시각만 있다고 세계적인 작품이 되는 건 아니고, 그렇다고 장인적인 근성, 장소를 파내려가는 것만으로도 세계적인 작품이 되지는 못한다. 모두가 조화되어야 가능하다.

물론 프리츠커상을 받았다고 해서 모두가 좋은 건축, 좋은 건축가는 아닐 것이다. 그러나 아무에게나 그 상을 주지는 않는다. 엄격한 절차를 통한 객관적인 평가와 인정을 받는 건축가에게 수여되는 상으로 그 상의 권위를 인정하지 않을 수 없다. 일본 장인정신의 우수성에 동의한다. 일본 건축

구마 겐고, 종이 뱀(2010년), 소나무 숲과 어우러진 신소재로 만든 휴식 공간

의 힘이다. 그들은 우리가 짐작할 수 있는 수준보다 훨씬 세밀하게 작업한다. 작고 사소한 부분까지 최선을 다한다. 현장에서 작업하는 체계와 방법이 우리와 다르다. 우리의 대충 문화와 확연히 구별된다.

우리의 현대건축에서 부족한 것이 바로 이 장인정신이다. 언제 우리는 세계적인 건축가를 배출할 수 있을까? 건축가 전진삼은 건축설계 시장에서 브랜드화된 한국인 건축가는 거의 없다고 한다. 탁월한 건축 능력으로 세계 무대에서 꾸준하게 주목 받는 건축가가 없다는 의미이다. 우리 설계자의 역량이 외국의 설계자들에 비해 부족한 것이 무엇인지 살펴보고 해법을 찾아야 한다.

이 때문에 다른 예술 분야와 달리 건축은 아직 국제적인 명성을 얻지 못하고 있다. 그럼에도 불구하고 국내 건축가의 역량은 세계적인 수준에 상당히 근접해 있다. 상위 그룹의 건축가들 중엔 선진국 최고 수준의 교육 기관과 설계 실무를 거친 이들이 많다. 다만 이들에게도 자신만의 철학을 바탕으로 새로움을 창조하는 능력이 1~2% 부족한 것으로 느껴진다. 우리의 부족한 점을 솔직하게 인정하고 보완하면서 세계 수준에 걸맞은 역량을 키워야 한다. 그리고 세계적인 건축가를 배출하려면 건축주와 건축업계의 의식구조도 바뀌어야 한다.

"건축 혐오와 하자란?"

건축의 위기와 혐오의식

우리 사회에선 건축이 자주 뉴스의 소재가 된다. 특히 부실공사로 인한 사건과 사고가 그것이다. 뉴스 재료가 된 부실시공의 뿌리는 어디에서 시작된 것일까? 다양하고 복합적인 요인이 있겠지만 건축가의 의식과 건축 교육에 문제가 있다. 보다 근본적인 원인은 건축에 관한 배움, 교육의 문제에서 기인한 것이 아닐까 반문해 본다. 국민소득 3만 달러로 선진국 진입을 눈앞에 둔 시점에서 우리 사회의 건축 부실은 암울한 그림자를 드리운다. 부실공사와 부정부패는 언제쯤 근절될 수 있을까?

건축은 공업사회의 리더로서 20세기 경제를 이끌었다. 이러한 건축이 20세기에서 21세기로의 전환, 공업사회에서 탈공업사회로 세계가 전환되는 과정에서 적대적이며 부정적인 대상으로 추락했다. 20세기 건축 만능 시대에 대한 반동이 더해져, 우리 사회는 과잉이다 싶을 정도로 '건축혐오감'을 안게 되었다. 건축에 대한 혐오는 건축을 위기에 빠뜨릴 수 있다.

건축의 위기는 나쁜 건축이 그 원인이다. 그로 인해 건축의 혐오, 건축가에 대한 미움의 감정이 생기게 된다. 그러므로 건축가가 좋은 건축을 하지 않으면 건축이 하찮은 대상으로 전락하고, 건축가도 그저 그런 사람으로 평가되고 만다. 건축의 미래가 보장되지 않는다. 평범한 건축가로 남지 않으려면 자신을 둘러싼 사물의 세상을 뛰어넘어야 한다.

건축에 대한 혐오는 건축가의 나쁜 행태에서 기인한다. 건축가가 고상한 지식인이나 문화인이 아니라, 돈에 눈먼 개발업자의 하수인이 되거나 스스로 그런 개발업자가 되는 경우도 있다. 자신의 전문적 지식을 활용해서 부실 건축, 나쁜 건축으로 사람들을 괴롭히는 일도 한다. 그들은 세상에서 말하는 속물 건축업자, 나쁜 건축가임에 틀림없다. 나쁜 건축가에 의해 나쁜 건축이 생산된다. 이것 때문에 건축에 대한 혐오감이 생겨난다.

　건축에 대한 혐오로 인해 건축적 허무주의에 빠질 수 있다. 건축가에 대한 인식이 부정적으로 변한다. 또한 부실이 반복되고 부정적 인식이 깊어지면 건축으로 인한 피해와 스트레스, 실망감, 불쾌감, 무력감은 혐오 의식으로 바뀐다. 부실은 건축가에 의해 비롯된 사회 문제임을 부정할 수 없다. 그러므로 건축 혐오에 대한 원인과 책임은 근본적으로 건축가에게 있다. 부실의 반복은 더 심각한 혐오 의식을 키운다. 하자나 부실 건축으로 인한 나쁜 건물은 고독한 괴물 덩어리로 남는다. 버려진 공간이 되면 그 장소는 죽은 공간이 된다.

　건축 혐오는 나쁜 건축으로 인한 결과물이다. 나쁜 건축가와 하자 투성이의 개선 불가능한 콘크리트 더미로 인해 건축 혐오는 깊어진다. 나쁜 건축의 주범은 부실시공이며 하자다. 우리 사회에 부정적인 영향을 미치며 경제적 손실을 불러온다. 건축가에 대한 인식과 이미지에도 상당한 타격을 준다. 더 이상 건축가가 창조적인 예술가로 인정받거나 존경받는 존재가 될 수 없다. 건축가가 좋은 건축을 해야 하는 이유가 여기에 있다. 뒤집어보면 좋은 건축만이 건축 혐오에 대한 의식을 소멸시킬 수 있다.

건축 분쟁과 관리 사회

오늘날 건축업계도 점차 소송 사회로 바뀌고 있다. 건축 소송의 내용을 들여다보면 하자가 대표적인 요인이다. 하자는 건축가의 직무 유기적 산물이다. 안도 다다오도 미국에서 맡았던 작업이 소송 사회를 고스란히 들여다볼 수 있는 기회였다고 고백한다. 건축가에겐 어떻게 하면 소송을 피할 수 있는지가 관건이 된다. 게다가 우리 사회도 미국과 마찬가지로 모든 방면에서, 보안(안전)에 대한 요구가 높아지는 관리 사회(society of management, 管理社會)화가 진행되어, 건축 세계도 소송 사회로 향하고 있다는 사실이다. 관리 사회란 피관리자의 감각이나 의사가 시스템 그 자체의 결정요인이 될 가능성이 폐쇄됨으로써 시스템 전체가 비인간화된 사회를 말한다. 건축의 비인간화로 비유할 수 있다. 사람에게 기대할 수 없어 법의 도움을 받아야 한다는 뜻이다.

건축 분쟁은 일부 악덕 건축주의 고의적인 잘못도 있지만, 대부분은 건축업체의 부실시공에서 비롯된다. 건축가가 분쟁의 원인이 되며 건축가로 인해 갈등이 시작된다. 설계 오류도 다툼의 요인인 경우도 있다. 하지만 부실시공이나 하자가 가장 큰 원인이다. 시공 오류나 잘못으로 발생된 하자는 건축 주체 간의 다툼의 씨앗이 된다. 건축주가 건축으로 인해 어려운 일을 당한다면 그것은 외부적 문제도 있지만 건축가에게도 책임이 있다. 건축 분쟁은 분명 좋은 건축의 3가지 요소, 즉 품질과 서비스, 고객만족이 모두 충족되지 못한 것이다. 좋은 목적과 의도로 시작된 건축을 통해 싸움이 생긴다면 그것은 상호간에 약속된 사항을 지키지 않았기 때문이다. 분쟁이 발생되면 실패한 건축이 될 수 있다. 물론 건축가는 인간관계에서도 실패한 것이다. 그러면 건축도 지속되지 못한다.

건축 분쟁은 그 원인이 누구에게 있든지, 무엇이든지 간에 엄청난 손실을 초래한다. 이를테면 미국의 의사는 환자에게 고소당할 때를 고려해 고액의 보험에 가입한다. 건축가도 어떤 건물의 설계나 시공에 문제가 있어 부상을 당하거나 심각한 하자가 발생되면 큰 부담을 지게 된다. 건축의 외적 요소, 보험이나 소송에 대한 고려가 필요한 시대다. 미국에서는 건축가가 설계 실수를 보상하는 보험에 가입하지 않으면 건축주가 계약을 해주지 않는다. 우리나라도 이러한 조류가 다가오고 있으며 일각에서는 이미 진행되고 있다.

건설사 상대 소송 급증… 피소금액만 2조 '훌쩍'

건설사를 상대로 한 소송이 크게 늘고 있다. 12일 금융감독원 전자공시시스템을 보면 시공능력평가 상위 10대 건설사가 피소된 소송은 지난 6월 말 현재 817건, 2조4,000억원에 이른다. 최근 1년 반 사이에 피소 건수는 23.6%, 금액은 17.6% 증가했다. 10대 건설사의 총 피소금액은 대한건설협회가 집계한 국내 126개 건설사(상장 94개, 기타법인 32개)의 올해 상반기 영업이익 1조534억원의 2배를 웃돈다. 특히 현대건설과 대우건설의 피소금액은 각각 5,361억원, 5,150억원으로 소송 결과에 따라 경영에 심각한 타격을 받을 수도 있다.

10대 건설사 피소 추이

	2012. 12		2014. 6		증가율(%)	
	건수	금액(원)	건수	금액(원)	건수	금액
현대건설	159	4666억3000만	216	5360억6700만	35.85	14.81
대우건설	170	2634억3400만	195	5150억1800만	14.71	95.50
대림산업	74	3997억1100만	107	4709억5900만	44.59	17.82
SK건설	107	4602억6187만	102	4626억	-4.67	0.51
롯데건설	79	1860억	92	1595억100만	16.46	-14.25
삼성물산	70	575억	90	1321억5015만	28.57	129.82
현대엔지니어링	2	2045억2400만	15	1202억8700만	650.00	-41.19
포스코건설	78	720억	83	1157억	6.41	60.69
GS건설	51	931억5600만	131	1021억3500만	156.86	9.64
한화건설	31	1247억2500만	48	748억3400만	54.84	-40.00
계	661	2조383억6167만	817	2조3965억8215만	23.60	17.57

자료: 금융감독원 전자공시시스템

최근 피소금액보다 건수 증가율이 더 높아진 것은 수년째 이어진 부동산 경기 침체와도 관련이 있다. 대우건설 관계자는 "부동산 경기가 나빠지면서 프로젝트 파이낸싱(PF) 관련 분쟁이 많아졌다. 서로 책임 소재를 따지면서 소송을 거는 사례가 크게 늘었다."면서 "대우건설은 주택건설이 많은 편인데, 부동산 침체로 집값이 떨어지자 분양받은 사람들이 조그만 하자에도 소송을 내는 경우도 많다."고 말했다. (중간생략) 건설업계 관계자는 "과거 부동산 경기가 좋았을 때는 건설사가 사실상 '갑'의 위치에 있었다. 하지만 최근 아파트 수요보다 공급이 훨씬 더 많아지면서 입주민들이 건설사에 이래라저래라 요구하는 것도 늘어나고 소송까지 가는 사례도 많아졌다."고 말했다.

- 경향신문, 2014. 10. 12

우리 사회가 점차 법치사회로 되어가는 과정에서 소송은 늘 수밖에 없다. 건축 분쟁도 증가하고 있다. 이와 같이 분쟁이 증가한 것은 부동산 경기의 침체와 연관되며 건설사의 사정이 어려운 것도 하나의 요인이다. 분쟁 결과에 따라 건설회사는 경영에 심각한 영향을 받을 수 있으며 문을 닫을 수도 있다. 사회에 미치는 파장도 크다. 다툼이 생기면 좋은 건축의 실현은 그만큼 멀어진다.

미국을 비롯한 선진국에서는 보험과 같은 제도를 통해 책임을 돈으로 환산하여 지불하고 있다. 대가를 받으면 맡은 일에 대해 의무를 다하는 것은 당연하다. 이와 같이 우리 건축가들도 건축 행위에 대한 책임을 질 수밖에 없는 상황에 처했다. 잘못된 설계나 시공으로 인하여 건축주, 소비자가 입게 되는 정신적·물질적 피해를 보상해 주어야 한다. 건축 분쟁을 줄이고 건축가가 이 모든 위험부담과 손실로부터 자유로워지기 위해서는 좋은 건축이 해답이다. 오직 그 답은 좋은 건축뿐이다.

좋은 건축의 적

건축 하자(瑕疵, defects)는 완성된 건축물이 갖추어야 할 품질, 성능, 사용상의 요소가 불완전하여 사용교환 가치를 감소시키는 결함을 의미한다. 사용적합성에 문제가 있는 것이다. 하자의 원인이 설계, 시공, 재료에 관계없이 건축물의 안전상, 기능상, 미관상에 영향을 미친다면 그것은 결함이며 하자이다.

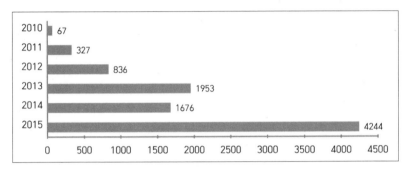

건축물 하자 심사·분쟁조정 신청 현황

하자는 어떤 원인에 의해 발생된 결과로서, 그 원인은 인위적인 것(고의)과 자연적인 것(과실)으로 구분된다. 인위적인 원인에 의해 발생된 하자는 건축 관련 기준, 규정, 절차를 고의적으로 위반한 것이다. 자연적 원인에 의해 발생된 하자는 건축 관련 기준, 규정, 절차를 지켰으나 과실 혹은 실수로 인해 발생된 것이다. 과실로 발생된 하자보다 고의로 발생시킨 하자는 다툼의 대상이 되기 때문에 더욱 심각한 문제점을 띤다. 하자의 범위는 크게 구조적 결함, 비구조적 결함과 클레임(claim)으로 구분되며, 법적이나 기술적인 시각에서 하자라는 것은 구조적 결함과 비구조적 결함이다. 하자의 구체적인 유형에는 균열과 처짐, 비틀림, 들뜸, 침하, 파손, 붕괴, 누수, 누출, 작동 또는 기능 불량 등이다.

　일반적으로 하자는 사용 중이나 사용연한이 경과하면 발생된다. 하자는 부실시공이 가장 큰 원인이며 부실시공은 기술 부족이나 관리 부주의로 발생된다. 하자는 좋은 건축의 근본적인 방해 요소이다. 건축가는 시공 과정에서 단 하나의 하자도 발생되지 않도록 품질을 관리해야 한다. 자신의 명예와 자존심, 이름 등 모든 것을 걸고 100% 완벽한 시공에 도전해야 한다.

　야구 감독 김승근의 좌우명이 일구이무(一球二無, 공 한 개에 최선을 다하라는 뜻)인 이유가 있다. 인생은 두 번이 있을 수 없다. 현재 하고 있는 일, 지금 이 순간에 혼을 다해야 한다는 뜻이다. 건축 행위도 마찬가지로 한 번 실행하면 수정이나 반복이 어렵다. 다시 시공하기 위해서는 사안에 따라 엄청난 비용과 시간이 소요된다. 비용과 시간 중 비용이 더 문제다. 시간은 그렇다 치더라도 비용의 문제는 논쟁의 중심이 되어 비용을 어떻게, 즉 누가 부담하는가에 따라 논란이 가중된다. 하자는 신뢰와 직결된다. 건축주에게 믿음을 각인시키는 강력한 방법은 하자를 없애는 것이다.

　하자로 인한 건축 분쟁이 점차 증가하고 있으며 특히 아파트와 관련된 하자 분쟁이 증가되었다. 하자심사 분쟁조정위원회에 접수된 아파트 하자 분쟁 사건이 2010년 69건에서 2012년 836건으로 2년 사이 10배 이상 증가하였다. 2013년에는 1,953건이 발생하였으며, 2015년에는 4,244건이 발생되어 2014년 1,676건에 비해 2.5배 이상 증가하였다. 하자분쟁의 발생 원인을 살펴보면 설계하자, 시공하자, 사업주체의 하자보수 지연과 보수 거부 등이다.

　또한 아파트 하자분쟁 건수가 급속하게 증가하게 된 것은 입주자 권리에 대한 깨달음이 커졌기 때문이다. 사업주체나 건설사가 부실공사를 인정하지 않고 하자보수를 회피하거나 금전배상을 거부하는 것이 주요 원인이다. 그러나 때로는 입주자의 과도한 하자보수 요구도 분쟁원인으로 작용하고 있다. 건축 하자만 없어도 다툼은 크게 감소한다. 사업주체의 하자보수 거부와 입주자의 과도한 요구를 방지하기 위해서는 객관적이고 공정한 '하자판정기준'을 제시하여 불필요한 분쟁을 없애야 한다.

거듭 이야기하지만 하자, 부실은 건축가의 건축적 가치관에서 비롯된 직무 태만의 산물이다. 대부분의 건축 분쟁은 건축가의 설계, 시공 잘못으로 발생된 하자로 인한 것이다. 하자의 문제는 곧 건축가의 책임 문제로 이어지며 재시공을 피할 수 없다. 재시공은 시간과 비용, 에너지가 소비되어 모두에게 많은 손해를 끼친다. 좋은 건축의 적(敵)은 하자이며 부실시공임을 명심해야 한다.

건축에서 하자는 절대적인 금기 사항이다. 그러나 하자가 발생되었을 때 건축가는 '건축 하자(defects)'를 '건축 하자(Let's do architecture)'라는 뜻으로 받아들여 적극적 대응을 해야 한다. 건축에서 부정적 요소인 '하자'를 긍정적 의미인 '하자(Let's do)'로 발상 전환하여 임한다면, 더 좋은 건축을 할 수 있을 것이다.

적극적인 신뢰와 변화

적극적인 신뢰는 좋은 건축의 필수 요소이다. 알베르 카뮈(Albert Camus)는 "불합리한 세상과 합리화의 향수가 부딪혀 어처구니 없음 혹은 부조리(the absurd)가 발생한다."고 하였다. 카뮈의 관점에서 생각해 보면 건축 부조리가 발생되는 것은 건설업 특수에 대한 향수와 과거의 잘못된 행태를 답습한 결과이다. 부조리에 기인되는 것은 불신이며 부조리는 건축가에 대한 부정적 편견의 원인이 된다. 불신의 원인은 비양심에서 비롯된 부실공사와 불투명한 시공이며 부실 건축은 건축가가 지향해야 할 좋은 건축이 아니다. 좋은 건축을 통해 건축가에 대한 '적극적인 신뢰'를 확보하는 것이 시급하다.

심리학자들은 인간이 '확정 편향(confirmative bias)'에서 벗어나기 어려운 존재라 설명한다. 한 번 고정화된 편향은 쉽게 바뀌지 않는다는 뜻이다. 우리 국민들은 대체로 건축가에 대한 부정적 편향을 보인다. 건축가는 '장사꾼, 업자'라는 편견이 심하고 돈 따라 움직이는 경제적 이익 집단일 뿐이라고 단정한다. 건축가에 대한 좋지 못한 선입견과 불신은 확정 편향적이다. 신뢰나 믿음은 먼 이야기이고 한마디로 정직하지 못한 사람으로 보는 경향이 짙다. 건축가에 대한 인식에 불신이 그만큼 깊다는 것을 내포한다.

이러한 경향은 일부 건축가의 나쁜 관행, 즉 담합, 불공정거래, 부실시공, 하자, 돈 떼먹기, 사기, 횡령, 뇌물, 상납과 같은 것으로 인해 부정적인 이미지가 강해졌다고 볼 수 있다. 이와 같은 사실이 건축업계의 고질적인 문제점이며 불편한 진실이다. 어떤 논리와 변명으로도 바꿀 수 없는 건축가에 대한 뿌리 깊은 편견은 부실시공과 부패, 부조리로 인한 것이다. 이와 같은 안타까운 현실을 어떻게 개선할 수 있을까?

부실이 우리 사회와 건축업계에 DNA처럼 자리 잡고 있는 것은 아닌가 하는 생각을 지울 수 없다. 물론 그 무서운 DNA를 가진 당사자는 부조리를 범하고 부실시공을 일삼는 나쁜 사람들로 한정한다. 그들은 법적인 자격을 떠나 건축가라고 할 수 없다. 부실과 부조리를 만들어내는 일부 건축가로 인해 건축업계 전체가 불신의 대상이 되고 말았다. 부조리는 자승자박(自繩自縛), 자업자득(自業自得)으로 오늘날 건축업계의 자유로운 활동을 가로 막고 있다. 건축 관련 종사자의 의식 전환과 변화가 요구된다.

부조리와 부실시공은 건축업계의 뼈를 깎는 쇄신의 목표가 되어야 한다. 하지만 혁신적인 변화는 쉽게 되지 않으며 단시일 내 가능하지도 않다. 근본적인 담론 제기는 오히려 현안 해결을 회피하는 구실이 될 수 있다. 그러므로 내부로부터의 작은 변화에서 시작해야 한다. 건축가 한 사람 한 사람의 의식 변화와 행동 변화가 새로운 반향을 불러일으킬 수 있다. 건축가가 변해야 건축이 변한다.

건축 문화의 쇄신과 건축 철학의 재정립이 불가피하다. 투명성과 부패, 부실은 건축가의 문제이기 때문이다. 건축가의 불합리한 관행과 행태, 부실 시공과 하자가 탈바꿈의 우선적 대상이다. 이것을 위해 법과 제도의 개선이 필요하다. 불신의 이미지를 개선하기 위해서는 건축가의 의식개혁으로 신뢰를 회복해야 한다. 신뢰는 부조리와 건축 하자, 부실을 없애면 쉽게 회복될 수 있다. 참된 건축, 정직한 건축, 좋은 건축을 실천하면 된다. 정확한 설계로 투명하게 시공하여 약속된 사항을 지키면 된다. 단순히 건축의 원칙과 건축적 약속을 지키기만 하면 된다. 이러한 노력이 가시적일 때 건축가에 대한 신뢰는 빠르게 회복될 것이다.

"숨만 잘 쉬어도 인생이 바뀐다."고 한다. 큰 것을 개혁하려면 작은 것부터 한 사람의 생각과 마음가짐부터 바꿔 나가는 실사구시(實事求是)적 자세가 필요하다. 건축가에게 필요한 것은 이러한 자세이며 '작은 변화(small change)'이다. 작은 변화는 축적된다. 건축에 대한 의식 변화와 건축 행위 변화를 통해 편견을 해소하고 신뢰받고 존경받는 건축가로 거듭나야 한다. 알바 알토처럼 국민에게 존경받는 건축가가 나와야 한다. 건축가에게 지금 필요한 건 개개인의 내부로부터의 변화들이다. 건축가의 작은 변화가 신뢰의 기반이 된다.

감동

EMOTION

"건축은 언제나 하나의 꿈이며 감동을 준다."

◀ **MIT대학 채플** | 에로 사리넨, 정형과 빛을 주제로 디자인된 교회

"건축의 사회성이란?"

건축의 사회성

건축은 사회를 보는 하나의 눈이다. 사회와 연관되지만 건물을 짓는 동기는 개인적인 의지에서 시작된다. 건축이란 실상은 때로는 개인의 심리 상태를 그대로 표현하며 사적인 것이다. 건축은 가장 넓은 차원의 의미와 지극히 개인적인 차원의 의미를 동시에 가진다. 개인의 자아를 풍경과 도시, 나아가 국가 규모로 확대하는 수단이다.

대부분의 건축물은 기본적으로 사적 재화이다. 공공건축물을 제외하고는 사적으로 지어지고 소유되며 이용된다. 그와 동시에 건축물은 사회성을 띠므로 단순히 개인적 재화라고 단언하기는 어렵다. 예를 들면 사적인 빌딩이나 백화점, 호텔 등은 공공건축물은 아니지만 불특정 다수의 사람들이 이용한다. 그런 의미에서 보면 사회성이 강하다. 또는 도시의 대규모 건축물은 주변의 일조, 가로경관 등에 큰 영향을 미쳐, 때로는 바람직하지 않은 사회성을 강하게 띠는 경우도 있다.

건축은 누구나 한 번 갖는 중요하고 소중한 것이다. 한 번 지어 놓으면 싫든 좋든 부술 때까지 주변 사람이 바라보고 이용해야 하는 사회적 재산이다. 그러므로 인간의 삶에 영향을 미치는 건축은 건축주의 것만이 아니다. 건축주가 자기 재산으로 개인의 집을 짓는다 해도 대중이 그 집에 의해 영향을 받기 때문이다. 건축가는 건축주를 위해 일하지만 동시에 사회와 대중을 위해 일한다. 건축은 사회 속에서 사회적 관계를 통해 이루어지는 사회적 행위이다. 따라서 건축은 사회적인 실체이다. 건축가는 한시적 주인인 건축주보다는 영원한 주인인 대중에 대한 건축적 의무를 소홀히 하지 말아야 한다.

앞서 언급한 것처럼 건축은 사회성을 띤다. 건축이란 인간들이 조직해 놓은 그 사회의 수준이나 상황 속에서 생성되는 것이며, 그 이상도 그 이하도 아니다. 건축은 당대의 감각을 반영하는 예술이다. 당대의 감각은 그 배경이 되는 사회와 연관되는 것이다. 그로 인해 사회가 발달하면 감각도 발전하고 그에 따라 조형의 방향이 결정된다. 건축의 사회성은 그 당시의 사회성에 따라 다양하게 나타난다.

건축은 인간이 구성해 놓은 사회 속에서 인간과 사회와 무관할 수 없다. 인간생활의 기본단위인 집(건축)과 이런 것을 전부 포괄하는 사회는 건축과 불가분의 관계일 뿐만 아니라, 인간과 삶에 관한 모든 것을 포함하고 있다. 건축은 사회적인 것이다. 사회의 필요에 의한 것으로서 사람과 사회적 필요를 충족시켜야 한다.

국가적인 건축물은 그 나라의 사회적 목표를 반영한다. 또한 그 나라의 기술력과 경제력을 보여주는 척도이자 과시적인 상징이다. 막대한 돈이 들어가기 때문에 많은 사람들의 의견이 모아지고 반영되는 결정체이기도 하다. 건축물이 자존심이나 자랑, 명예가 되는 것도 건축이 지니고 있는 사회성의 한부분이다. 건축은 그 나라와 그 시대의 단면을 보여주는 그림이다. 건축의 사회적 역할이 어느 때보다 강조되고 있다.

건축가에 대한 명령

건축은 사회의 자화상이다. 특정 시대 사람들의 문화와 기술 수준, 희망,

야망 등 그들의 발전 단계를 나타낸다. 지어지는 건축물의 최종 디자인을 보면 그 사회의 가치관과 생활양식을 고스란히 읽어낼 수 있다. 인간이 건축을 어떻게 세우느냐 하는 것은 기술의 정도에 따라 다르며, 무엇을 세우느냐 하는 것은 그 사회의 가치관에 의해 결정된다.

지오 폰티는 "로마의 반은 신이 만들었고, 나머지 반은 건축가가 만들었다."고 하였다. "자연은 신이 만든 건축이고, 건축은 인간이 만든 자연이다."라는 말처럼 건축가는 조물주 다음의 창조자이다. 또 폰티는 "건축가들이 도시에 건물을 세우고 형태를 부여하기 때문에 한 나라를 이끄는 입장에 서게 될 것"이라고도 했다. 실재로 한 나라의 지도자 위치에 있는 건축가가 많다. 건축가는 시대의 리더이기에 건축에 대한 책임도 따른다.

건축은 사람들의 행동에 영향을 준다. 사람들은 환경을 지각하고 환경에 반응할 뿐만 아니라 환경에 영향을 미친다. 개개의 건축이 모여 환경으로 합쳐진다. 환경의 집합으로 사회가 형성되고 사람들은 그 사회 속에서 살아간다. 사회는 건축에 영향을 주고 건축은 사회에 영향을 준다.

건축은 우리 일상생활에서 떼어놓을 수 없는 부분이다. 인간이 지각하는 모든 것은 건축의 단면으로 이루어져 있다. 건축물은 그 시대의 정치와 문화, 사회 등 인문·사회적 요소에서부터 지형, 기후 등의 풍토적 요소, 그리고 재료와 구조, 시공기술 등 건축적 요소가 한데 어우러진 결과물이다. 건축은 인간의 지각을 넘어서 정서와 감정에도 강한 영향을 미친다. 좋은 건축은 인간을 행복하게 하고 인간의 삶을 풍요롭게 하며 반대로 나쁜 건축은 나쁜 영향을 끼칠 수 있다.

나쁜 건축은 사회적 비용을 증가시킨다. 그리고 건축의 세 주인공에게 스트레스를 준다. 비용이 발생되면 스트레스를 받게 되어 모두가 곤란해진다. 나쁜 건축이 만들어지면 좋은 건축의 가능성은 낮아진다. 나쁜 결과, 나쁜 건축은 새로운 일, 인연이 만들어질 수 없기 때문이다. 또 나쁜 건축은 심리적으로 위안과 편안함을 주지 못한다. 시각적인 즐거움을 줄 수 없으며 심리적으로도 안정감을 주지 못한다.

건축가에게는 사회적 사명이 있다. 사회에 대한 건축가로서의 사명감과 건축이 완성되기까지 모든 관리를 철저히 수행하는 책임감을 가져야 한다. 건축은 시간적인, 경제적인, 사회적인 결과를 지닌 것이므로 더 큰 맥락에서 이해하지 않으면 그 자체에서 시작하고 종결되는 단순한 오브제가 된다. 이러한 건축은 사회적인 자산으로 공공성을 띠며 공공(公共)에 영향을 준다. 건축은 인간 활동을 대변하고 표현하는 구체적인 결과이다. 현대 문명을 표현하기 위해 건축을 이용하며, 건축은 현대 문명을 반영하고 측정하는 수단으로 상징된다.

건축은 자신만의 욕망을 실현하는 단순한 도구가 아니다. 건축은 건축가의 직업으로서 행위가 아닌, 삶의 근원적 방식에 대해 의문하고 고뇌하는 일이다. 그러므로 인간의 삶에 기여할 수 있는 건축이 필요하다. 그것은 좋은 건축을 말한다. 건축가의 사회적 역할은 그 사회, 문화 창조에 기여하는 것이다. 건축가는 사회적 지표를 만드는 존재이므로 좋은 건축을 해야 할 사회적 의무가 있다.

문화적 산물

건축은 문화의 중심이다. 공간의 통해 구축해 온 삶의 방식은 인간이 만들어낸 가장 큰 문화(文化)다. 문화는 오랜 시간을 거쳐 사람과 사람이 서로 만들어낸 것이다. 문화는 사람들 사이에서 소통과 교환이 이루어지고, 이를 통해 유대감이 형성되는 가운데 오랫동안 다양한 상호작용이 생성된다. 인간이 가진 여러 가지 문화의 형태 중에서 어떤 문명의 도구보다 특별한 것이 건축이다.

인간은 역사의 처음부터 생활을 담는 삶의 공간을 만들어 왔다. 삶의 공간이 건축이므로 건축은 문화의 중심에 서게 되었다. 삶의 무대가 건축이다. 건축은 문화로서 우리가 살아가는 삶의 공간이고 새로운 세계이다. 도시는 무수한 건축물로 가득 차 있고 자체로도 하나의 거대한 건축물이다. 건축물은 다양한 문화를 담는 도구이며 이러한 문화는 우리가 만들어내는 삶의 요체이기도 하다.

건축은 문화적인 것이다. 문화를 생산하는 작업이 건축이며 사회의 풍속과 문화를 보여주는 거울이다. 다양한 사회적 제도를 보여주는 산물이다. 건축은 그 사회의 문화를 담고 문화를 향유하게 하고 문화의 정신을 전수한다. 시간의 흐름 속에서 그 문화는 건축물에 새겨진다. 건축이 단순히 형태적으로 아름답거나 특이해서 문화의 중심이 되는 것이 아니다. 사회를 구성하는 사람, 한 사람 한 사람에게 영향을 미치고 삶을 풍요롭게 만드는 가장 큰 바탕이고 매개체이기 때문이다.

문화의 바탕을 구성하는 최대의 흐름, 그 움직임이 건축이다. 건축은 인류의 삶과 문화를 표현하는 가장 큰 규모의 예술이다. 건축 공간에는 사람들의 삶의 모습이 담겨 있으며 거시적으로는 인류의 역사를 해석하고 표현한다. 건축 공간은 사람과 사람의 관계, 그 시대의 세계관, 생활 수준, 기쁨과 슬픔, 남녀의 사랑 이야기 등 사회제도부터 섬세한 인간의 속성과 감정까지 드러낸다. 건축 자체가 문화이고 역사이며 시대의 철학적 표현이다. 좋은 건축은 후세에 물려줄 중요한 문화유산이며 자산으로서 장소적 가치를 가진다.

건축은 일차적으로 사회를 구성하고 유지하는 물리적 현상이다. 이차적으로는 인위적인 환경을 만들어 구성원의 일상을 조정하는 유기적인 조직이다. 건축을 기획하고 설계하여 지어지는 과정에서는 그 사회의 행정, 경제, 과학, 기술 등 온갖 현시적인 역량과 규범, 전통 등의 무형적인 소재가 더해진다. 그러나 그보다 더 결정적인 것은 건축의 동기를 만들고 그것을 사용하며 향유하는 대중의 가치관이다. 그래서 건축은 그렇게 만들어진 배경을 증명하는 증거물로서 출현한 시대의 문화적 산물이다.

프랑스 건축법은 "건축은 문화를 표현하는 것이다."라고 시작한다. 이 말은 건축이 문화적 수준을 보여주는 것임을 뜻한다. 또 "건축이 나라의 인상을 결정한다."는 말은 건축문화에 대한 인식이 새롭게 부각되고 있음을 보여준다. 이런 상황에서 어떻게 하면 건축문화의 선진화를 이룰 수 있을까? 정부의 새로운 정책과 고민, 건축가의 노력이 필요한 시점이다.

부동산적 가치와 개발

우리는 건축 없는 삶을 상상할 수 없다. 그럼 사람들은 건축을 어떻게 이해하고 생각할까? 건축을 바라보는 시각은 대략 두 가지로, 하나는 문화로서의 건축이고 다른 하나는 부동산으로서의 건축이다. 한국에서 건축물은 사람의 삶을 담아내는 안식처이기 이전에 '재산'이고 투기적 '욕망'의 대상으로 인식되는 경향이 크다. 삶의 도구 혹은 문화적 표현이라는 측면보다 경제적 가치에 비중을 두고 있으므로, 건축을 곧 부동산으로 인식하는 경향이다.

또한 건축물은 그것을 소유한 사람의 사회적인, 경제적인 존재 증명과 과시의 도구가 된다. 우리의 지각과 삶에 있어 건축은 부동산이며 부동산의 가치가 자기 존재를 나타내는 수단이 되고 있다. 부동산에 대한 애착과 소유욕이 독특한 건축 문화를 형성하기도 한다. 부동산으로서 건축은 개인적 자산이며 경제적 요소이다. 건축의 사용가치보다 교환가치를 앞세우는 것이 우리 사회의 부동산 개발의 논리이다. 부동산 투기와 같은 사회적 부작용은 건축에 대한 인식을 새롭게 해야 할 필요성을 야기한다.

이런 측면에서 건축은 사적인 이윤을 보장하는 중요한 수단이다. 동시에 사회의 정신적 산물이고 사회가 가지고 있는 공동의 가치를 실현하는 것이다. 그렇지만 한편으로는 재산 증식의 도구이고 토지와 함께 개발의 대상이 되는 물리적 토대이다. 기업에서는 건축이 비즈니스의 수단이 된다. 좋은 건축물은 시행자, 건축주에게 많은 이윤을 가져다준다. 이러한 건축은 비즈니스 관점에서 성공한 것이다. 2014년 우리 사회의 이슈가 된 서울 강남의 한국전력 부지 매각 사례에서 그 사실을 알 수 있다. 현대자동차는 주변의 예상을 뛰어넘는 10조 원 이상의 돈을 들여 한국전력 사옥 부지를 사들였다.

현대차, '10조원대 베팅' … '강남 노른자위' 한전부지 낙찰

현대자동차그룹(현대차)이 서울 강남구 한전부지에 낙찰돼 화제다. 한국전력에 따르면 현대차의 한전부지 입찰 금액은 10조5500억원이다. 감정가의 3배가 넘는 낙찰가다. 한전본사 부지 입찰 마감일인 17일 삼성은 삼성전자 단독으로, 현대차그룹은 현대차·기아차·현대모비스 등 3개사 컨소시엄을 구성해 입찰에 참여했다. 한국전력 부지 입찰 결과는 18일 오

전 10시 입찰 참여자가 제출한 가격을 확인하는 '개찰' 절차를 거쳐 결정됐다. 현대차는 부지 매입 뿐 아니라 한전부지 후속 개발 비용까지 더해 10조 원에 이르는 파격적인 입찰가격을 제시했다. 4조원 대의 입찰가를 책정한 삼성전자에 2배

가 넘는 금액이다.

　현대차를 새 주인을 맞은 삼성동 한전부지(서울특별시 강남구 영동대로 512)는 토지 면적 7만9341.80㎡, 건물 9만7260.78㎡, 감정가 3조3346억원에 달한다. 서울시는 현대차그룹과 현대자동차그룹 부지 개발을 위한 6개월간의 사전협상을 마치고 개발절차에 들어갔다. 계획안에 따르면 글로벌비즈니스센터(GBC)는 7만9342㎡ 부지에 지상 및 지하를 합쳐 총면적 92만8887㎡ 규모로 조성된다. GBC에는 105층 높이의 정사각형 타워가 들어선다.

– 동아일보, 2014. 9. 18, 2016. 2. 18

　건축이 어떤 사람에게는 세상을 바꾸는 도구이고, 어떤 사람에게는 신기술의 실험대이며, 어떤 사람에게는 재(財)테크 수단이 된다. 하지만 2000년대 이후 부동산이 투기의 대상에서 투자의 대상으로 변모한 것도 사실이다. 과거와 같은 과열 현상은 감소하는 추세이다.

　서울시는 '건설에서 건축으로'라는 구호를 걸고 정책 방향을 건설 위주가 아닌 건축 위주로 변모시켜 나갔다. 이것은 경제적 효과 위주의 짓기에서 인간을 위한 가치 위주의 짓기로 바꾸겠다는 의지를 보여준다. 가치중립적인 축조행위가 아닌 가치를 지향하는 집짓기를 뜻한다. 시의적절한 조치이자 의미 있는 정책적 변화다. 집짓기가 건설이 아니라 건축이라는 관점은 변화된 개념으로서 건축가가 지향해야 할 목표이다.

아이콘과 경제 부흥

건축은 국토의 균형발전에 기여한다. 건축은 유행이 되었으며 건축물이 빛나는 아이콘(icon)이 되어 패션과 생활 잡지, 광고, 영상물에 등장한다. 하나의 건축물이 아이콘, 상징(symbol)이 된 것이다. 건축물은 그 나라와 장소

의 정체성을 나타낸다. 그것은 건축물만큼 많은 사람들의 땀과 노력, 비용
이 들어간 결정체는 없기 때문이다. 창의적인 좋은 건축물은 국가의 품격
을 높이고 고부가가치를 만들어낸다. 도시의 경쟁력도 높인다. 문화와 예
술은 콘텐츠의 핵심이므로 더 이상 경제 외적인 사치품이 아니라 국가경쟁
력의 뼈대이다. 따라서 많은 나라가 도시를 매력적인 곳으로 만들어 세계
의 관광객을 끌어들이기 위해 랜드마크(landmark)적인 건축물을 계획하여
실현해 나가고 있다.

　스페인의 빌바오(bilbao) 구겐하임 미술관은 세기의 전환점에서 아이콘 건
축 열풍의 시발점이 되었다. 이 미술관은 인구감소와 공업단지의 황폐화로
침체된 장소를 세계적 예술도시로 변모시켰다. 소득이 약 30배나 상승하는
'빌바오이즘', '빌바오 효과'를 낳았다. 빌바오 현상은 건축이 아이콘이 될
수 있음을 증명한다. 빌바오는 범죄가 횡행하는 지저분하고 황폐한 옛 공
장지대, 하루에 비행기가 두 번밖에 뜨지 않는 정체된 지역이었다. 쇠퇴해가
던 철강도시는 미술관 하나로 국제적인 관광명소가 되었다.

　빌바오 현상은 "건축이 사회를 구원할 수 있다."는 사실을 확인시켜 준
다. 건축이란 존재가 지역을 재생(再生)시킬 수 있으며 '지역 활성화'에 기여
할 수 있다는 사실을 증명한다. 구겐하임 미술관으로 인해 지역 경제가 나
아졌다. 그전까지는 하나의 건축물이 이 정도로 강력한 흡인력을 발휘한 경
우는 없었다. 건축의 힘, 건축물의 부가가치를 느끼게 한다. 이 때문에 건축
에 의해 일어난 경제적 호황을 나타내는 빌바오 효과라는 말까지 생겨났다.
도시 마케팅이라는 새로운 용어도 등장하였다. 구겐하임 미술관은 현대 경
제에서 문화가 된 건축과 문화의 역할, 문화를 활용하는 방법을 다른 어떤
미술관보다 확실하게 보여준다. 이것이 빌바오 현상의 고갱이다.

　스페인 북부 바스크 지방의 빌바오는 건축이 삶에 대한 태도를 완전히

긍정적인 방향으로 바꿔놓을 수 있음을 보여주는 아름다운 사례다. 이 도
시는 광산 지역에 위치하고 있어 산업의 중심 도시 중 하나였고, 연기를 내
뿜는 제철소와 용광로가 도시를 대표하는 이미지로 각인된 곳이었다. 그
러나 1970년대에 공업이 쇠퇴하기 시작하면서 빌바오는 칙칙하고 지저분
하고 미래가 보이지 않는 곳이 되었다. 이런 상황에서 바스크 정부와 솔로
몬 R. 구겐하임 재단이 만난 것은 단순한 행운이었을까? 아니면 앞을 내
다보는 뛰어난 혜안이 작용한 것일까? 전자는 앞으로 빌바오가 발돋움할
길을 찾고 있었고 후자는 구겐하임 미술관의 분관을 낼 만한 흥미로운 장
소를 물색하고 있었다. 이렇게 하여 바스크 전 지역을 열광에 빠뜨리게 될
빌바오 구겐하임 미술관의 건축이 마침내 1993년에 시작되었다. 이제 이
현대미술관은 스페인 북부를 여행하는 모든 관광객에게는 반드시 가봐야
할 장소가 되었다.

— 롤프 슐렝커, 카트린 그뤼네발트, 《초보자를 위한 건축수업》

프랭크 게리, 빌바오 구겐하임 미술관(1997년), 지역적 아이콘이 된 건축

호주의 시드니 오페라 하우스도 국가적인 아이콘이다. 건립비용이 약 1억2,000만 호주달러인데, 연간 약 500만 명의 관광객을 유치해 요즘 가치는 약 13억 달러에 이른다. 10배 이상 가치가 올라간 것이다. 오페라 하우스라는 하나의 건축물이 호주를 대표하는 상징물이 되었다. 시드니는 수많은 관광객을 끌어들이는 최고의 관광지다. 오페라 하우스는 2007년에 유네스코(UNESCO) 세계문화유산으로 지정되었다. 요른 웃존(Jorn utzon)이 설계한

요른 웃존, 시드니 오페라 하우스(1973년), 국가적 상징물이 된 조형적인 건축

것으로 건축가가 실제 모습을 보지 못한 슬픈 사연을 가진 건축물이다.

스페인 바르셀로나는 건축가 안토니오 가우디의 도시란 별칭이 붙어 있다. 가우디가 설계한 많은 건축물 중 성가족 성당이 대표적이다. 선진국에서는 범국가적 차원에서 건축문화 자산 및 콘텐츠 개발을 추진하고 있다. 좋은 건축은 국가를 대표하는 문화적 아이콘이 될 수 있으며 지역 경제 부흥에도 기여할 수 있다. 건축은 그 나라의 경제를 이끌고 문화를 이루는 주체이다.

삶과 꿈 그리고 행복

삶은 꿈이다. 우리의 삶은 여러 가지 다양한 빛깔의 꿈으로 채워진다. 건축은 단순히 건물을 짓는 것이 아니라 삶의 공간을 만들고 삶의 내용을 담을 수 있는 것을 포함한다. 따라서 건축은 인간이 자신의 삶과 꿈을 담는 용기이다. 인간이 만드는 모든 것은 건축 행위와 유리될 수 없다. 건축은 인간의 삶이 어떤 것인지를 시각적으로 보여주는 물리적인 장치이다.

건축은 삶과 행복을 이어주는 매개물이 되기도 한다. 건축과 삶의 행복 사이 그 상관관계에는 한 가지 흥미로운 심리적 요소가 등장한다. 한 장의 사진을 상상해 보자. 푸른 초원 위에 집 한 채가 있다. 그리고 너른 마당 위에 아이들이 뛰어놀고 있다. 이 사진을 통해 떠오르는 이미지는 무엇인가? 바로 '행복'이라는 이미지다. 행복한 집은 삶에 대한 가장 확실한 동기부여가 된다. '가족이 함께 하는 집'을 위해서라면 우리는 직장의 고단함과 온갖 어려움도 참아낼 수 있다. 사람의 집 그리고 건축은 행복감과 만족감 혹은 빈곤감 등 삶의 질에 결정적인 영향을 끼친다.

건축에는 인간의 정신이 담겨 있다. 알바로 시자(Alvaro siza)는 건축을

알바로 시자·김준성, 미메시스 아트 뮤지엄(2010년), 조각적인 조형미가 강한 건축

알바로 시자, 안양파빌리온(2005년), 네 개의 입면이 동일한 형태가 아닌 독특한 공간 구조

'현실의 번역(translation of reality)'이라고 했다. 현실의 번역은 일상 또는 사실의 번역인 것이다. 번역이란 주어진 텍스트를 다른 언어로 바꾸는 일이다. 번역은 받아 적기도 아니며 제멋대로 해석하는 일도 아니다. 건축은 인간의 마음을 기술로 번역해 주는 행위이다. 기술은 본래 효율을 위한 것이지만 건축은 이 기술을 통해 인간이 근본적으로 바라는 바를 구체화하며, 기술로 사람의 마음을 묶고 장소로 연결시킨다. 건축은 사람의 마음이 기술로 구현된 구조체이다.

좋은 건축은 삶의 질을 높인다. 삶의 질은 거대 도시의 삶에서 한 가정의 삶까지 안락을 규정하는 매개변수의 통제를 통해 결정된다. 건축가 이일훈은 다양한 삶의 방식과 다른 조건들을 고려할 때, 좋은 건축의 절대적인 기준이나 방법은 존재하지 않으며, 일상에 대한 섬세한 이해와 그것의 구체적 적용이 좋은 건축을 만들어낼 수 있다고 말한다. 삶의 바탕이 되고 생활에 적합한 건축이 좋다는 뜻이다.

이일훈, 밝맑도서관(2010년), 농촌의 활성화와 삶의 질 개선에 기여하는 건축

건축은 삶의 보편적 필요성을 담는 많은 도구 중 하나이다. 특히 행복한 삶을 담는 장치로서 필수적인 존재이다. 행복한 삶을 담는 공간으로 건축에 대한 인식은 오랜 세월동안 점점 공고해져 왔다. 또한 건축에는 다양한 삶을 그 속에 있게 하는 조직의 개념이 지배한다. 하지만 21세기 건축에서 가장 중요한 것은 무엇일까? 공간과 형태, 이미지가 건축의 본질이지만 건축물을 매개로 사람이 모이고 느끼고 체험하고 인연으로 연결된다. 건축은 커뮤니티의 생성, 인간적인 교류를 가능하게 하고 인간을 서로 연결시켜 주는 매개체이다. 이것이 건축의 기능이고 건축의 분원적인 성질이다.

건축은 구체적으로 표현되는 인간생활을 조직화하고 규율화하는 데 기여한다. 또 인간의 삶의 질을 진화시켜 나가는 하나의 동력이다. 건축과 사람 그리고 삶은 밀접하게 연관되어 있다. 건축은 사람의 편안함과 행복감에 커다란 영향을 미치며 인간의 행복에 기여하는 삶의 일부분이다.

"건설업의 특성은?"

건설업의 속성과 불황

건설업은 우리 경제의 한 축이다. 건설업이란 자원을 투입해서 좋은 품질
의 건축물을 사회에 제공하고, 기업을 존속시키기 위해 적정이윤을 확보하
는 비즈니스다. 또한 시간과 비용을 들여 건축물이라는 실체를 만드는 일
이다. 건설업 경영은 효용을 최대로 하고 비용은 최소가 되도록 해야 한다.
경영자는 저비용 고효율 구조를 추구한다. 건설 산업이 국민총생산(GDP)에
서 차지하는 비중은 1995년 25%, 2000년 17%, 2010년 13%까지 떨어졌고,
2020년에는 선진국 수준인 11%대에 근접할 것으로 전망된다. 2000년대 들
어 그 비중이 감소하는 추세에 있지만 서구 선진국이나 일본의 2배 이상
에 달하는 수치이다.

　건설업이 차지하는 비율이 감소한데 비해 고용유발 효과는 여전히 크다.
고용 문제에 있어 건축의 파급 효과는 상당하다. 주택 및 건설업 관련 종사
자는 약 223만 명이다. 이들에 부동산, 가구, 이사, 인테리어, 전기, 설비업
까지 더하면 1,000만 명 이상의 생계가 건설 산업에 관련되어 있다. 건설업
의 환경과 여건이 취약함에도 불구하고 170만 개 정도의 일자리를 만들고
있다. 지난 50년간 경제성장의 한 축이었던 건설업이 더 이상 핵심 성장 동
력이 아니라는 의견도 있다. 하지만 건설업은 지금까지 국민경제에 크게 기
여해 왔고 앞으로도 그 기여도는 지속될 것으로 보인다.

　우리 경제에서 건설업의 산업 연관 효과는 엄청나다. 건설업만큼 고용친

화적인 산업은 없다. 고용과 소비, 생산유발 차원에서 제조업보다 더 높은 효과를 낳는다. 뿐만 아니라 물류비 축소 등을 통해 국가경쟁력 기반을 제고하기도 한다. 한 연구에 의하면 1조 원의 건설업 투자가 1만 3,450명의 직접고용 효과가 연관 산업에는 1만 7,629명의 간접고용 효과가 있다고 한다.

요즘 건설업 종사자들에게 자주 듣는 말은 "지금만 같았으면 좋겠어요."라는 것이다. 수년 동안 들어온 "힘들다. 사업을 그만두고 싶다." 등 부정적인 말과는 사뭇 다르다. 반가운 마음에 "요즘 경기가 좀 좋아졌습니까?"라고 물으면 돌아오는 답은 의외다. 지금도 힘들고 버겁지만 앞으로가 더 나빠질 것으로 예상되니, 현재와 같은 상태만이라도 유지했으면 한다는 바람이란다. 건설업계의 현실을 반영해 주는 웃지 못할 이야기다.

건설 경기가 좋지 못해도 건설업체는 많다. 이것은 역설적인 현상이 아닐 수 없으며 그로 인해 과도한 경쟁은 불가피하다. 2014년 2월 대한건설협회에 따르면 주택과 토목, 건축 사업을 하는 종합건설업체는 10,921개에 달한다. 전문 건설업체는 2007년 36,422개에서 2014년 37,605개로 오히려 증가하였다. 건설시장 내부의 수급 불균형으로 인해 경쟁은 더욱 치열해지고 수익성 악화도 심화되고 있다.

공사물량은 갈수록 줄어드는 추세를 보이고 있다. 대한건설협회에 따르면 2013년 1분기 국내 공사 수주액은 16조 5149억 원으로 2012년 같은 기간(25조 4519억 원)보다 35.1%나 감소하였다. 2014년 건설 수주액은 2002년 이후 11년 만에 최저치를 기록하는 등 시장상황은 악화되었다. 2016년 5월 국내 건설공사 수주액은 10조 9,717억 원으로 전년도 같은 시기에 비해 29.2% 감소한 것으로 나타났다.

건설업은 위험이 높지만 상대적으로 이익이 많은 산업이었다. 그러나 경쟁이 치열해지면서 위험은 여전히 높고 그에 비해 이익이 적은 산업으로 바뀌면서 건설업계의 고민이 깊어지고 있다. 구마 겐고는 "건축이 시대의 꽃에서 사양산업으로 역전되었다."고 한다. 그의 말처럼 우리의 건설업도 머지않아 사양산업이 될지 모른다. 치열한 경쟁을 딛고 살아남기 위해서는 체계적이고 효율적인 대안을 모색해야 한다. 더 이상 그러한 사실을 부정하거나 자기혁신을 미룰 수 없는 시점이 되었다.

건축에 대한 수요는 지속된다. 여전히 우리 주변에는 많은 건축 행위가 이루어지고 있다. 건설업 분야에 더 심각한 위기상황이 온다고 해도 건설업은 계속 존속할 것이다. 인간이 더 나은 삶을 추구하고 인류와 도시가 존재하는 한 건축물은 필요하고 지속적으로 만들어질 것이기 때문이다. 건설업 호황은 그저 다가오는 것이 아니라 건설사가 자기 경쟁력을 키워, 각 기업이 하나하나의 작은 호황을 만들어가야 한다.

건축업의 실패

기업의 사회적 책임이 강조되는 시대이다. 건축업은 한 번의 실수로 회사가 위기에 직면할 수 있다. 경영자의 단 한 번의 판단 착오나 실수로 회사가 문을 닫을 수 있다. 무리한 사업 추진과 방만한 경영은 실패를 부른다. 기업을 부도내는 것은 자본주의 경제 질서를 무너뜨리는 범죄 행위이다. 부도를 경험해 보지 않은 사람은 그 실상에 대해 자세히 알 수 없다. 기업의 부도는 연쇄부도로 이어질 수 있고 한 순간의 실수로 많은 사람에게 고통을 준다. 기업이 무너지면 직원과 가족, 협력업체, 거래기업까지 어려움에 처한다. 소비자에게도 피해를 끼친다. 지금 이 순간도 크고 작은 건설업체가 폐업하거나 부도 처리되고 있다.

2013년 들어 쌍용건설, 한일건설 등 중대형 건설회사가 잇따라 워크아웃(workout, 기업재무개선), 법정관리(기업회생)를 신청했다. 업계 순위 100위 이

건설사 구조조정 현황

시공능력 평가순위	건설사	현 황
13	금호산업	2010년 4월 워크아웃 개시
17	경남기업	2009년 5월 워크아웃 개시
26	벽산건설	2010년 9월 워크아웃 개시
30	풍림산업	2009년 4월 워크아웃 개시
32	삼부토건	2011년 4월 워크아웃 개시
34	신동아건설	2010년 10월 워크아웃 개시
36	동양건설산업	2011년 7월 워크아웃 개시
39	남광토건	2010년 10월 워크아웃 개시
40	임광토건	2011년 11월 워크아웃 개시
47	LIG건설	2011년 3월 워크아웃 개시
71	월드건설	2011년 2월 워크아웃 개시
100	한솔건설	2010년 12월 워크아웃 개시

· 법정관리(신청 포함) 중인 회사 : 울트라건설, 쌍용건설, STX건설, 한일건설, TEC건설, 남양건설
· 워크아웃 중인 회사 : 고려개발, 삼호, 진흥기업, 신동아건설, 동문건설

– 한겨레신문 2011. 12. 1, 2012. 5. 3

내 회사 중 30개 정도가 부실기업 명단에 이름을 올렸다. 추가적으로 구조조정 대상이 될 가능성이 높으며 은행권에 의해 특별 관리되고 있다. 놀라운 사실이 아니다. 매스컴을 보면 건설사 부도, 워크아웃, 법정관리와 같은 용어가 하루가 멀다 하고 등장한다. 중견 건설사가 하루아침에 사라지고 있다.

이와 같은 언론 보도는 건설업체의 위기와 소멸을 직접적으로 보여주는 것이며, 2차 피해는 결국 소비자에게 전달된다는 것을 간접적으로 나타낸다. 건축업의 실패는 경제적 손실은 물론 사회 곳곳에 커다란 영향을 미친다. 건설회사는 유동성 위축으로 위기감을 느낀다. 2016년 3월을 기준하여 매각 작업이 추진되고 있는 건설사는 울트라건설, 동아건설산업, 동부건설,

경남기업, 우림건설, 성우종합건설, STX건설, 삼부토건 등 총 8곳이다. 하지만 매물들은 경쟁력이 떨어져 건설업계 불황에 회의론이 팽배하다.

　좋은 건설사는 시공능력평가 순위가 높은 건설사를 말하는 것이 아니다. 위와 같은 중대형 건설사의 위기와 몰락이 그것을 증명한다. 순위에 관계없이 어떤 기업도 무너질 수 있다. 기업의 실패는 내부적 요인이 가장 크다. 외부로 드러나는 순위나 실적은 그렇게 중요하지 않다. 좋은 건설회사는 화려한 외형보다는 내실 있는 기업으로서 양질의 품질을 만들어낼 수 있는 조직과 기술력을 갖추어야 한다. 건설업이 가장 어려운 시기임에 틀림없다.

건축 부조리와 돈벌이

건설업의 범위는 광범위하다. 그러므로 논의의 중심을 건축에 초점을 두고 건축업에 대해 이야기하고 싶다. 건축업은 경제적 가치를 생산하는 서비스업이다. 건설업 속에서 건축업은 집을 짓는 한정된 사업적 영역을 말한다. 건축은 단순히 건물을 만드는 것이 아니라 우리가 살아가는 삶의 터전을 일구는 행위이다. 그러므로 건축주의 요구(needs)를 만족시키지 못하면 건축가로서 실패했다고 간주하기도 한다. 건축업이 서비스업임을 일깨워 준다.

　건축가 김진애는 건축업을 '저주'라고 한다. 건축의 부조리와 부정, 부패, 비리, 부실에 대한 한심스럽고 분노한 마음을 표현한 말이다. 부실시공, 부도, 담합과 같은 부정적 요소는 건축업이 부정부패의 온상이라는 오명을 안겨 준다. 건축(업)이 왜 이렇게 되었을까? 누구의 잘못일까?

　건축업은 과거 개발시대를 거치면서 급격한 성장에 따른 부작용으로 인해 많은 부정적인 이미지들이 만들어졌다. 위기 극복을 위해서도 건축업에 대한 이미지 쇄신과 건축업계 내부의 문화 혁신이 필요하다. 이런 관점에서 건축문화의 위기 극복은 복합적인 의미를 띤다. 건축업계가 문화의 위기를 극복한다는 것은 시장의 위기를 적극적으로 돌파하기 위함이다. 동시에 한계에 부딪힌 건축 시장의 구조적 문제를 업계 내부에서 수용하고 슬기롭게 적응해 나간다는 의미이다.

건축가는 부정적 이미지를 씻고 국민의 신뢰를 얻는 데 보다 많은 노력을 기울여야 한다. 이를 위해서는 건축업계가 경제적 이익을 넘어 사회적 책임을 다하는 신뢰성 있는 집단이라는 인식을 심어주어야 한다. 깨끗한 수주 풍토 조성과 뇌물, 담합(불공정거래), 부실시공, 비자금이 없는 환경을 만들기 위한 업계의 노력이 이어진다면, 건축업에 대한 대중의 이미지를 개선하고 신뢰를 쌓아갈 수 있다.

건축은 '건설'행위를 통해 개인적·사회적 삶의 가치를 높이기 위한 경제 활동이다. 그러므로 건축의 관건은 어떻게 경제적 가치를 높일 것인가이다. 경제적 가치가 '돈벌이'만을 의미하는 것은 아니다. 건축업의 이미지 쇄신을 위해 자체정화시스템을 구축해야 한다. 이를 통해 건축 상품의 질이 지속적으로 향상되고 각종 하자나 부실, 붕괴 문제가 사라질 수 있다. 특히 검은 돈과 관련된 부정부패의 연결고리를 차단하게 된다면 분명 건축, 건축가, 건축업에 대한 이미지도 크게 개선될 것이다.

건축가나 건축주의 건축에 대한 몰이해가 상식 이하의 건축을 양산하기도 한다. 건축에 대한 부정, 부실은 한정된 수요와 구조적으로 을이 될 수밖에 없는 건축가의 운명, 자본과 권력에 무관하지 않는 건축의 숙명이 표면적인 이유이다. 우리 대부분이 느끼는 건축의 이미지가 이러하지만 좋은 건축주와 좋은 건축가는 많다. 그들이 희망이다. 그들에게서 희망을 찾을 수 있다. 다만 그렇지 않는 사람이 문제다. 나 자신이 좋은 건축주, 좋은 건축가가 되어야 한다.

건설사에 대한 평가

부실시공은 건축의 실패이다. 건축에서 부실은 기업의 존립에 영향을 미친다. 하나의 현장에서 발생된 부실, 하자로 인해 경영에 위기가 오고 기업이 어려워질 수 있다. 실제로 하자 문제로 인해 어려움에 빠지고 무너지는 회사가 많다. 반대로 정직과 성실 시공으로 좋은 이미지를 쌓아 크게 성공한 회사도 많다. 아주 작은 부실이나 하자가 건설사의 존립을 좌우할 수 있다.

건설회사에 대한 평가 기준이 되는 것은 무엇일까? 정부는 발주자가 적정한 건설업자를 선정할 수 있도록 하기 위하여 건설업자의 신청이 있는 경우, 그 건설업자의 건설공사 실적, 자본금, 건설공사의 안전·환경 및 품질 관리 수준 등에 따라 시공능력을 평가하여 공시한다. 법정관리와 워크아웃에 들어가더라도 시공능력평가 순위는 이듬해 평가 때까지 변하지 않는데, 이것은 경영 위기 상황을 바로 평가에 반영하지 않기 때문이다. 기업의 상황이 평가에 즉각적으로 반영되지 못하는 것이 문제점이다.

이처럼 정부는 시공회사의 능력을 도급 순위로 매긴다. 하지만 이 평가는 합리적인 기준이 못되며 적절한 잣대가 아니다. 건설사의 나쁜 상황이 계량화되어 포함되지 않기 때문이다. 그러니 평가 순위가 높다고 하여 건실한 회사가 아니며 좋은 건설회사라 할 수 없다. 평가 순위가 높은 업체가 힘없이 무너진 사례도 허다하다. 그러므로 시공능력평가로 건설사를 등급화하는 것은 바람직하지 않으며, 도급 순위가 건설사의 적정한 평가 기준이 될 수 없다. 규모가 큰 회사라고 해서 반드시 좋은 시공사는 아니다.

"시공능력평가 ○○위 건설사" 정부 믿었더니 '법정관리 중'

시공능력평가 43위인 울트라건설이 지난 8일 법정관리(기업회생절차)를 신청했다. 울트라건설이 진행하던 공사가 중단되고, 공사 낙찰이 취소됐다. 정부 평가를 믿고 울트라건설에 공사를 맡겼던 발주자는 손실을 감당해야 한다. 울트라건설이 짓고 있는 아파트를 분양받은 사람들도 '제때 입주할 수 있을까' 걱정하고 있다. 정부가 견실하다고 평가한 건설사들이 경영 위기에 빠지는 일이 많아지고 있다. 지난 7월 말엔 시공능력평가 49위의 동아건설이 법정관리를 신청했다. 20일 국회 국토교통위원회 박기춘 위원장(새정치민주연합)에 따르면, 현재 시공능력평가 상위 100개사 중 10곳이 법정관리에 들어갔고(신청 상태 포함), 7곳이 워크아웃(기업개선작업)을 진행하고 있다. 올해 경영에서 적자를 보고 있는 15개사를 합하면, 국내 상위 100개 건설사 중 3분의 1(32개사)이 재무 위기를 겪고 있는 셈이다. (중간생략) 법정관리와 워크아웃에 들어가도 시공능력평가 순위는 이듬해 평가 때까지 변하지 않는다. 울트라건설도 국토교통부가 시공능력평가를 발표하는 내년 7월까진 43위를 유지한다. 경영 위기 상황을 바로 평가 순위에 반영하지 않기 때문이다. 이듬해 시공능력평가를 하더라도 순위는 크게 떨어지지 않는다. 쌍용건설은 올 초 법정관리를 거쳐 매각 절차에 돌입했지만 19위로 세 단계 내려가는데 그쳤다. 평가에서 재무 건전성 점수 비중이 낮기 때문이다. 시공능력평가에서는 기존 3년간 따낸 공사 실적이 절대적인 비중을 차지한다. 건설사들은 재무 상황이 좋지 않아도 어떻게든 공사 실적을 늘려 시공능력평가에서 높은 점수를 받는 것이 유리하다. 이 때문에 건설사가 무리해서 시공능력평가 상위를 유지하다가 더 큰 경영위기에 빠지는 악순환이 반복되기도 한다. 박 위원장은 "정부가 좋은 건설사라고 평가해서 믿었는데 갑자기 워크아웃이나 법정관리에 들어간다면 국민들이 시공능력평가를 신뢰하겠느냐"면서 "기업의 재무 상태를 제대로 반영할 수 있도록 기준을 바꿔야 한다"고 말했다.

— 경향신문, 2014. 10. 20

정부의 시공능력평가 순위가 건설회사의 진실성을 담보할 수 없다면 새로운 평가 대안이 마련되어야 한다. 건설사에 대한 '시민의 객관적인 평가'가 이루어져야 한다. 건설업체에 대한 평가는 정부가 아닌, 제3의 객관적인 평가기관이 시공능력과 기술수준, 업무수행능력, 도덕성, 수주 및 공사실적, 신용도, 부채비율, 발주자의 만족도 등을 중심으로 평가해야 한다. 그리고 그 결과를 주기적으로 투명하게 공개해야 한다. 시공능력과 기술수준, 도덕성, 신용도 등은 좋은 건설사를 판단하는 중요한 기준이 될 수 있다.

건설사에 대한 평가는 실력과 기술, 경험과 실적, 가격 그리고 특히 신용을 중심으로 평가되어야 한다. 부실공사, 하자로 인해 사회적 물의를 일으킨 기업이나 부정부패에 연루된 기업주는 징계를 받아야 하고, 정도가 심하면 업계에서 영구 제명해야 한다. 중요한 것은 이러한 평가기관이 정부가 아니라 민간단체인 경우 그 효과가 훨씬 클 것이다. 시민의 알권리 차원에서 매우 중요한 부분이다. 건설회사에 대한 평가는 자본의 건전성과 실력, 신용이 기준이어야 한다.

외환위기와 의식개혁

1970~90년대 한국은 급속한 도시화, 산업화 과정을 거치며 역사상 유래 없는 건설 붐이 불었다. 1997년 IMF 외환위기는 우리 사회와 경제에 커다란 영향을 미쳤다. 이후 건축업은 쇠퇴의 길을 걸었다. 외환위기는 사회구조를 변화시켰다고 이야기할 정도로 우리 사회에 큰 파장을 남겼다. 산업화의 성공신화들은 하루아침에 무너졌다. 건축업도 예외가 아니었다. 구조조정이란 미명하에 많은 건설회사가 문을 닫았으며 한 시대를 풍미했던 기업들이 사라져갔다. IMF 외환위기를 극복하고 살아남은 업체는 손으로 꼽을 정도다.

건설업계에 다시 불안 심리가 확산되고 있으며 이런 불황, 불안 심리는 현장에서 체감된다. 건축업의 호황을 바랄 수는 없다. 그러나 한편으로는 불황이 아니라 정상적인 상태로 자리 잡아가는 과정일지도 모른다. 그 동안의 호황이 이상 과열이었으며 이제 조정기에 들어간 것으로 보는 것이 타당하다. 지금의 건축 시장 침체는 사회구조 변화로 인해 반드시 거쳐야 하는 과정이다.

최악의 위기를 일시적으로 극복했지만 호황기, IMF 이전과 같은 좋은 시절은 다시 오기 어렵다. 지금의 조정기적 상태가 어느 정도 지속될 것으로 예상된다. 건설(업), 건축 문화와 체질이 개선되지 않는 한 건축의 황금기는 다시 오지 않을 것이다. '건축은 곧 돈'이라는 잘못된 인식하에 건축 시장을 몰아갔기 때문에 지금 우리는 호된 대가를 치르고 있다. 건축 시장의 호황은 이처럼 상식을 벗어난 비정상에 의해 얻어진 것이다. 비정상적인 상황은 오래가지 못한다. 예상치 못한 수많은 부작용이 나타나면서 결국 파국을 맞았지만 사실 그것은 파국은 아니다. 상식적 상황으로 돌아가려는 반작용이며 어떻게 보면 세상 이치에서 벗어나지 않는 당연한 귀결이다. 상황이 상식적 상태로 돌아가면서 비상식적 호황에 의존했던 건축업이 혹독한 몸살을 앓고 있는 것이다.

건축업이 오랜 기간 비정상적인 호황을 누린 결과 과연 무엇이 남았는가? 부실공사, 날림 공사만 남았다. 건축, 건설은 가장 부패한 분야로 전락했으며 건축가에 대한 불신과 편견은 심화되었다. 건축업에 대한 이미지는 부정적이다. 정부와 업계의 노력에도 불구하고 빛은 보이지 않는다. 이대로 간다면 더 짙은 어둠이 몰려 올 수 있다.

건축업 종사자들은 건설 경기가 살아나야 한다고는 말하면서도, 속으로는 현실을 정확하게 인식하고 전과 같은 낭만적인 호황기는 다시 오지 않을 것임을 알고 있다. 현재의 상황을 받아들이는 것이 대세다. 지금의 위기가 더 심화될지도 모르는 앞으로의 불황 속에서는 고급 정보와 실력을 갖춘 자만이 살아남을 수 있다. 자기 관리 능력과 자기 자본력을 갖춘 업체만이 존속할 수 있다. 건실하지 못한 업체는 차라리 문을 닫아야 한다. 부실한 업체로 인해 과다한 경쟁이 초래되고 건실한 업체가 위기에 처할 수 있다. 부실한 업체를 퇴출시키는 강력한 정책이 필요하다.

이계원 중소건설육성위원회 위원장은 "건설업의 건전한 발전을 위해서는 규제 폐지만이 능사가 아니라 무분별하게 양산되는 부실업체 퇴출 방안을 더욱 강화해야 할 것"이라 강조했다. 부실한 업체는 공정한 경쟁을 저해한다. 김태황 명지대 교수도 "부적격·부실 건설사의 난립은 과당 경쟁과 저가 수주를 유발하고 우수업체의 수주 기회를 감소시켜 업계 동반 부실을 초래할 가능성이 높으므로 이를 제재할 방법이 필요하다."고 지적했다. 부실 업체를 퇴출시켜야 할 명백한 이유이다.

건축업의 황금기는 지났다고 한다. 달콤한 과거의 추억에 안주해서는 안된다. 하지만 건축인 모두가 좋은 건축을 한다면 봄날은 다시 올 것이다. 아니 매일 매일이 봄날이 될 수 있음을 확신한다. 자기 선택의 시간이 다가오고 있다. 건축가는 과거의 좋았던 시절에 대한 향수, 좋지 못한 선험적(先驗的) 기억을 잊어야 한다. 과거 호황시절의 기억, 부실의 기억을 지워야 한다. 지금의 불황을 경고라 간주하고 자신의 문제를 인식해야 한다. 이제까지의 사고의 틀을 완전히 바꿀 수 있는 의식 전환이 요구된다.

기술자의 매너리즘

인간은 자신의 생각이나 지금까지 살아오면서 자신에게 익숙해진 행동방식을 선호한다. 심리학자들은 이를 '안주지대(comport zone)'라고 부른다. 심리학 이론에 의하면 사람은 편안함을 추구하게 되고, 한 번 이 지대에 들어가게 되면 그곳에 계속 머물고 싶어 한다. 매너리즘(mannerism)에 빠지게 된다.

우리 사회는 특정분야의 전문가를 존중하면서도 싫어하는 경향도 강하다. 경험이 많은 사람들은 자신의 고집과 고정관념에서 벗어나지 못하는 경우가 많다. 그렇기 때문에 기술자의 매너리즘이 부정적 인식과 사회적 편견을 부른다. 건축 분야에서 특히 그러하다. 건축 기술자의 특성은 고집이 세고 기존의 방식을 고수하는 습관이 있다. 자기가 습득한 관습을 쉽게 버리지 못하고 남의 의견을 잘 수용하지 않으며 본인만의 방법을 고집한다. 시공자에 대한 인상 비평적 관찰의 결과가 대체로 그렇다. 나쁜 시공방식과 나쁜 건축을 배운 사람은 자신만의 방식이라며 시공을 적당히 자기 편한 대로만 한다.

나쁜 시공자는 건축가의 설계가 중요하지 않다. 돈만 중요시하며 근시안적인 생각으로 일한다. 그리고 자기 기술에 대한 자부심, 자만심이 강한 탓으로 기술자 간의 대화와 소통도 원만하게 이루어지지 않는다. 자기 일에 대한 자부심과 자긍심은 필요하지만 건축가의 지나친 아집은 건축 생산의 방해 요소가 된다.

또한, 건축가는 건축의 기본과 원칙을 지키기보다 타성적이고 습관적으로 건축을 행하지는 않는지 되돌아보아야 한다. 매너리즘에 빠진 건축가가 문제이다. 직업인으로서 건축가가 창의적 문제해결 의지가 없는 상태에서 관행적으로 건축을 행하는 경우가 있다면 안타까운 일이 아닐 수 없다.

하지만 설계자가 에고이즘(egoism)을 뛰어넘을 수 있다면, 그의 작품이 매우 특이하고 낯선 표현이라 하더라도 긍정적으로 수용될 수 있다. 건축가로서 창의성을 인정받을 수 있다. 시공자도 매너리즘에서 벗어나야 한다. 근본적 체질을 개선하지 않으면 더 큰 낭패를 만나게 된다. 과거의 경험을 고수하기보다는 소통과 변화를 추구해야 한다. 더 좋은 건축을 하기 위해서 건축가는 에고(ego)를 버려야 하며 에고이즘이란 것을 뛰어넘을 수 있어야 한다. 그래야 사회와 전문가와 소통할 수 있다.

　건축가라면 누구나 자기만족만을 위해 건축하는 것이 아니라고 말한다. 그런데 왜 건축가는 사회적 신뢰를 얻지 못하는 것일까? 요컨대, 그것은 좋은 건축을 방해하는 하자, 부실시공 때문이다. 부실시공, 부조리 등으로 인해 건축가와 건축업에 대한 국민의 인식이 나쁘다. 국민들은 여전히 담합, 하도급 비리 등 건축 부조리에 대한 우려와 불신이 깊다. 부정할 수 없는 건축업의 현실이다. 건축가에 대한 불신을 없애야 한다. 그렇지 않으면 이 땅의 건축가들에게는 희망이 없다.

"건축업의 성공 조건은?"

기술력과 조직

건축업은 정치, 경제, 사회, 문화적 측면에서 파생되는 부가가치 창출이 월등한 분야이며, 문화와 산업이 조화를 이뤄 발전하는 창조형 지식산업이다. 건설인 출신 경영자는 20% 정도밖에 되지 않는다. 건축업은 전문성에 상관없이 누구나 할 수 있는 사업이라는 인식도 있다. 이것도 건축업을 부정적으로 보게 되는 원인이 되기도 한다. 건축적 지식과 가치관, 경영적 마인드, 소통 능력, 인문학적 소양 등을 갖춘 전문가가 경영인으로 적합하다.

건축업을 성공시키기 위해서 많은 것을 갖추어야 한다. 건축업의 성공 조건은 전문 지식(기술적 능력)과 조직(관리 능력), 자금력이다. 우선 경영자, 오너(owner)가 기술적 전문 지식을 갖추는 것이 중요하다. 경영자는 기본적으로 도면을 읽고 문제점을 찾을 수 있어야 하며 정확한 내역을 뽑을 수 있어야 한다. 경영자가 건축적 지식이 없으면 관리자, 기술자에게 과도하게 의존한다. 그렇게 되면 관리적인 문제가 발생되며 경영이 어려워진다. 시스템 경영이 되지 못한다. 현장 관리에 문제점이 발생되어 조직 관리에 구멍이 생긴다.

오너는 전문 지식과 기술적 실력을 갖추어야 한다. 건축 생산을 관리할 수 있는 능력이 있어야 한다. 그래야 사업에 실패할 가능성이 낮다. 여기서 능력(ability)은 지식(knowledge)과 기능(skill)이다. 현장의 조건이 나쁘고 소비자의 욕구도 까다롭기 때문에 기술력이 없으면, 결국 실패할 수밖에 없다.

기술력은 무엇보다 중요하며 현장 위주 경영, 조직(system)과 관계된다. 핵심은 기술력에 있다.

경영자는 가격 경쟁력만을 갖추면 비교우위를 갖던 과거의 방식에서 벗어나 기술, 가격, 품질 경쟁력을 골고루 확보하는 방안을 강구해야 한다. 그리고 경쟁력을 확보하려면 기술과 가격, 품질, 서비스에서 비교우위를 확보하고, 신뢰를 기반으로 기업경영을 선진화하는 것이 중요하다. 기술, 가격, 품질 경쟁력을 동시에 확보해야 한다. 품질, 특히 기술품질을 향상시키지 않고는 경쟁에서 이길 수 없다. 비교우위를 차지하는 방법은 지속적인 노력을 통해 보다 새로운 기술을 개발해, 공사 기간을 줄이고 단가를 낮추며 품질은 향상시키는 것이다. 이것은 기술력이 뒷받침되어야 가능하다.

조직은 기업이 운영되는 시스템이다. 현장을 관리하고 기업을 유지하는 관리능력은 조직에서 나온다. 작더라도 튼튼한 시스템으로 운영되어야 한다. 기업의 조직 형태와 운영 방법에 현장 관리, 자금 관리가 달려 있다. 현장 중심주의와 기술력은 건축 생산에 영향을 끼친다. 현장에서의 노력과 관리로 비용을 절약할 수 있다. 현장 및 자금 관리는 아무리 강조해도 지나치지 않다.

건축에서 자본만큼 중요한 것도 없다. 좋은 건설사가 되기 위해서는 기본적으로 자금력을 갖추어야 하고 자기 자본 비율이 높아야 한다. 자금력이 있어야 기업의 안정적인 관리와 조직 운영이 가능하다. 기업의 자기 자본 비율이 높으면 외부적 충격에 크게 흔들리지 않고 사업을 추진할 수 있다. 누구나 알고 있는 사실이지만 자금력을 갖추고 싶다고 쉽게 갖출 수는 없다. 하지만 생존하기 위해서는 남다른 경영 형태가 필요하다. 자금 능력과 자금 관리가 성패를 좌우하므로 든든한 자금력으로 안정되게 기업을 운영할 수 있도록 부단히 노력해야 한다.

건축업체들이 미분양과 부동산 경기 침체로 고전하고 있는 현 상황에서 외형을 확장하기보다 내실 있는 성장을 추구해야 하며, 외형 위주가 아니라 실속 위주의 사업구조를 유지해야 한다. 혁신적 변화와 노력이 필요하다. 일반적인 비즈니스 모델을 무작정 쫓아가기보다는 자신에 맞는 스타일을 추구해야 한다. 그렇지 않으면 다양한 변화와 위기 상황에 적절히 대처할 수 없으며 실패의 경험은 되풀이 될 수밖에 없다. 건축가에게는 기술적 자신감과 조직 운영 능력, 자금력이 필수적인 요소이며, 이들 능력을 갖추기 위해 균형 있는 노력의 안배 또한 중요하다.

자기 자본과 관리

건축업은 왜 실패하는 것일까? 우리 사회에서 웬만한 건설회사는 '은행 소유'라는 자조적인 농담이 있다. 이는 그만큼 건설사의 자기 자본 비율이 낮은 것을 의미한다. 자기 자본으로 사업하는 것이 아니라 남의 돈, 은행으로부터 빌려서 사업한다는 뜻이다. 자기 자본 비율이 낮으면 외부 충격이나 영향에 흔들릴 수 있다. 1986년 한보건설의 실패는 우리 사회에 큰 파장을 몰고 왔다.

연세대 김성우 전(前) 교수는 한보건설의 실패 원인으로 "과도하게 타인 자본에 의존한 것과 경영관리의 미숙함에 있다."고 진단했다. 다시 말하면, 되돌려 주어야 하는 타인 자본에 대한 지나친 의존과 자기 갈 길을 스스로 개척해 가는 관리 능력의 부족이라는 것이다. 타인 자본에 대한 의존이 과도하고 자기 관리 능력이 부족하면 한보와 같은 중대형 기업뿐만 아니라, 어떤 조직이나 개인, 사업자도 망할 수 있다. 자기 자본에 의존하고 운영 관리 능력이 충분하면 흥할 수밖에 없고 반대로 부족하면 망할 수밖에 없다. 하나의 국가조차 외세 의존이 과도하고 자기 관리 능력이 부족하면 패망할 수밖에 없다는 것을 역사에서 쉽게 찾아 볼 수 있다.

한보건설의 실패 원인은 과도하게 '타인 자본에 의존한 것'과 '관리 능력의 부재'였다. 한보건설의 교훈은 탄탄한 자기 자본과 강한 관리 능력의 중요함을 일깨워 준다. 타인 자본, 차입금에 과도하게 의존하지 않는 것과 기업 관리 능력 만큼 중요한 것은 없다. 자금력과 조직 운영, 기업 관리 능력이 건축업 성패의 열쇠다.

자기 자본과 관리 능력을 갖춘 건설업체는 많지 않다. 본인의 회사, 우리 주변에 있는 업체의 상태는 어떤가? 건설업체를 운영하는 오너인 경우 자신의 회사 상태를 정확히 파악하고 있으며 객관적으로 어떻게 평가하는가? 두 가지 조건을 충분히 갖추었다고 생각하는가? 오너라면 이 문제에 대해 끊임없이 자문해 보아야 한다.

불안한 구조와 어려운 재정을 타개하고 현실 경영을 지속하기 위해 수주는 필수적이다. 생존하기 위해 무리한 수주에 뛰어들기도 한다. 이로 인해 품질 저하와 하자가 발생되어 부실로 이어진다. 부실은 또 기업의 추가적인 비용 부담을 가중시키고 경영 부실로 이어진다. 악순환을 낳아 구조적인 문제를 발생시킨다.

자기 자본이 많다는 것은 자금을 안정적으로 운용할 수 있다는 것을 뜻한다. 다양한 가능성에 도전할 수 있고 선택의 폭을 넓힐 수 있다. 자금의 힘으로 주체적인 사업을 추진할 수 있어 '외부의 힘'에 흔들리지 않는다. 주체성, 독립성, 자기 정체성이 강화된다. 이것이 자기 자본의 힘이며 장점이다.

기업의 오너들은 이것을 잘 알지만 대부분의 건설사 구조는 자기 자본이 적고 자기 관리 능력, 경영 상태가 취약하다. 부실한 회사의 특성이다. 하지만 내실 있는 회사는 상반된 구조다. 재무구조가 탄탄하고 제대로 된 시스템(조직)과 매뉴얼이 있다. 좋은 건설회사라면 아무리 작은 회사라도 경영자의 뚜렷한 가치관과 조직, 자기 자본을 갖추고 있다. 자금력과 관리 능력은 좋은 건설사, 좋은 시공자를 구분하는 기준이 된다.

경쟁력 확보와 가격

건축 산업은 수주산업이다. 민간 및 공공발주자가 주 고객이다. 따라서 건축업은 수요자 지향적 산업으로 거듭나야 할 과제를 안고 있다. 발주자, 건축주는 최저의 가격으로 최고 품질의 건축물을 원한다. 따라서 이러한 수요자의 요구를 충족할 수 있는 건축업체가 경쟁우위를 가지는 것이 바람직하다.

기업은 적정 수주 물량을 지속적으로 확보해야 유지가 가능하다. 일감이 없으면 기업은 존속할 수 없다. 품질의 고급화, 공기 단축, 경제성의 중시 및 노동력의 부족 등으로 건설 환경이 급격히 변화되고 있으며, 노동집약적인 시공에서 기술집약적인 시공으로 전환되고 있다. 건설사는 어떻게 하면 어려운 경제 여건과 치열한 경쟁 구도 속에서 살아남을 수 있을까?

건축업은 위기상황임에 틀림없다. 또한 지난 과거를 냉철히 돌이켜 보며 자기 성찰의 자세로 문제의 본질을 파악하고, 미래의 가치를 정확히 내다보는 혜안이 필요한 시기이다. 이런 과정을 통해 현재의 위기는 새로운 도전의 기회가 될 수 있다. 위기 상황을 비관할 일이 아니라 국면의 전환을 위해 분발해야 할 때이다.

한편으로는 건축 산업의 위기를 심각하게 걱정하고 싶지 않다. 사실 위기는 IMF 외환위기 이후 지속되어 왔다. 어제 오늘의 일이 아니다. 특히 산업의 문제는 정부나 정책기관 차원에서 정확히 진단하고 대책을 강구해야 한다. 건축업의 위기는 산업의 문제다. 산업과 건축의 위기 원인이 무엇인지 따져 보는 것이 더 중요하다. 건축가는 우선 자신의 위기 상황을 감지해야 하며 자기의 문제를 분석해야 한다. 평범한 일개 건축가가 광범위하게 산업의 위기까지 고민할 여유가 없다. 개인의 불황은 일차적으로 개인의 문제이므로 자신의 문제를 스스로 파악해야 하며 자신만의 해결책을 찾아야 한다. 해결책은 의외로 간단하다. 누구도 따라올 수 없는 자신의 실력, 기술력을 갖추는 것이다.

건축가의 경쟁력 확보는 자기만의 건축적 전략이다. 기술력이 곧 전략이다. 건축적 전략은 양질의 품질과 서비스를 보다 저렴하게 소비자에게 제공할 수 있는 능력을 의미한다. 기술, 가격, 그리고 품질에서 비교우위를 확보하고 신뢰를 기반으로 경영해야 한다. 설계자는 설계의 정확도로, 시공자는 좋은 품질과 서비스로 승부해야 한다. 시공사는 경쟁사보다 가격 경쟁력이 있고 이익을 창출할 수 있는 견적(서)을 만들 수 있어야 한다. 위험을 극복할 수 있는 능력(기술)과 지략도 있어야 한다. 그래야만 수주 싸움에서 이길 수 있다.

건축주에게 믿음을 줄 수 있는 능력이 건축가에게 있다면 그것은 가장 큰 무기가 될 수 있다. 사회 전체가 어려운 시기이고 경기침체가 장기화될수록 개인의 경쟁력만이 생존 전략이다. 불황 속에서도 돈 버는 사람이 있다. 그런 사람들은 건설 경기를 원망하지 않고 자신의 분야에 남다른 경쟁력을 갖추기 위해 필사적으로 노력한다. 건축가가 경쟁력을 갖기 위해서는 현실의 벽, 돈에 대한 유혹, 부실의 유혹을 넘어서야 한다. 수주 경쟁 사회에서는 끊임없이 변화하는 가운데 경쟁과 생존만이 있을 뿐이다. 생존 자체가 가치이고 존재이유이다.

특히 '건축업'은 질(quality)과 가격의 자유 경쟁 속에서 자신만의 경쟁력을 가질 수 있다. 질은 품질이며 가격은 적정 공사비이다. 품질을 실천하는 데 필요한 적정 금액, 가격을 만들어내는 것이 중요하다. 품질을 보장해 줄 수 있는 가격에 대한 경쟁력을 의미한다. 이윤을 낼 수 있는 단가가 중요하다. 어느 산업이고 자유 경쟁 속에서 품질과 가격만으로 경쟁력을 가질 수 있다. 건축도 예외가 될 수 없다.

건축은 서비스를 생산하는 활동이다. 서비스에서는 성능이 무엇보다도 중요하다. 따라서 품질은 결국 성능, 내구성, 실용성, 창의성과 예술성에 의해 평가될 수 있다. 건축의 생산성을 높이고 품질을 고급화해야 한다. 근본적인 경쟁력을 키워야 살아남을 수 있다. 품질의 우수성만이 무한 경쟁 사회에서 생존 가능성을 높여줄 수 있다. 건축가는 자기만의 경쟁력으로 건축적 품질을 높여야 한다.

분노하는 힘

건축업의 위기는 1990년대 후반부터 발생하였고, 지금까지 30여 년간 지속되어 왔다. 건축업이 태동한 이후 1980년대 말까지 대체로 안정적 성장기였다. 1980년대 말까지의 건축업은 한마디로 수요 의존형 산업이었다. 그러나 1990년대에 들어서면서 건축 시장은 질적으로 변화되었다. 무엇보다 건축 시장은 공공 주도에서 민간부문의 비중이 큰 시장으로 변화되었다. 이러한 변화는 과거와 달리 기업으로 하여금 스스로 경쟁력을 갖춰 시장에서 살아남기를 요구하였다. 따라서 건축업은 이 시기 이후 '수요 창출형 산업'으로 변모하였다.

안일한 일부 건축인의 나쁜 행태로 인해 건축에 대한 부정적인 이미지가 만들어졌고 부분적으로 개선되기도 하였다. 하지만 여전히 건축 산업은 투명성이 낮은 산업 중 하나로 분류된다. 깨끗한 수주 풍토 조성과 뇌물, 부실시공, 비자금이 없는 환경을 만들기 위한 산업 전체의 노력이 이어진다면 건축 산업에 대한 대중의 이미지는 개선될 수 있다.

> 건축 분야를 예로 들어보자. 건축 분야는 전형적으로 '갑을관계'와 '부동산 거품'과 '불공정 거래'에 꽉 막혀 있는 분야이다. 화려한 겉모습과 달리 대기업 위주의 '턴키사업'과 '대형개발사업'이 무분별하게 진행되는 과정에서 오히려 정통 건축 분야는 위축되어 왔다. 사업 규모가 커질수록 자본 논리와 관력 논리와 분양시장 논리만 횡행할 뿐이다. 땅 확보하고 인허가 잘 따내고 분양 잘하는 것에만 혈안이 되고 기술 개발이나 좋은 설계는 뒷전이 된 것이다. 이런 과정에서 대기업의 자본으로 세워지고 대기업 일감으로 지원받는 대형 설계회사들만 살판났을 뿐이다. 외국의 스타 건축가들을 데려오고, 하청 회사들 관리만 하면서 기름살만 찌웠다. 부동산 거품이 꺼지자 죽는 소리를 하고 있지만, 기실 더욱 큰 문제는 이들이 번영을 누리는 동안 정통 건축 시장은 고사되었고 생태계가 무너져버렸다는 사실이다.
>
> － 김진애, 《왜 공부하는가》

건축인의 이미지 개선 문제는 당사자들의 진정한 자기 성찰과 반성에 의해서만 해결될 수 있다. 건축가라면 먼저 부실, 부실공사에 대해 분노해야 한다. 양심 있는 건축인이라면 '사회적 공분'을 느껴야 한다. 진화생물학자들의 연구에 따르면, 공분을 느끼는 능력은 문명의 산물이 아니라 생물학적 진보의 산물이라 한다. 사회적 공분을 느끼는 능력은 호모 사피엔스의 생물학적 본성에 속하는 자연스러운 것이다.

분노는 사회 정의에 대한 갈망의 또 다른 표현으로서 불공정, 부도덕, 부정의에 대한 강력한 저항 수단이 될 수 있다. 분노의 힘에는 자각이 있다. 분노가 지나치면 악으로 흐를 수 있지만, 정당한 분노는 사람을 명예롭게 하고 사회를 정의롭게 만든다. 건축가에게 필요한 것은 분노와 자각이다. 개인이 행복하기 위해 사회가 건강하기 위해 정의로운 분노가 필요하다. 건축가는 부실, 부조리, 비양심이라는 불의에 저항해야 한다. 부실, 나쁜 건축을 발생시키는 사회구조, 일부 건축인의 삐뚤어진 의식에 정면으로 맞서야 한다.

장인정신과 지혜

건축은 국민의 자존심이나 긍지와도 관계된다. 선조들이 구축한 건조물에 대한 우리의 자부심과 긍지는 대단하다. 숭례문은 서울을 상징하는 구조물이다. 숭례문 복원 과정에서 들리는 자조적인 한탄의 원인은 무엇인가? 숭례문의 부실 사례, 국보 문화재의 부실은 해외 토픽감이다. 시공 과정에서 부실이 발생되어 많은 전문가들이 법적인 책임을 지고 형사 처분을 받았다. 이는 전적으로 건축가, 건축 기술자의 탓이다. 그들은 하나같이 자신의 고유한 직능을 태연하게 방기하였다.

숭례문 단청 부실시공…단청장·공무원·감리사 '합작품'

복원된 숭례문의 단청에서 일어난 박리박락(균열이 가거나 떨어지는 현상)은 공사에 참여한 단청장의 거짓말, 문화재청 공무원·감리직원의 직무유기 등이 복합돼 발생한 것으로 드러났다. 서울 용산경찰서는 문화재청을 속이고 숭례문 복구공사 단청분야에 사용이 금지된 화학안료(지당)와 화학접착제(포리졸)를 사용한 혐의(사기 등)로 단청공사를 총괄한 단청장 홍모(58)씨와 가족, 제자 등 6명을 불구속 입건했다고 28일 밝혔다.

또 문화재청 복구단을 운영하면서 고증자료를 연구·검증하지 않고 기술자문을 하지 않은 채 공사를 감행한 문화재청 공무원 최모(48)씨 등 5명을 직무유기, 감리사 이모(50)씨 등 2명을 업무상배임 등 혐의로 불구속 입건됐다. 경찰에 따르면 홍씨 등 6명은 지난 2009년 12월 문화재청이 발주한 숭례문 복구공사 단청분야에 장인으로 선정돼 전통기법으로 공사를 하기로 했으나 화학안료 등을 몰래 섞어 쓰고 공사비 3억9000만원을 가로챈 혐의를 받고 있다.(중간 생략) 최씨 등 문화재청 공무원 5명은 1970년대 이후 전통기법으로 단청을 시공한 실적이나 경험자가 없는 등 전통 단청시공 기법이 단절된 상황에서 종합적 실험과 검증 없이 공사를 감행한 혐의를 받고 있다.

– 동아일보, 2014. 10. 28

숭례문 복원은 국보급 문화재의 재건을 통해 우리 건축 장인들의 멋진 솜씨를 만천하에 보여줄 수도 있었는데, 그 결과는 참으로 부끄러운 모습이다. 건축 분야에 종사하는 모든 이들이 뼈아프게 자성해야 할 사건이다. 이제 새로운 사고를 해야 할 때가 되었다.

우리나라 전통 건축물에서 부실시공은 찾아보기 어렵다. 병산서원과 소쇄원, 부석사와 같은 건축물은 기술력과 미적인 면에서 세계적인 자랑거리다. 오히려 첨단과학과 기술을 동원하는 현대건축에는 다양하고도 복잡한 부실시공의 사례가 쏟아진다. 현대건축의 부실은 장인정신의 부족과 상업성 중시, 경제 논리가 지배하기 때문이다. 장인정신의 부족은 기술자의 그릇된 가치관에서 비롯된다. 이와 같은 사항은 누구나 알고 있는 현상이다. 하지만 건축업계의 각성은 일시적이며 제도적 개선은 느리게 진행되는 현실이 안타깝다. 건축분야에서는 적은 비용으로 최고의 품질을 확보할 수 있는 기술 개발도 필요하다. 하지만 그 보다 앞서 장인정신으로 무장하고 의식을 개혁하는 노력이 선행되어야 한다.

부실 건축은 건축적 현상을 넘어 사회적 현상으로 퍼졌다. 건축과 관련된 사회적 모순의 존재를 드러낸다. 그렇지만 건축은 그 시대와 사회의 목격자며 증언자가 되어야 한다. 이때 건축은 공간으로 구현된 시대정신

숭례문, 화재로 소실되어 다시 지어진 옛 서울의 관문

소쇄원, 우리 조상들의 지혜와 자연과의 조화를 느끼게 하는 정원건축

(zeitgeist)이 된다. 좋은 건축은 건축가의 사명이며 시대정신이다. 좋은 건축을 하기 위해서는 그 건축물의 일생과 영원까지 내다볼 수 있는 안목으로 완벽을 추구하는 장인정신을 발휘해야 한다. 오늘날의 건축가는 옛 사람의 집 짓는 지혜와 장인정신을 어떤 건축이론보다 가치 있는 개념으로 이해하고 연구하여 현대건축에 적용해야 한다. 그렇게 한다면 좋은 건축이 얼마든지 가능하다.

건축이성의 회복

건축 문화의 쇄신이 필요하다. 건축가는 건축물의 사회적 책임을 지니며, 건축 행위의 중심에 있는 조직은 그 책임을 다해야 한다. 사회적 책임은 통상 윤리적인 성격을 가진다. 부실 건축은 도덕성(moral competence)의 결여에서 기인한다. 건축 윤리는 건축이 자본 개발의 논리만을 우선시해서 발전한 것을 반성하고, 건축가가 사회 구성체의 일원으로 보다 진보적인 사회를 만드는 데에 앞장서야 한다는 시각에 무게를 두어야 한다.

건축업계의 담합과 비리, 부조리는 일부 개인의 문제가 아니라 구조적인 문제이다. 하자, 부실시공은 개인, 건축가, 시공사가 저지르는 행위이다. 지금까지 언급한 건축 산업의 문화적 위기를 한마디로 압축하면 신뢰의 문제이다. 규제 중심의 제도, 갑을관계, 수직적 주종의식은 신뢰의 문제와 연결되어 있다. 건축업계 내부에 신뢰가 부족하다 보니 이런 제도와 의식이 생겨난 것이다. 동시에 이러한 제도와 의식들이 안팎으로 신뢰 부족의 행태와 이미지를 만들고 말았다. 신뢰 부족이 위기의 본질이고 신뢰 회복이 위기의 돌파구이다. 건축 산업은 '신뢰의 위기'를 겪고 있다.

건축업에 대한 부정적인 이미지는 대부분 정부 주도의 공공건설 사업에서 연유되었지만 민간공사도 예외가 아니다. 이제부터라도 건축업계는 국민들의 신뢰를 얻는데 보다 많은 노력을 기울여야 한다. 이러한 노력을 통해 국민의 신뢰를 얻어 나갈 때, 공공부문에서의 건설 산업의 역할은 보다 안정적인 지지를 확보하게 될 것이다.

건축가는 기술, 품질의 우수성으로 가격 경쟁력을 확보해야 한다. 가격 경쟁력만을 갖추어도 비교우위를 갖던 과거의 방식에서 벗어나 가격, 기술, 품질 경쟁력을 확보하는 방향으로 혁신적인 변화를 해야 한다. 세 가지 경쟁력이 없다면 성공할 수 없다.

건축이 과거의 어느 시대보다 주목받고 있다. 지금까지 우리나라의 건축업은 내수경기 활성화를 위한 핵심 산업임을 부정할 수 없다. 건축업계는 담합, 부실시공, 하도급 비리 등 부조리를 유발시키는 제도적 문제점을 개선하여, 마음 놓고 경영에 전념할 수 있는 여건을 만들어야 한다. 모든 건축 관련 종사자, 건축가는 사회공리와 정의를 지키는 책무를 가져야 한다.

건축가는 아포리아(aporia) 상태에 빠져 있는지 모른다. 더 이상 나아갈 수 없는 막다른 골목에 다다른 최악의 상황일 수도 있다. 그러므로 건축가는 편견, 불신, 부조리, 부실을 없애기 위해 이성(理性)을 회복해야 한다. 의사소통의 가장 중요한 도구는 사고를 공유하는 틀이고, 그 틀을 이루는 것은 합리성, 즉 이성이다. 이성을 믿어 의심치 않는다. 건축 이성은 부실이나 하자가 없도록 하는 정상적인 생각과 움직임이다. 건축가는 좋은 건축을 하기 위해 이성을 찾아야 한다. 즉, 건축에 대한 이성, 건축이성(建築理性)을 회복해야 한다.

건축이성을 회복하는 것은 건축적 도덕성을 회복하는 것이다. 건축가는 상업적 유혹에 굴하지 않으며, 개인적 이윤에 타협하지 않는 전문가로서의 윤리성을 가지고 있는가? 요즈음은 처절한 서바이벌 시대의 생존주의 건축의 시대이다. 그러므로 건축에 대한 윤리의식, 건축가의 도덕성은 이러한 시대적 상황에서 건축가를 구분하는 요소로서 중요하다.

우리 사회에서 건축가는 없어서는 안 될 존재이다. 건축가는 지금까지의 행동을 반성하고 오늘날의 건축 위기를 새로운 좋은 건축으로 방향을 전환할 수 있는 기회로 삼아야 한다. 위기를 기회로 바꾸고 자신이 하고 있는 건축에 대해 되돌아보아야 한다. 건축가에 대한 신뢰를 쌓는 노력을 소홀히 하지 말아야 한다. 건축이성과 신뢰, 좋은 가치관을 가진 건축가에겐 희망이 있다. 좋은 건축만이 희망이다.

"건축의 안전성은?"

위험사회와 재해

우리 사회는 참으로 거친 사회로 변화되었다. 우리나라가 경제선진국에 들어섰다는 것은 익히 알려진 사실이다. 하지만 안전 분야도 과연 선진국 수준일까 하는 물음에는 자신있게 답할 수 없다. 그동안 후진국형 안전 부주의 사고가 끊임없이 일어났다. 사상자가 수십 명, 수백 명에 이르는 사고도 많았다. 여기서 더욱 안타까운 부분은 이들 사고가 대부분 안전 불감증에 의해 발생된 인재라는 것이다.

위험사회 이론가, 독일의 사회학자 울리히 벡(Ulrich Beck) 교수의 지적은 의미심장하다. 벡 교수가 진단한 한국은 '위험사회'의 대중적 체감지수가 매우 높다는 것이다. 많은 사람들이 사고의 위험에서 자유롭지 못하며 불안 속에 살고 있다는 것을 의미한다. 위험사회는 근대화 과정에서 발생하는 위험을 과학기술로 통제하거나, 사회 제도로 보상하는 방법으로 극복할 수 있다는 믿음이 깨진 사회를 말한다. 그리고 이는 인간존중과 상호공존의 기본 도덕과 원칙이 무너진 것에 대한 반증이다. 자연재난이나 인적재해, 경제·사회 위험 등에 대한 서울 시민의 체감지수는 베이징이나 도쿄 시민보다 높다.

재해와 대형 사고는 삶을 불안하게 한다. 세월호 참사를 겪으면서 언제 어디서 어떤 대형 사고가 터질지 불안해하는 국민의 우려는 한층 커졌다. 우리는 근대화 과정에서 엄청난 성공을 거두었다. 하지만 그 성공의 결과

의도하지 않은 부산물과 예상치 못한 부작용으로 인해 전대미문의 위험사회를 살고 있다. 건설 재해, 건축의 부실이 우리나라가 위험사회로 빠져드는 길에 기여해 왔다는 일말의 진실은 안타가운 일이 아닐 수 없다.

건축으로 인한 재해나 사고가 발생되면 '건축이란 무엇인가? 우리 사회에서 건축가는 정말 필요한 존재일까? 건축가로서 무엇을 할 수 있을까?'라는 질문을 근본적으로 다시 생각하게 된다. 재해나 건축 관련 사고로 가족을 잃은 사람들은 앞으로 어떻게 살아야 하며, 건축가는 이들에게 무슨 말을 해줄 수 있을까? 이런 경우 '건축의 존재성'에 의문을 제기할 수밖에 없는 상황에 처한다. 건축 본래의 기능 상실에 대한 무력감, 낭패감은 건축의 존재 가치와 사회적 역할의 무게를 추락시킨다. 이렇게 된다면 건축의 존재 이유에 대한 근본적인 의문은 필할 수 없다.

실제로 건축물이 사람에게 위험요소로 작용하는 일이 적지 않다. 지구온난화로 인해 이상 기온현상이 발생되어 예상치 못한 자연재해도 일어난다. 많은 비와 눈으로 건축의 한계점이 드러난다. 건축가의 일이 비바람을 막고 따뜻하고 시원한 환경을 만들어 사람들의 생활을 편안하게 하는 것이다. 그런데 건축이 제 역할을 다하지 못하면 오히려 그 속에 살고자 했던 사람을 다치게 하거나 위험에 빠뜨린다.

건축가가 실수하게 되면 재해나 안전 부주의 사고, 건물 붕괴로 인해 많은 사람의 목숨을 앗아갈 수 있다. 일례로 많은 사람들이 드나드는 1층 로비와 현관, 계단, 욕실 등의 바닥 재료는 안전을 우선하여 선정해야 한다. 이런 것들이 소홀하게 다루어지면 건축이 위협적인 존재가 되고 생명을 위협할 수 있다. 이 점에서 건축가는 사람을 치료하는 의사보다 더욱 인명존중 사상과 윤리적 자세를 가져야 하며, 제대로 된 교육을 바탕으로 전문성에 의한 건축을 해야 한다. 건축가의 역할이 의사 못지않다. 건축으로 인한 재해는 일어나서는 안 되는 인재이다. 안전성을 보장하는 것이 건축의 근본적·기본적 목적이다.

안전성과 생명 보호

건축은 인간의 복지를 위해 공간을 조직하는 일이다. 안전에 대한 욕구는
인간의 기본적 욕구이다. 우리의 삶에서 건축은 안전과 보호의 기능을 담
당한다. 이것이 건축이 생겨난 원초적인 동기이다. 개인의 삶과 생명, 터전
은 '중요한 것'이 아니라 '소중한 것'이다. 건축은 사람의 소중한 것을 보호
한다. 건축을 통해 말하고 생각하는 바는 중요한 것이 아니라, 소중한 우리
의 삶과 생명을 지키기 위한 것이다. 건축은 안전해야 한다.

　건축과 도시 건설의 대전제는 시민이 안심할 수 있을 만큼 안전해야 한
다는 것이다. 안전의 보장은 우리 사회가 성립하기 위한 근간이며, 건축의
안전성에 대한 고려가 강하게 요구되는 것은 두말 할 필요도 없다. 대규모
재해가 발생하면 건물과 시설의 안전성을 강화해야 한다는 주장이 제기된
다. 실제로 과거에 일어났던 재해에서 교훈을 얻어 지금의 다양한 안전기
준이 만들어졌다. 그러나 어떤 경우에도 절대적인 안선은 존재하지 않는
다. 완벽하게 안전한 건물은 있을 수 없지만 최고의 안전성이 건축의 대전
제이다.

　2014년 세월호 사건으로 인해 안전 문제가 사회적 화두로 대두되었다. 이
사건은 우리 사회에 커다란 영향을 미쳤다. 세월호 참사는 참담한 비극이었
지만, 이를 통해 분출되는 안전사회를 향한 대중의 분노와 열망, 에너지를
읽을 수 있었다. 재해로 생명의 위기를 느꼈을 때 사람들이 우선 의지하려
고 하는 것은 안전한 은신처이다. 그래서 인간은 '튼튼한 보금자리를 만드
는 것'에 목숨을 거는 것일지도 모른다. 같은 문명이라도 과학과 사상, 철학

은 건축과 비교하면 즉각적으로 드러나는 효과가 적고 간접적이어서 그곳에 담긴 생명의 유지 기능성을 알기 어렵다. 위험과 재해로부터 생명을 지키기 위해 강하고 튼튼하고 안전한 건축이 필요하다.

세월호 참사 이후 한국 사회의 무기력에는 공공성 문제가 깊이 자리 잡고 있다. 국민 10명 중 9명(87.2%)은 우리 사회의 안전 대책이 나아지지 않았다고 평가한다. 공공성 수준과 위험관리 역량의 관계, 공존의 가치가 공유되고 사회적 합의의 틀이 만들어질 때, 우리 사회는 세월호 참사 때와 같은 위기를 넘어설 수 있다.

2015년 1월 의정부에서 발생된 도심형 생활주택 화재 사건은 건축 안전의 경각심을 일깨워 주었다. 가장 안전해야 할 주거도 결코 안전하지만은 않다는 실상을 보여준다. 이 화재 사고와 더불어 주거의 기본 기능이 한꺼번에 무너진 사건으로, 건축 기준과 성능에 대한 규정을 새롭게 정리할 필요가 있음을 시사한다.

스프링클러 없고 건물 간격 좁고… 위험 방치한 '도시형 주택' 참사

의정부 아파트 화재는 지상 1층 주차장의 오토바이에서 처음 시작됐다. 주민 대피나 진화 작업이 힘든 심야 시간도 아니었다. 그러나 순식간에 인근 아파트 2개 동까지 불길이 확산됐고 130명의 사상자가 나왔다. 재산 피해도 90억원에 이른다. 불과 2년 전에 지어진 신축 건물에서 왜 이처럼 피해가 커진 것일까. 피해가 커진 이유 중 하나는 화재가 난 건물 3개 동이 다닥다닥 붙어 있었기 때문이다. 불이 처음 난 대봉그린아파트, 그 바로 옆 드림타운아파트는 각각 88가구가 사는 10층짜리 쌍둥이 건물로 간격이 고작 1.6m였다. 드림타운아파트와 그 옆 15층짜리 해뜨는마을아파트의 거리는 1.8m에 불과했다. 일반 아파트를 비롯한 공동 주택은 이웃 건물과 2~6m를 띄워야 한다. 하지만 화재가 난 세 건물은 이런 규정을 안 지켜도 되는 '도시형 생활주택'이었다. (중간 생략)

건축, 주거의 근본이 무너진 재해(의정부 아파트 화재 상황 정리 그래픽)

의정부시는 "세 건물 모두 시설 규정을 위반한 사항은 없다."고 했지만, 박재성 숭실사이버대학교 소방방재학과 교수는 "주거난 해소를 위해 안전 규정을 느슨하게 하면 이번처럼 큰 위험을 불러올 수 있다."고 말했다. 10 층짜리 대봉그린과 드림타운에는 스프링클러가 없었다. 11층 이상 건축물에만 스프링클러 설치를 의무화한 법 규정 탓이다. 애초부터 자체 진화는 기대할 수 없었던 것이다. 실외 비상계단도 바닥 면적이 300㎡ 미만이라는 이유로 설치하지 않았다.

반면 이 두 건물은 외벽에 가연성 스티로폼 단열재를 붙이는 방식으로 시공됐다. 소방 관계자는 "이 외장재를 타고 불길이 거세게 타올라 위층으로 번졌고 1~2분 만에 옆 건물로 옮아붙었다."고 말했다. 15층짜리 해뜨는 마을 아파트의 경우, 주차 타워가 화재에 약한 샌드위치 패널 재질이라 불길이 쉽게 옮겨 붙었다. 박재성 교수는 "건축비를 아끼려고 값싼 스티로폼 마감재를 쓰는 것인데 옆 건물과 거리가 가까운 외벽만이라도 반드시 불연성 마감재를 사용하도록 해야 한다."고 지적했다.

– 조선일보, 2015. 1. 2

생명과 안전에 대한 인식이 바뀌어야 한다. 사람을 죽이는 건축은 두말할 필요도 없이 나쁜 건축이다. 인간의 생명에 심각한 위험이 되는 모든 것은 사전에 예방하고 방어하는 조치를 취해야 한다. 물론 쉬운 일은 아니다.

하지만 이것만이 위험사회로부터 우리의 가정과 생명, 사회를 지킬 수 있는 유일한 길이다. 건축물은 사람을 보호하기 위해 짓는다. 안정적인 생존과 생활의 장소를 만들기 위한 것이므로 건축은 안전과 생명의 담보가 우선되어야 한다. 안전하지 않은 건축은 존재할 가치가 없다.

공익 건축의 필요성

공익은 건축의 더 큰 가치이다. 이러한 건축은 사람의 삶을 담는다. 다시 말해 사람을 살리고 그 안에서 사는 이의 행복을 만들어간다. 그런데 이런 행복한 삶에 기여해야 할 건축이 오히려 사람을 죽이고 불행에 기여한다면, 그것은 실로 중대한 문제가 아닐 수 없다. 이는 건축의 존재 가치를 상실한 것이다.

2014년 판교 공연장 환풍기 붕괴 사고는 우리 사회에 또 다른 과제를 안겨주었다. 건축 시설의 일부인 환풍기로 인해 인명이 손상된 사건이다. 건축은 우리 생활에 밀착된 모든 것이다. 환풍기도 건축적 요소로서 도시적 구조물이다. 이 사건은 도시 구조물의 디자인, 공공디자인 차원에서 많은 과제를 남겼다.

공공디자인이 중요하다. 환풍기에 사람이 올라서도 되는가? 올라설 수 있다면 왜 안전하게 만들지 않았을까? 올라설 수 없다면 왜 아무도 올라가지 못하도록 그 위험성을 널리 알리지 않았을까? 참사 다음에 뒤따라야 할 질문은 이러한 구조에 대한 의문과 사회적 공론화이다. 하지만 합리적 개인의 판단만이 생명을 구하는 사회, 스스로 알아서 안전을 지켜내야 하는 사회는 공공적 역할에 소홀하면서, 개개인의 안전관리 의무와 책무에 더 무거운 짐을 지운다. 그런 무책임한 사회보다는 조금 합리성이 부족한 개인이

공익 건축 예 ①미국 로스앤젤레스의 뉴카버 임대아파트 중정(中庭)을 내려다본 모습. 자연 채광과 시선 흐름을 세련되게 고려한 이 공간은 집 없는 노인과 장애인을 위한 집단 주거 시설이다. ②2013년 'PID 글로벌 프로젝트'로 선정된 르완다 부타로의 의료인 주거 시설, 건설 과정에 현지 인력과 전통 건축 기술을 폭넓게 활용했다. ③미국 노스캐롤라이나 주 롤리의 보행자용 표지판 'Walk'. 걷기 좋은 도시를 만들자는 지역 캠페인으로 시작했지만 이 표지판 디자인이 인기를 얻어 미전역과 캐나다로 확대됐다.

mmaltzan.com·archdaily.com, - 동아일보, 2015. 3. 5

라도 시스템으로부터 보호받을 수 있는 사회가 되어야 한다.

　공익성은 좋은 건축의 요건이다. 공익디자인(PID, public interest design)은 보기 좋은 모양새와 적합한 쓰임새를 고려하고, 환경과 경제 등 사회 전반에 지속 가능한 이로움을 더하는 개념을 추구한다. 공공디자인과 유사한 개념이다. 디자이너(설계자)가 부유층을 위한 사치품을 만드는 장인에서 사회적 이익의 창조자로 변모하고자 하는 흐름이 공익디자인이다. 즉, 경제력이 강한 소수가 우수한 디자인을 폐쇄적·차별적으로 소비할 수 있게끔 조직된 현실을 극복하고, 다수에게 좋은 디자인을 누릴 권리를 제공하겠다는 개념이다. 건축과 구조물 디자인에 적극적으로 적용되어야 할 콘셉트가 아닐 수 없다.

건축은 사회 회복을 부르는 구원이 될 수 있다. 지금과 같은 위험사회를 구원하기 위해서는 '공익 건축(PIA, public interest architecture)'이 필요하다. 건축가는 공공디자인을 넘어 공익 건축을 추구해야 한다. 공익 건축이 해답이 될 수 있다. 저소득층, 사회적 약자 등 소외된 이들을 배려하는 공공에 이로운 건축, 서민과 대중을 위한 건축이 필요하다. 공익 건축은 좋은 건축에 해당된다.

건축의 가치에는 공간과 형태, 안전성과 장소성, 공공성, 공익성, 커뮤니티 등이 포함된다. 공익 건축은 모두에게 이로운 것으로 건축가의 사회적 책임을 실천하는 것이다. 공익적 가치를 실현하는 것도 좋은 건축에 해당된다. 건축 행위의 가치와 정당성은 더 나은 사회 만들기에 초점을 두어야 한다. 공익 건축이 건축적 가치 실현에 부합된다.

세월호와 건축의 부재

인간은 자신만의 개별적인 공간을 필요로 한다. 재난이 발생하게 되면 피해자에 대한 구조와 보호가 먼저이다. 재난과정 속에 노출된 피해자는 물론, 그 가족들도 물리적·심리적으로 보호받아야 한다. 일반적으로 재난 지역에 구조를 갔을 때 1차적으로 생명을 구조하고 구호물자를 전달한 후, 신속히 준비하는 부분이 바로 주거(shelter)이다. 임시적 거처라도 시급히 마련되어야 한다.

임시거처는 물리적으로 추위나 더위로부터 보호 받고 외부적 충격으로부터 보호를 받을 수 있는 곳이다. 심리적 치료와 정신적 안정을 얻을 수 있는 장소가 있어야 한다. 때로는 외부의 관심과 눈길을 피해서 마음을 쉴 수 있는 공간이어야 한다. 정부는 세월호 사건 후 진도실내체육관을 임시거처로 마련해 주었다.

세월호 참사는 우리 사회가 '좋은 삶'의 문제는 도외시한 채 물질적 성장만 추구해온 결과다. 이 사건을 통해 우리의 재난 시스템에 얼마나 많은 문제가 있는지 드러났다. 실종자 가족들은 사고 직후부터 200일 정도 진도실내체육관을 임시거처로 사용하였다. 이와 같은 참사에 대처할 수 없는 현실과 임시거처의 실상을 비추어 볼 때 우리 사회에 건축은 없다. 건축은 또 다시 부재한다.

건축과 인간의 삶이 유리된 것이다. 체육관 내부는 아무런 건축적 장치가 없어 최소한의 프라이버시도 확보되지 못했다. 무한정 개방된 공간에서 사람의 기본적·생리적 기능도 마음 편하게 해결하기 어려웠다. 실종자 가족은 담요와 돗자리만으로 차가운 바닥을 견뎌야만 했다. 체육관 내부는 물리적 뿐 아니라 심리적으로 보호 받지 못하는 공간이었다. 기본적인 탈의 공간, 최소한의 수면 공간, 사적 공간이 없었다. 어떠한 건축적 해결책도 없었으며 건축가란 존재도 찾아 볼 수 없었다. 그저 오픈된 공간에 딱 몸만 누일 수 있는 각자의 자리만 있을 뿐이었다. 여기서 우리는 건축과 건축가의 역할을 묻지 않을 수 없다.

세월호 참사가 있은 후 유족들이 기거하던 곳, 진도체육관의 차가운 바닥에 이불이 어지럽게 깔려 있는 이미지는 우리 건축의 현실을 반증한다. 이것은 정부의 재난 대처 능력의 부재뿐만 아니라, 엄청난 사회적 재난에

세월호 참사 당시 진도실내체육관 내부(출처: 국민일보 인터넷판, 2014. 11. 6)

동일본 대지진 때 지은 종이 칸막이 보호소(출처: 매일경제신문 인터넷판, 2014. 11. 6)

무관심한 건축업계의 빈곤한 참여의식과 스스로 사회의 지식인이라 자처하는 건축인의 민낯을 고스란히 드러낸 것이다.

　일본의 사례는 우리의 현실과 대척점에 있다. 잘 알다시피 일본은 재난이 많은 나라이다. 그러므로 자연적 재해에 대비해 가설주택, 임시주택에 대한 연구도 활발하다. 반 시게루는 '재난 건축가'로도 불린다. 그는 종이를 이용하여 쓰나미가 지나간 재해지역에 개인의 건강과 프라이버시를 지킬 수 있는 공간을 만들었다. 동일본 대지진 때 종이와 재활용할 수 있는 재료를 이용하여 임시주택 및 대피소를 지었다. 임시거처를 공용 공간인 동시에 사적인 공간이기도 한 재난민의 안식처로 재탄생시키며 건축적으로 풀어냈다. 가설 쉘터에 설치된 종이 칸막이(paper partition)는 사생활이 보호되며, 건강과 휴식을 취할 수 있는 곳이 된다. 임시거처는 다양한 재료의 적용이 가능하고 해체와 조립, 변형, 개조가 쉽고 이동도 자유롭다. 동일하게 체육관 내부 공간을 이용하였지만 진도실내체육관의 내부와 일본의 종이 칸막이 보호소 모습은 많은 점에서 대비된다.

　세월호 참사에 대처하는 우리 정부의 대응 시스템은 전반적으로 체계가 없음을 보여주었고 정책적 빈곤함을 드러냈다. 건축과 관련된 주체적 입장에 있는 사람들도 마찬가지이다. 건축가들은 재난민들을 보호하는 어떠한 대책이나 아이디어도 내놓지 못했다. 세월호 참사와 관련하여 건축과 건축계의 어떠한 변화나 노력도 없었다. 건축가 임성훈은 "세월호 이후에 모든 건축은 도달할 수 없는 물속으로 내던져졌고, 이제 우리는 건축으로 새로운 장소를 만들어야 한다."고 했다. 건축적 반성이 필요하다. 건축가는 무거운 책임감을 느껴야 한다. 재난 상황에 대처해야 할 건축의 사회적 역할, 건축가의 직능적 책임을 묻지 않을 수 없다.

"좋은 건축하기란?"

정확한 설계와 시공

좋은 건축의 길

좋은 건축은 건축가의 의지적 산물이다. 집은 혼자 지을 수 없다. 건축의
세 주체 건축주, 건축가, 사용자의 힘으로 짓는다. 세 주인공의 약속과 신뢰
가 바탕이 되어야 좋은 건축이 가능하다고 확신한다. 건축에서 가장 중요
한 것은 사람의 '희망(desire)'이다. 희망은 무언가 바라고 열망하는 것이다.
그 기대는 집을 짓는 과정에서 현실로 드러나고, 집짓는 과정은 '구축된 사
고'에서 나온다. 세 주체의 합심으로 건축을 하는, 건축주의 집을 짓는 간
절한 마음은 좋은 건축의 바탕이 된다.

건축가는 그들이 지은 건축물을 사용하고 거기에 거주하며 사람, 또 그
것을 바라보는 이들에게 현재와 미래에 대한 책임을 느낀다. 그 책임은 은
신처와 편의를 도모하는 행위들을 포함할 뿐 아니라, 건축물을 보는 사람
들에게 영감을 제공하는 것이다. 좋은 건축을 만드는 것은 세 주체 모두의
책임이다. 그러나 그 중에서 건축가의 책임이 단연 크다. 건축가는 좋은 건
축으로 사람의 꿈을 실현하는 사회적 존재인 까닭이다.

건축가는 나쁜 건축을 근절하고 좋은 건축을 확산시켜야 한다. 이를 위
해 좋은 건축가와 건축에 관한 담론이 활발히 이루어질 필요가 있다. 건축
에 관한 많은 논의들이 이루어지고 있지만, 정작 좋은 건축가와 좋은 건축

에 관해서는 별반 논의의 진전이 있어 보이지 않는다. 다행스럽게도 건축평단(2015년 봄호)에서 "좋은 건축이란 무엇인가?"에 대해 다루었으며, 오래 전 공간지(1990년 5월호)에서 "도시에서 좋은 건축이란 무엇인가?"를 다루었다. 세월호 사건 이후로 안전과 건축의 역할에 대한 관심이 확산되었다. 하지만 건축의 문제는 건축가의 몫이라는 막연한 전제가 널리 퍼져 있을 뿐이다. '좋은 건축'의 개념이 확산되기 위해서는 좋은 건축에 대한 대중적인 논의가 활발하게 이루어져야 한다.

건축가는 미학적이고 형태적인 가치에 집착하지 말아야 한다. 건축 작업의 목적과 의무가 갖는 가치에 몰두해야 한다는 뜻이다. 그렇게 함으로써 자신의 진실되고 확실한 증거를 건축적인 증거로 만들 수 있다. 건축가는 하나의 일에 몰두하여 건축적 가치와 사회적 요구, 건축주의 바람에 부합되게 만드는 인간적인 의무, 직능의 책무를 다해야 한다. 그것이 건축가로서 사명에 걸맞는 가장 가치 있는 일이다. 좋은 건축의 길을 선택해야 한다.

건축 과정 자체가 건축주와 좋은 건축에 관한 사회적 소통을 활성화하는 것이어야 한다. 설계 중에는 물론 착공에 들어가서도 건축주와 지속적인 소통이 필요하며, 건축주의 의견을 존중하기 위해서도 활발한 소통은 매우 중요하다. 건축가와 건축주의 원만한 소통, 심리적 교감이 좋은 건축 하기의 기본이다.

또한 우리에게 필요한 것은 좋은 건축을 할 수 있다는 믿음이다. 좋은 건축은 사람들에게 행복을 준다. 건축가에게는 좋은 건축을 추구하는 의지가 있어야 한다. 그리고 건축이 변화되고 건축가가 변화되는 것을 눈으로 보여주어야 한다. 좋은 건축은 대중이 그런 믿음을 가지게 하는 매개체가 될 수 있다.

설계의 정확성

좋은 건축은 좋은 설계에서 시작된다. 건축설계는 크게는 자본의 문제이고 작게는 취향의 문제이므로 설계의 좋고 나쁨은 쉽게 가려지지 않는다. 우열을 가리기 어렵다. 하지만 설계의 정확성으로 우수성과 미진함 혹은 오류를 구체적으로 가릴 수 있다. 설계의 우수성은 정확성으로 평가된다. 정확한 설계가 우수한 것이다.

설계자(디자이너)가 현장을 중시하는 것은 당연하다. 설계도면대로 되는지 체크하고 시공에 필요한 부분은 협조해야 한다. 하지만 우리의 현실에서는 설계자의 설계 의도가 제대로 반영되고 실현되는지에 대해 확인하고 관리하려는 의지가 약하다. 설계자가 품질에 대한 책임과 노력을 다하지 않는 실정이다. 안도 다다오는 요구되는 품질이 나오지 않으면 현장에서 일하는 사람과 멱살잡이라도 해서 품질을 높인다고 한다. 일반적으로 설계자가 웬만해서는 그런 행동을 하지 않지만 건축가의 건축에 대한 의지를 읽을 수 있다.

설계자는 현장을 소홀히 취급한다. 설계를 마무리하여 납품하면 현장에 나오지 않는다. 건축 품질에 대한 설계자의 노력이 부족한 것으로도 이해할 수 있다. 설계가 끝나면 나머지 일은 시공자의 몫이라 여기며 시공에 무관심하다. 설계 품질에 대한 확인과 질을 높이려는 열의와 성의가 부족한 것으로 간주할 수밖에 없다. 건축은 설계이며 건설(시공)이다. 도면은 건축의 도구이지만 최종 결과물이 아니다. 설계자는 현장에서 시공자와 함께 건축을 만들고 완성해야 한다. 부지런히 현장에 나가 보아야 하며 재료마감과 디테일, 도면과의 일치 여부, 법규적 내용을 꼼꼼하게 확인해야 한다.

안도 다다오가 오사카, 고베 지역의 무명 건축가에서 세계적인 건축가로 발돋움할 수 있었던 것은 지역 기업인들의 도움이 있었다. 그도 인정한 사실이다. 하지만 설계의 오류를 줄이고 품질을 높이려는 '건축적 의지'가 없었다면 현재와 같은 영광은 불가능했을 것이다. 자기 건축에 대한 확인과 점검, 설계 오류를 줄이려는 노력은 본받을 만하다.

설계자가 현장에 나오지 않으면 설계 오류를 확인하고 개선할 수 있는 기회를 잃게 된다. 그로 인해 설계와 시공의 품질은 저하되며 설계 일이 연속적으로 생기지 않는다. 좋은 설계를 할 수 있는 기회를 놓치게 된다. 설계자는 현장의 일, 품질을 중요하게 생각해야 한다. 설계 오류 수정과 확인을 통해 좋은 건축을 해야 하며 건축 실현(시공)에 협조해야 한다. 그래야만 좋은 건축을 할 수 있다. 설계자는 하나의 건축물이 완성되는 순간까지 설계 오류를 수정하여 건축의 품질을 높여야 한다.

건축 일은 자본가와 건축가의 관계로부터 시작된다는 것은 어제 오늘의 이야기가 아니다. 오랜 역사를 통해서도 확인할 수 있다. 간혹 건축가 자신이 자본가이자 건축가가 되어 직접 건물을 설계하고 시공하기도 한다. 흔한 일은 아니지만 이것은 건축가의 로망이기도 하다. 대부분 건축은 건축주의 수요에서 시작되므로 건축주의 의사와 요청이 중요하다. 어떤 흐름이든 수요자 중심의 사고와 비즈니스 마인드를 중시해야 한다.

설계자는 건축주의 의도와 요구에 의해서 합리적이고 경제석인 설계를 해야 한다. 설계와 시공의 소통이 안 되고 이로 인해 시공을 위한 설계가 아닌, 시공을 무시한 설계가 되는 일이 자주 있다. 이런 경우는 말 그대로 설계를 위한 설계일 뿐이다. 설계의 목적은 시공을 최적화하는 데 있다. 그럼에도 불구하고 설계단계에서부터 시공에 관한 정보가 불충분하고 시공을 최적화하기 어려울 때가 허다하다. 설계는 공사비와 공사 기간, 공법 등의 생산조건이 합치하는 범위에서 최적화되어야 한다. 설계자는 형태, 디자인의 문제뿐 아니라 건설 공법의 문제, 짓는 문제와 방법을 고려하여 설계에 반영해야 하고 시공상의 문제점을 해결해야 한다. 따라서 시공을 고려하지 않은 디자인, 설계를 위한 설계는 지양되어야 한다. 자신의 건축에 대해 책임 질 각오와 자세가 있어야 건축이 성립된다. 그것은 당연히 좋은 건축에 대한 것이다. 좋은 건축은 건축적 의지와 노력을 수반한다.

시공자의 정성

시공자는 좋은 건축을 위해 '최고의 기술'을 지향해야 한다. 좋은 건축물을 짓기 위해서는 자연, 사회, 인문을 오가는 여러 지식과 경험이 필요하다. 이런 점에서 시공자의 가장 중요한 덕목은 인간성이며 배움에 대한 의지, 지적 태도이다. 건축적 실천의 바탕은 지식이다. 배움에 대한 의지란 최고의 기술에 대한 갈망이며 이 갈망은 좋은 건축으로 이어진다.

설계와 시공은 하나의 연속되는 과정이다. 건축에서 설계자와 시공자의 협조는 필수적이다. 좋은 건축이라는 공동목표를 달성하기 위해서 설계자와 시공자는 동등한 입장에서 건축생산의 효율화와 합리화를 위해 노력해야 한다. 서로가 공조하지 않으면 '좋은 건축 프로젝트'는 난관에 부딪칠 수밖에 없다.

좋은 설계 다음에는 좋은 시공이 뒤따라야 한다. 그렇게 하려면 철저한 도면 검토와 준비가 필요하다. 좋은 시공은 세밀한 도면 검토에서 시작된다. 도면 검토는 시공 과정에서 발생될 수 있는 변경의 내용을 없애거나 최소화하기 위한 것이다. 최초에 제시된 견적서의 내용을 변경하지 않기 위한 것이며, 변경에 대한 건축주의 추가 비용 부담을 지우지 않게 하기 위한 것이다.

시공자는 정확한 시공, 합리적인 시공을 위해 전 과정에 걸쳐 다양한 노력을 기울인다. 공사 내용 변경을 통해 건축주에게 정신적·경제적·심리적 부담을 지우지 말아야 한다. 그래야 신뢰가 생기고 친밀한 소통 속에서 건축주가 바라는 건축물을 완성할 수 있다. 결국 사람의 마음을 얻어 좋은 건축을 할 수 있으며 이것은 시공자에게 또 다른 새로운 일을 가져다준다. 시공자는 설계도서에 맞는 경쟁력 있는 가격을 제시해야 하며 정확한 견적서를 만드는 것이 중요하다.

그 다음은 시공 수준에 대한 문제다. 시공 수준은 시공자의 계획과 관리, 연구에 따라 결정된다. 품질을 만들어내는 기술력, 자기만의 능력이 중요하다. 연구하고 실험하고 학습하지 않으면 기술력은 생기지 않는다. 시공 수준은 시공자(건설사)의 능력에 좌우된다. 건축주는 시공자를 선정하기 위해서 공사가 투명하게 진행될 수 있는가, 이를 증명해 줄 서류를 갖추었는가, 자금력은 충분한가, 하자는 제대로 관리하는가, 현장소장은 성실하고 꼼꼼한가 등 내 집을 마음 편히 맡겨도 될 사람인가를 확인해야 한다. 업체의 자금력은 시공 중 자재수급부터 추후 하자보수에 관련된 문제에까지 많은 영향을 미친다. 그러므로 시공자의 자금력도 중요한 요소가 된다.

시공은 건축적 사실, 건축적인 것으로 증명되어야 한다. 사실이 곧 진실은 아니지만 제대로 먹혀드는 일련의 사실은 진실이다. 어떠한 미사여구, 수사학적인 표현도 필요치 않다. 시공자는 건축의 품질로 보여주어야 하며 건축 자체에 충실해야 한다. 건축에 대한 자기증명(自己證明)이 필요하며 양질의 품질이 시공의 증거이다. 건축주의 바람과 건축에 대한 의지를 실천해야 한다. 그것이 시공자의 책무이다. 시공자는 품질 높은 좋은 건축을 해야 한다.

미스 반 데어 로에(Ludwig Mies van der Rohe)는 "건축은 두 개의 벽돌을 정성들여 함께 쌓을 때 시작된다. 거기서 시작된다."고 했다. 이 문장의 핵심은 '정성들여'라는 용어로서 '자신이 하고 있는 바에 주목하는 것'을 뜻한다. 미스에게 건축은 무의식적으로 짓는 행위가 될 수 없다. 짓는 것은 숙고하는 반성적·의식적 행위다. 건축에 대한 마음, 정성이 없으면 좋은 건축도 없다. 시공자는 작은 일에 정성을 다해야 한다. 정성을 다하면 투명하고 밝아진다. 밝아지면 드러나게 되고 드러나게 되면 변화가 생긴다. 변화하게 되면 새로움이 만들어진다. 모든 건축가들이 미스의 정신으로 무장한다면 좋은 건축이 가능하다.

건축주의 선택

좋은 사람만이 좋은 건축을 할 수 있다. 건축주는 설계자와 시공자에게 마음을 열고 상호 협의하여 결정하려는 마음가짐이 필요하다. 건축가의 작업과 일은 지적인 힘과 이성적 사고에 의해 이루어진다. 건축주는 건축에 대한 분명한 목적과 조건, 의견을 제시하고 건축적 결과에 대해 책임져야한다. 건축에 대한 약속을 지켜야 한다. 건축에 대한 보상 약속을 이행하지 않으면 많은 문제가 생긴다. 약속의 불이행은 건축 분쟁의 요인이 되며 약속을 지키는 것은 모든 계약의 기본 전제이다.

국민대 이경훈 교수는 성공적인 건축주가 되기 위해 건축가를 대하는 법을 익혀야 한다고 보고, 건축가를 대하는 법 10가지를 제안하였다. 역시 신뢰와 믿음이 핵심이다.

건축가를 대하는 10가지 방법

1. 일단 건축가를 선정했다면 믿어라.
2. 외모에 속지 마라.
3. 모욕하지 마라.
4. 일정을 넉넉하게 줘라.
5. 존경하라.
6. 처음에 요구를 분명히 하라.

7. 세상이 무너질 일 아니면 건축가의 의견을 따라라. - 전문가 중에
서 건축가야말로 건축주와 이해관계가 가장 잘 맞아떨어지는 사람
이며 작품에 대한 열망 또한 크다. 건축주의 대리인이다. 건축가의 의
견을 존중하라.

8. 논리와 취향을 구분하라. - 대다수의 논리적인 결정은 건축가에게
맡기는 편이 좋다.

9. 간섭하지 않는 것이 자신감이다. - 건축주가 한 가지 측면만 보고 간
섭하기 시작하면 건축가는 그 단순한 요구를 들어주기 위해 다른 요
구를 소홀히 할 수 있다.

10. 이웃의 건물을 탐하지 마라. - 마음에 정말 꼭 드는 멋진 건물이 있
다면 그 건물을 지은 건축가를 만나 다시 일을 의뢰하라.

- 이경훈, 《못된 건축》

건축주가 돈, 비용, 가격만을 최우선으로 한다면 문제가 있다. 좋은 건
축을 위해서는 좋은 건축주가 되어야 한다. 건축주가 똑똑하고 까다로워야
품질이 좋아진다. 건축에 대한 기본적인 공부가 있어야 건축가와 소통이
가능하다. 건축가의 외양만 보고 명성 있는 건축가를 우대하거나 무명의 건
축가, 신인 건축가를 무시하는 선입관, 편견을 버려야 한다.

건축주는 먼저 자신의 요구를 분명히 하고 건축가에게 일을 의뢰했으면
전적으로 맡겨야 한다. 그리고 시간을 넉넉히 주고 건축가의 역량이 발휘되
도록 믿고 응원하는 것이 현명하다. 시공자가 제시한 공사비를 깎지 않는
것도 신뢰의 한 표현이다. 가격만을 우선해서는 안 된다. 일 잘하는 좋은 건
축가에게 일거리를 주어야 하며, 하자 없는 좋은 건축을 위해 건축가에게
합리적으로 요구해야 한다. 그것이 건축주의 권리이자 의무이다.

건축에는 건축물을 만들 수 있는 자본이 전제되어야 한다. 즉, 여러 형
태의 자본가, 민간 및 공공의 건축 의뢰인, 건축주가 건축 일을 발주한다는

뜻이다. 소위 계약서상의 갑(자본가)과 을(건축가)의 관계가 된다. 이때 건축가는 자본가(건축주)와 일을 수행하는 수평적 관계의 전문가이기보다는 일정 비용을 받고, 용역을 수행하는 수직적 관계로 전락하고 만다. 건축가는 좋은 자본가, 건축주를 만나는 것이 중요하다. 전문가의 영역을 침범하지 않고 자본이 허락하는 범위 안에서 건축가의 자유의지를 응원해 주는 건축주야말로 좋은 건축주이다. 좋은 건축을 탄생시키기 위한 전제 조건은 좋은 건축주와의 만남이다.

건축가의 태도

건축 행위는 "오랜 시간 견딜 수 있는 해결책을 발견한다."는 목적을 향해 전력을 다하는 것이다. 현세에서 이름을 높이기보다는 후세에도 계속 사랑받을 수 있는 건축물을 만들고 싶은 마음으로 사람들과 함께 즐겁게 일한다는 마음을 가져야 한다. 건축은 형태와 공간을 분명하게 보여주기 때문에 건축가를 결과지상주의자로 볼지 모른다. 하지만 세상 속에서 몸부림을 치는 가운데 '즐거움'을 느낄 수 있도록 노력하는 것이 중요하다. 노력만이 건축에 대한 즐거움을 느끼게 하는 조건이다.

　물론 전문가로서 결과의 완성도에 집착해야 한다. 건축은 물리적인 존재에 지나지 않지만 건축은 그것이 탄생하는 과정을 진지하게 생각하는 사람들과 공유하는 즐거움이 훨씬 더 크다. 건축은 표리일체(表裏一體)라서 과정이 즐거우면 자연히 건축물의 완성도도 높아진다. 즐거운 과정을 만들지 않으면 건축의 완결성을 기대할 수 없다.

　건축가(설계자)의 지나친 자기 주장은 바람직하지 않다. "나의 건축은 이렇다."라고만 고집할 수 없다. 건축은 일차적인 행위로 끝나지 않는다. 건축은 자기 책임성이 강한 분야다. 중요한 것은 건축의 배후, 건축가의 내면에 있는 의지가 얼마나 굳세고 건실한가이다. 좋은 건축에 대한 의지가 중요하다. 건축가라면 자기가 관여한 건축이 존재하는 한 끝까지 책임을 져야 한다. 건축은 일시적으로 소모되는 상품이 아닌 탓이다. 강한 책임감은 건축가의 기본적 소양이며 자신의 건축에 자존심과 명예를 걸어야 한다.

건축가에게는 연구하고 학습하는 자세가 필요하다. 무지와 절망이 있는 곳에 악마들이 기웃거린다. 배움에 대한 의지가 약하면 발전을 담보할 수 없으며 경쟁력도 길러지지 않는다. 경쟁력이 없으면 좋은 건축을 할 기회는 없다. 건축으로 성공할 수 없다. 기술, 품질의 우수성으로 가격의 경쟁력을 확보하는 길만이 있을 뿐이다.

건축가의 자세, 태도는 어떠해야 하는가? 여기서 자세는 건축가가 가지고 있어야 하는 일관된 마음가짐과 그로부터 만들어지는 구체적인 행동의 합일이다. 건축적 가치관이자 방법이며 그것의 실천이다. 건축적 자세, 즉 건축을 대하는 마음이 중요하다. 건축가는 끊임없이 자세를 점검하여 교정해야 한다. 건축이라는 결과물이 나올 때까지 자신의 자세를 되돌아볼 필요가 있다.

건축가의 생각, 태도, 행동이 바라야 한다. 습관은 한 인물이 세상을 받아들이고 반응하는 전형적인 방식이다. 시간과 함께 여러 차례 반복되어 어떤 상황에서도 항상 동일한 태도를 보이는 것이다. 습관을 여럿 모아 살피면 인간 됨됨이를 파악할 수 있다. 또한 일본의 선각자 사카모토 료마(坂本龍馬)는 "인간은 자신이 원하는 길로 세상을 개척해 나간다."고 했다. 건축에 대한 습관, 방법론을 좋은 건축하기에 맞추어야 한다.

건축가에게 필요한 것은 실력보다 건축에 대한 태도다. 작가 김탁환은 '태도'가 무엇이냐는 독자의 질문에 "수많은 풍경 중에서 자신만의 풍경을 발견하고자 노력하는 것, 그리고 그것을 자신만의 문장으로 옮기고자 분투

하는 것"이라 한다. 태도는 자기만의 기준을 만족시키기 위해 노력하는 몸부림이다. 건축에 대한 태도, 건축을 바로 보는 시각, 즉 건축관이 중요하다. 건축을 어떻게 생각하고 어떻게 하느냐는 결국 건축가의 마음가짐에 달려 있다. 건축이 갖는 내재적 의미는 건축가의 습관, 태도로 결정된다.

건축가의 사명

건축의 본질을 공간이라 한다. 공간은 눈에 보이는 형태나 물체가 아니어서 설명하기 어렵다. 건축은 확실히 공간적인 것이지만 공간 그 자체는 아니다. 건축은 공간적인 구축이다. 이러한 구축을 실현하는 데 시공적 기술이 필요하다. 건축의 본질은 사람이 확인할 수 있는 품질이며 품질은 실체나 현상으로 보이는 것이다. 좋은 품질은 좋은 건축의 성질이자 조건이다. 품질은 실체로 나타나는 것이며 사용자가 느끼는 것이다.

건축은 재료의 집합으로 물리적인 특성을 갖는다. 재료와 형태, 공간으로 이루어진 물질적인 조합이다. 재료의 선택과 결정은 주로 설계자의 몫이지만 재료의 조합과 구성, 즉 재료를 물질화·시각화하는 것은 짓는 사람, 시공자의 몫이다. 재료의 일체화, 조합의 완성도에 따라 품질이 달라진다. 시공자의 정확한 시공은 좋은 건축을 가능하게 한다. 짓는다는 정신, 짓는다는 내면적 의지가 품질의 완성도를 높인다.

건축가의 부주의함 또는 나쁜 건축으로 건축주에게 엄청난 손해를 입힐 수 있다. 경제적 손실은 만회될 수 있을지 모르지만 시간적·정신적 손실은 만회할 수 없다. 시간은 되돌릴 수 없으며 정신적인 스트레스는 치유되거나 보상받기 어렵다. 그렇기 때문에 정직한 건축, 좋은 건축을 해야 한다.

좋은 건축은 건축가의 숙명이다. 일에 대한 집중력과 몰입은 건축의 품질을 높인다. 건축가는 건축이 이루어지는 현장에서 정성을 기울여 수준 높은 품질을 만들겠다는 집념을 보여주어야 한다. 건축가가 지은 아름답고 좋은 건축만이 건축가의 이름으로 남는다. 건축의 생명은 우리네 인간의 삶보다 훨씬 더 오래 지속된다. 그 사실을 잊지 말아야 한다.

대중을 위한 건축은 소비자의 마음을 얻을 수 있는 디자인과 기능, 품질을 갖추어야 한다. 남들이 소홀히 보아 넘기는 세밀한 부분까지 감동을 주어야 최고의 고객 가치를 만들 수 있다. 사람들이 느끼는 호감이나 감동은 수요를 일으키고 건축의 가치를 높인다. 그렇기 때문에 건축가는 이런 부분에 대해 치열하게 고민해야 한다. 사용자 만족과 감동이 건축적 의의를 높인다. 감동을 주는 건축은 분명히 좋은 것이다.

좋은 건축을 만들기 위해서는 건축을 이해하는 수단과 좌표가 달라야 한다. 하자나 부실은 세속적 처세를 통해 건축가가 스스로를 배반한 결과이다. 하자를 최대한 줄이거나 없도록 하여 유지 관리에 부담이 적어야 한다. 그리하여 고객에게 감동을 주어야 한다. 좋은 건축하기는 품질을 높이는 것이다. 건축가는 좋은 건축이라는 대의(大義)에 동참해야 한다.

좋은 건축을 만드는 것은 좋은 사람을 키워내는 일과 같다. 어린 아이를 기르는 데 시간과 정성이 들듯이 건축도 시간이 많이 걸린다. 절대적인 노력과 시간이 요구된다. 사람은 좋은 건축을 만들고 좋은 건축은 좋은 사람을 만든다. 좋은 건축은 그곳에 사는 사람에게 아름다운 심성을 되찾아 주고 일깨워 준다. 이것이 좋은 건축을 해야 하는 이유다.

건축가의 비전

건축은 수주 경쟁이 심한 분야이다. 건축 산업은 수주 중심, 수주 의존성이 강하다. 건축의 수요는 제한되어 있으며 유동적이다. 건축가들이 마주치는 어려움 중에서 주기적인 일감 부족은 가장 곤혹스러운 일이다. 수주의 실패와 일감의 부족은 건축가들의 경제적·정신적 고통의 주요 요인임에 분명하다. 《거대건축이라는 욕망》의 저자 데안 수딕(Deyan Sudji)은 수주 경쟁이 치열하면 "건축은 기아와 과식으로 가혹하게 양분되는 비즈니스로 변하고 만다."고 하였다. 부정하고 싶지만 정확한 지적이다. 건축 경기가 침체될수록 수주 경쟁이 치열하다.

하지만 경쟁은 정당해야 한다. 건축 수주는 누구에게나 평등하다. 똑같은 기회가 주어진다. 일감은 누가 던져주는 것이 아니라 내 손으로 만들어내는 것이다. 한쪽에서는 일이 없어 근심할 때 누군가는 그 일을 하고 있다. 건축가에게 일이 없다면 자신을 돌아봐야 하며 자신의 습관과 기업 운영 방식, 건축적 마인드를 제고해 보아야 한다. 자기반성이 필요하다. 농부가 뿌린 대로 수확을 거두듯 좋은 마음으로 씨를 뿌리면 그에 대한 보상은 새로운 수주로 돌아온다.

건축은 집을 짓는 일이다. 누구나 집이 필요하며 그 집은 누군가에 의해 쉼 없이 지어진다. 건축가는 집을 짓는 사람이다. 집을 짓는 사람은 경제적 보상을 받거나 이익을 얻는다. 정직하게 좋은 집을 짓다보면 남들보다 더 많이 돈도 벌 수 있다. 물론 쉽게 단번에 부자가 되는 것은 아니다. 하고 싶은 건축 일(사업)이 경제적 활동이 된다는 사실이 소중하다. 건축가는 과욕을 부리지 말아야 한다. 건축이 돈벌이 수단이 되고 욕망을 채우는 수단이 될 때 부실 건축, 나쁜 건축이 발생된다. 건축가는 자신에게 허락된 분수를 알고 적정 이익을 추구해야 한다.

건축 일을 하는 것은 경제적 활동이다. 하지만 건축을 돈으로 보는 한 좋은 건축을 하기에 적합한 상황은 영원히 오지 않는다. 늘 더 벌어야 할 결핍의 상태만 지속된다. 욕심은 욕심을 낳을 뿐이며 오히려 사업을 어렵게 만드는 악순환을 만든다. 건축은 돈을 쫓는 행위가 아니라 정직한 수고와 노력, 땀과 정성이다. 여기에 신뢰와 약속이 더해져 결과물로 나타나는 것이 건축의 속성이다.

건축하는 사람의 비전은 대단한 것이 아니어야 맞다. 보통 사람들은 큰돈을 벌거나 크게 성공하는 것을 비전이라 생각할지 모른다. 건축으로 돈을 많이 버는 것도 가능하지만 분수에 넘치는 욕심을 버려야 한다. 건축가라면 좋은 건축에 대한 욕심을 가져야 한다. 좋은 건축가는 좋은 건축에 대한 욕망이 그 어느 욕망보다 커야 한다. 건축가는 부귀영화나 권력보다도 열정과 애정으로 만들어지는 건축이 적확하고, 그 속에서 살고 있는 사람들의 삶이 편안하고, 이것에 대한 보람을 행복으로 느끼는 전문인이다. 건축을 통해 가족을 부양하고 자기만족을 누린다면 그것만으로도 행복을 느껴야 한다.

메릴랜드대 교수 로저 루이스(Roger K. Lewis)는 "다른 사업이나 직업들과 달리 건축은 오늘날의 기준에서 부를 축적하는 분야가 아니며 부를 축적할 가능성은 없다."고 말했다. 그의 말이 맞는지 모르지만 어려운 여건에서도 돈을 버는 건축가는 많다. 오늘날의 기준에서 막대한 부는 아닐지라도 좋은 건축을 한다면 정직하게 작은 부를 이루는 것은 어렵지 않다.

건축으로 우리가 원하는 미래를 꿈꿀 수 있다면 그것만으로도 건축은 의미 있는 직업이며, 첨단의 미래에서도 존재이유가 분명한 직종이다. 건축을 통해 미래를 꿈꾸고 희망을 가질 수 있다면 행복한 건축가다. 이것이 건축가의 비전이다. 건축을 통해 만족감과 행복감을 느끼고 타인에게 행복을 줄 수 있다면 돈보다 더 큰 의미의 만족이고 보상이다. 건축으로 큰돈을 벌거나 부자가 되는 것만이 성공은 아니다. 건축의 비전은 작은 행복이며 만족이다. 건축가의 삶은 이 지구라는 공간에 함께 살아가는 모든 사람의 행복을 추구하는 것이며, 이것이 진정한 휴머니즘의 실현이다.

맺는 글

"좋은 건축은 이상으로 품어 볼 만한 큰 뜻(大義)이다."

　건축은 문화적 측면에서 독특한 위치를 차지한다. 문화적 가치와 사용자 가치의 가장 뚜렷한 시각적 표현이 건축이다. 우리나라는 특히 건축에 대한 대중의 관심이 높다. 누구나 건축에 대해 강한 흥미를 가지게 되었고, 많은 사람들이 공간에 대해 수준 높은 지식과 감각을 소유한 사회가 되었다. 대중은 건축의 가치가 무엇인지 깨닫고 있으며 건축가가 어떤 일을 하는 사람인지 인식하고 있다. 이제 건축에 대한 관심을 건축계 내부의 논리로만 치부하고 논의할 수 없는 세상이 되었다.

　집이 재산 축적의 도구, 투자의 대상이라는 인식도 점점 변화하고 있다. 여전히 집을 부동산의 가치로 여기는 경향도 없지 않다. 하지만 자신이 꿈꾸는 이상적인 집을 짓고, 그 속에서 휴식을 취하고, 단란한 가족의 행복을 이루어가는 보금자리라는 가치가 투자적 가치보다 더 우선시 되고 있다. 이러한 시점에서 건축계는 건축에 대한 관심을 애정과 비판으로 이끌어내야 한다. 더불어 좋은 건축에 대한 담론이 활발히 전개되어야 한다.

　건축가는 사용자의 삶의 방식을 반영한 건축을 실현하기 위해 쉼 없이 노력한다. 사용자가 지닌 삶의 철학을 존중하면서 건축을 디자인하고 이를 물리적인 결과물로 완성한다. 또 건축가는 사용자, 소비자를 위해 진심을 다하고 정직하게 봉사하는 사람이다. 사회 문제에 대한 관심을 갖고 그 해법을 건축적으로 풀어내는 지혜를 발휘한다.

한편, 건축은 실용성의 범주를 벗어날 수 없다. 건축은 품질이 우선해야 하고 하자가 없는 것이 좋은 것이다. 물론 디자인(설계)도 우수해야 한다. 좋은 디자인으로 시공이 제대로 된 건축은 좋은 건축물로 구현된다. 더 나아가 건축의 세 주인공 건축주, 건축가, 사용자 모두가 만족하는 것이 좋은 건축이다. 건축가는 하자 없는 좋은 건축을 해야 한다. 좋은 건축하기는 실천의 문제로서 개인의 태도 혹은 정신, 신념, 좀 더 엄밀하게 말하면 건축가의 정체성에 대한 문제다. 좋은 건축을 하는 것이 건축가의 사명이고 사회적 책무이다.

우리 사회에는 좋은 건축이 필요하다. 건축은 사회 정의를 실현하는 통로가 되어야 한다. 건축과 건축가에 대한 국민의 불신과 편견을 지워내는 것도 건축가가 해야 할 일이다. 건축가는 선한 의지를 가지고 실력과 정성으로 국민의 불안과 우려를 씻어내어 신뢰를 회복해야 한다. 끊임없이 자기변혁을 추구하며 좋은 건축을 지향해야 하는 것 말고는 달리 길이 없다. 좋은 건축이라는 바른 길을 가야 한다.

행복은 우리가 추구해야 할 가치 있는 삶의 목적이다. 건축이, 건축가가 사람을 위한 평화와 행복을 만들지 못하면 사라져야 할지도 모른다. 건축은 분명히 인간이 좀 더 나은 생활을 할 수 있도록 하는 존재이다. 인간의 삶과 행복에 영향을 미친다. 건축은 지속되며 미래를 창조한다. 건축가는 지금의 우리를 위해서가 아니라 미래를 위해 건축해야 한다. 작가 조정래는 "문학은 인간의 인간다운 삶을 위하여 인간에게 기여해야 한다."고 했다. 건축도 인간을 위한 것이기 때문에 인간의 삶과 행복에 기여해야만 한다. 이것이 건축의 가치이며 건축가의 실존 이유이다.

건축을 생각하면 희망을 말하고 싶다. 희망이란 마치 땅 위의 길과 같은 것이다. 중국 근대문학을 이끈 루쉰(魯迅)의 말처럼 본래 땅 위에는 길이 없었다. 걸어가는 사람이 많아지면 그것이 곧 길이 된다. 건축의 목적, 건축가의 길도 그렇다. 좋은 건축이 건축가가 가야할 길이다. 모든 건축가가 걸어가야 할 길이다. 건축가는 좋은 건축해야 한다. 좋은 건축의 실천은 사회 정의의 실현이다. 좋은 건축이 건축의 미래이며 모두의 희망이다.

이 책이 세상에 빛을 볼 수 있도록 정성을 다해 주신 강찬석 사장님을 비롯한 미세움 출판사 가족에게 감사와 찬사를 보냅니다.

좋은 건축을 실천하시고 건축에 대한 조언을 아끼지 않으시는 박성봉 사장님께 감사의 마음을 전합니다. 그리고 사진을 제공해 준 양영훈 박사, 홍순경 사장께도 무한한 고마움을 느낍니다.

원고를 꼼꼼히 읽고 정리해 준 막내 동생도 무척 고맙습니다. 언제나 나의 든든한 지지자이며 사랑하는 아내 지연, 사랑스럽고 소중한 딸 혜민, 혜인에게 감사한 마음입니다.

2017년 10월

김강섭

참고문헌

국내서

건축주 가족, 우리 가족이 처음 지은 집, 마티, 2012.

건축평단 창간호 2015년 봄, 서울문화인쇄(주), 2015.

건축평단 창간호 2015년 여름, 서울문화인쇄(주), 2015.

고제순 외, 나는 어떤 집에 살아야 행복할까, 철수와영희, 2012.

구본준, 마음을 품은 집, 서해문집, 2013.

권도웅, 건축설계 이야기1,2,3, 기문당, 2002.

김광만, 건축시공 이야기, 발언, 1999.

김광현, 건축 이전의 건축, 공동성, 공간서가, 2015.

김덕영, 건설 프로젝트 어떻게 완성하는가? 새로운 사람들, 2008.

_____, 건설현장에서 살아남는 윈-윈의 노하우, 새로운 사람들, 2004.

김미리 외, 삶을 닮은 집, 삶을 담은 집, 더 숲, 2012.

김석철, 멋진 집을 짓고 싶다, 랜덤하우스중앙, 2006.

김석철·오효림, 도시를 그리는 건축가, 창비, 2014.

김성홍, 길모퉁이 건축, 현암사, 2011.

김인철, 공간열기, 동녘, 2011.

김인호, 건설경영과 의사결정 전략, 기문당, 2008.

_____, 건설경영마인드, 기문당, 1998.

김정호, 건설산업비전포럼, 건설의 길의 묻다, 보문당, 2014.

김진애, 왜 공부하는가, 다산북스, 2014.

김혜정, 건축을 읽는 7가지 키워드, 효형출판, 2014.

남진권, 건설경영 이렇게 하라, 도서출판 금호, 2009.

_____, 건설공사 클레임과 분쟁실무, 기문당, 2003.

노은주, 임형남, 사람을 살리는 집, 예담, 2013.

대전도시·건축연구재단, 건축과 함께 한 나의 삶, 발언, 1996.

류춘수, 개구리가 바다를 알려면, 현대건축사, 2000.

민병두 외, 을을 위한 행진곡, (주)메디치미디어, 2013.

박정석, 나를 닮은 집짓기, (주)시공사, 2013.

박철수, 박인석, 아파트와 바꾼 집, 동녘, 2012.

서울포럼, 건축 사이로 넘나들다, 서울포럼, 2005.

서윤영, 건축, 권력과 욕망을 말하다, 궁리, 2009.

서현, 빨간도시, 효형출판, 2014.

소행주, 박종숙, 우리는 다른 집에 산다, 현암사, 2013.

승효상 외, 건축이란 무엇인가, 열화당, 2005.

승효상, 보이지 않는 건축 움직이는 도시, 돌베게, 2016.

_____, 오래 된 것은 아름답다, 컬처그라퍼, 2012.

_____, 지혜도시 지혜의 건축, ㈜서울포럼, 2005.

신동관, 좋은 건축에 대한 10가지 이야기, 북랩, 2016.

심산, 엄홍길의 약속, 이레, 2005.8.

양용기, 건축물에는 건축이 없다, 평단, 2006.

우경국, 관계 흐름 건축, 현대건축사, 1998.

윤종환, 세상에서 가장 아름다운 실천 약속, 지식노마드, 2008.

이상헌, 대한민국에 건축은 없다, 효형출판, 2013.

이세영, 건축 멜랑콜리아, 반비, 2016.

이승헌, 이종민, 마흔에 살고 싶은 마당 있는 집, 인사이트북스, 2013.

이영수 외, 건축콘서트, 효형출판, 2010.

이재인, 디자인 창의성을 위한 건축조직, 한국학술정보㈜, 2009.

이종건, 건축사건, 수류산방, 2015.

이현욱, 구본준, 두남자의 집짓기, 마티, 2011.

이희승, 건축현장관리, 기문당, 2002.

임석재, 건축, 우리의 자화상, 인물과 사상사, 2005.

_____, 교양으로 읽는 긴축, 인물과 사상사, 2008.

_____, 현대 건축과 뉴 휴머니즘, 이화여자대학교출판부, 2003.

장원호, 건축가 세계에서 인생을 배우다, spacetime, 2012.

정기용, 사람 건축 도시, 현실문화, 2008.

정인하, 김수근 건축론, spacetime, 1999.

조남호 외, 집짓기 바이블, 마티, 2012.

조원용, 건축 생활 속에 스며들다, 창의체험, 2010.

_____, 건축 생활 속에 스며들다, 씽크스마트, 2013.

주부의 친구 편집부, 예산에 맞춘집, 마티, 2012.

진윤구, 건축도 경영이다, 이학사, 2008.

한국건축가협회, 서울의 건축, 도서출판 발언, 1995.

함성호, 당신을 위해 지은 집, 마음의 숲, 2001.

_____, 반하는 건축, 문예중앙, 2012.

합인선, 건축은 반역이다. ㈜서울포럼, 1999.

홍성태 외, 삼풍사고 10년 교훈과 과제, 보문당, 2006.

홍성태, 사회로 읽는 건축, 진인진, 2012.

홍종임, 홍작가 만난 열 명의 CEO, 하늘책, 2013.

황철호, 건축을 시로 변화시킨 연금술사들, 동녘, 2014.

번역서

구마 겐고, 민경욱 역, 나, 건축가 구마 겐고, 안그라픽스, 2014.

구마 겐고, 임태희 역, 약한건축, 디자인하우스, 2013.

니시자와 류에, 강연진 역, 니시자와 류에가 말하는 열린 건축, 한울엠플러스(주), 2016.

더그 팻, 김현우 역, 나는 건축이 좋아지기 시작했다, 라이팅하우스, 2012.

데얀 수딕, 안진이 역, 거대건축이라는 욕망, 작가정신, 2013.

라이홀트 케스너, 김영도 역, 검은 고독 흰 고독, 필로스픽, 2013.

로라 S. 더스키스, 박유안 역, 건축가, 건축을 말하다, 토트, 2013.

로저 K. 루이스, 김현중 역, 건축가가 되는 길, 도서출판 국제, 2008.

롤프 슐렝커·카트린 그뤼네발트, 정지인 역, 초보자를 위한 건축수업, 예경, 2014.

매튜 프레더릭, 장택수 역, 건축학교에서 배운 101가지, 동녘, 2008.

무네쓰구 도쿠지, 진심, M&K, 2013.

브랑코 미트로비치, 이충호 역, 세상에 단 하나뿐인 건축을 위한 철학, 컬처그라퍼, 2013.

비톨드 리브친스키, 류재호·김민정 역, 건축의 모습, 씨아이알, 2015.

소프트유니온 엮음, 염혜은 역, 건축만담, 디자인하우스, 2013.

스즈끼 히로유끼, 현대건축을 보는 12가지 눈, 이집, 2002.

안도 다다오, 이규원 역, 나, 건축가 안도 다다오, 안그라픽스, 2009.

알도 로시, 오경근 역, 도시의 건축, 동녘, 2006.

알랭 드 보통, 정영목 역, 행복의 건축, 청미래, 2007.

윌리엄 카우델 외, 박만식 역, 건축의 이해, 기문당, 1983.

유진 라스킨, 김윤범 역, 건축으로 말하기, 픽셀하우스, 2012.

이냐시 데 솔라 모랄레스, 이종건 역, 차이들, 시공문화사, 2004.

이토 도요, 이정환 역, 내일의 건축, 안그라픽스, 2014.

일본건축학회, 최준영 역, 건축기획, 기문당, 2004.

장 보드리야르·장 누벨, 배영달 역, 건축과 철학, 동문선, 2003.

지오 폰티, 김원 역, 건축 예찬, 열화당, 1989.

폴 골드버거, 윤길순 역, 건축은 왜 중요한가, 미메시스, 2011.

폴 셰퍼드, 김승남 역, 건축이란 무엇인가, 시각과 언어, 1995.

프랜시스 후쿠야마, 구승희 역, 트러스트(신뢰), 한국경제신문사, 2002.

피터 노버 꾸밈, 최상기 역, 건축의 종말, 미건사, 1995.

할 박스, 허지은 역, 건축가처럼 생각하기, 다른세상, 2012.

해외서

Matilda McQuaid, SIGERU BAN, PHAIDON, 2005.

安藤忠雄, 連戰連敗, 東京大出版會, 2002.

安藤忠雄, TADAO ANDO Iinsight Guide, 株式會社講談社, 2013.

安藤忠雄×旅(The Complete Grand Tour ANDO), CASA BRUTUS, 2006.

보고서 및 잡지

건축과환경 9704, 건축과환경 9804, 건축과환경 0111.

김예상, 한미파슨스, 미국 건설산업 왜 강한가, 보성각, 2003.

김한수, 한미파슨스, 영국 건설산업의 혁신전략과 성공사례, 보성각, 2003.

언론보도

건설경제신문 2013.6.30

경향신문 2013.12.20, 2014.3.27, 2014.5.14, 2014.10.12, 2014.10.20

광주일보 2015.2.6

대전일보 2014.5.12.

동아일보 2011.3.23, 2013.7.12, 2013.7.23, 2013.12.26, 2014.9.18, 2014.10.28, 2015.3.5, 2016.2.18

문화일보 2013.10.4

세계일보 2013.9.26, 2013.10.11

신동아 통권 583호, 2008.4

연합뉴스 2014.8.11, 2012.10.22

전문건설신문 2016.6.13

조선일보 2012.10.27, 2013.6.11, 2014.2.25., 2014.8.27, 2015.1.12

한겨레신문 1995.6.30

한겨레신문 2011.12.1, 2012.5.3

한국경제신문 2014.3.17

한국일보 2016.1.14

한국일보 2016.6.10